“十三五”国家重点图书出版规划项目

海峡西岸经济区地质灾害监测预警与环境地质问题研究丛书

泉州市海岸带环境地质灾害及其与城市发展关系研究

林从谋　常方强　陈连进　著

气象出版社
China Meteorological Press

内容简介

本书是《海峡西岸经济区地质灾害监测预警与环境地质问题研究丛书》之一，作为国土资源部公益性行业科研专项"海西区地质灾害监测预警与环境地质问题研究"的一个重要研究成果，对沿海城市防治地质灾害具有示范价值。本书分7章介绍了海湾淤积、海水入侵、地质灾害与城市发展关系三大方面的内容，主要包括：泉州市海岸带典型区域环境地质灾害现状、成因、规律及发展趋势概述；通过收集资料、现场调查、现场实测和理论建模仿真分析等手段，研究了泉州湾泥砂淤积与海水入侵过程，得出其影响因素、形成条件和发展规律；评价了泉州市中心城区典型海岸带风险状况，厘定了相关海岸带地质灾害与城市发展的关系，并提出相应对策，为沿海城市减灾避灾提供了重要参考。本书可供安全工程、地质灾害防治、城市规划等相关人员参考。

图书在版编目(CIP)数据

泉州市海岸带环境地质灾害及其与城市发展关系研究/林从谋，常方强，陈连进著. -- 北京 ：气象出版社，2016.11

（海峡西岸经济区地质灾害监测预警与环境地质问题研究丛书 / 张佳文主编）

ISBN 978-7-5029-6469-6

Ⅰ.①泉… Ⅱ.①林…②常…③陈… Ⅲ.①沿海-城市地质环境-关系-城市-发展-研究-泉州 Ⅳ.①X321.2②F299.275.73

中国版本图书馆CIP数据核字(2016)第274750号

Quanzhoushi Haiandai Huanjing Dizhi Zaihai Jiqi Yu Chengshi Fazhan Guanxi Yanjiu

泉州市海岸带环境地质灾害及其与城市发展关系研究

林从谋　常方强　陈连进　著

出版发行：气象出版社
地　　址：北京市海淀区中关村南大街46号　　邮政编码：100081
电　　话：010-68407112(总编室)　010-68409198(发行部)
网　　址：http://www.qxcbs.com　　E-mail：qxcbs@cma.gov.cn
责任编辑：彭淑凡　　终　　审：邵俊年
责任校对：王丽梅　　责任技编：赵相宁
封面设计：北京八度出版服务机构
印　　刷：北京地大天成印务有限公司
开　　本：787 mm×1092 mm　1/16　　印　　张：9
字　　数：224千字
版　　次：2016年11月第1版　　印　　次：2016年11月第1次印刷
定　　价：45.00元

海峡西岸经济区地质灾害监测预警与环境地质问题研究丛书

编委会名单

前　言

海岸带是海洋与大陆的交汇地带，是海洋灾害袭击的前沿，同时又是河流携带物质的聚集区，具有特殊性和重要性。海岸带不仅受径流、潮流、波浪和沿岸流等水体和生物、风力和太阳辐射等应力作用，还频繁受到人类活动的影响，其地形地貌和地质环境结构和演化过程同时还受到地质构造、海平面升降、海洋水动力、水化学组分、气候和生物的影响。泉州市地处我国东南沿海，是我国海岸带环境地质灾害最为严重的地区之一。其中海水入侵、海湾淤积和海岸污染等灾害突出，严重影响社会经济的发展。因此，查明泉州市海岸带地质灾害的格局和分布特征，掌握制约地质灾害形成和演化过程的控制因素，阐明其成因机制，不但为我国地质灾害减避、海洋科学研究和海洋环境保护提供基础的地质数据，而且为我国近海海岸工程建设、海洋资源勘探开发以及国防安全等提供重要的科学依据。

本书是国土资源部公益性行业科研专项“海西区地质灾害监测预警与环境地质问题研究”(No. 201211039)子课题“泉州市地质灾害、环境地质问题与城市发展相互作用研究”成果的集中体现。以泉州市中心城区典型海岸带为研究对象，系统研究泉州市中心城区海岸带主要环境地质灾害的发育特征，弄清其发展规律和发展趋势。通过收集资料、现场调查、现场实测、室内试验和理论建模仿真计算等综合分析研究，解决了两个主要的科技问题：一是得出泉州市中心城区典型海岸带主要环境地质灾害现状（条件、规模、程度）及发展趋势，二是厘定泉州市中心城区典型海岸带地质灾害与城市发展的关系。本书分7章介绍了海湾淤积、海水入侵、地质灾害与城市发展关系三大方面的内容：①泉州湾海湾泥砂淤积现状、规律及发展趋势研究；②泉州湾典型区域海水入侵现状、规律及发展趋势研究；③泉州市海岸带地质灾害与城市发展关系研究，为同类地区的沿海城市减灾避灾提供示范指导。

本书主要由三位作者共同撰写完成，分别是华侨大学岩土工程研究所林从谋、常方强，泉州市城乡规划局陈连进。华侨大学教师张泳、付君、陈星欣及华侨大学研究生付旭、葛冰洋、黄逸群、林跃旗、李朦、邓成豪、黄志波、张在晨、孟希、黄清祥、林大炜等参与了资料收集和编写工作。特别感谢付旭、葛冰洋、黄逸群在本课题的数值模拟和实验室试验方面所做的创新性工作。

感谢课题承担单位福建省地质矿产勘查开发局对本书所研究课题的开展给予的指导和帮助。感谢中国地质科学院矿产资源研究所、福建省地质调查研究院、泉州港务集团有限公司、福建省交通质量监督局、国家海洋局第三海洋研究所及华侨大学岩土工程实验中心和水工程实验中心在资料收集和试验、测试方面给予的指导和无私帮助。正因为以上单位领导和专家的无私帮助，才使得专题的研究工作得以顺利进行，并顺利完成本书的编撰和出版工作。

本书力求突出基于最新数据资料反映泉州市海岸带地质灾害的新发现和新认识，但其作为近5年来的调查研究成果的总结仍然是一个阶段性的成果，希望本书的出版能为地质行业和海洋行业的研究提供新的资料和新的研究视角，同时也为地质和海洋行政管理部门、从事该专业研究的学者提供参考。由于作者水平有限，本书尚存在错误和不足之处，敬请读者指正。

著作者

2016年11月

目　　录

第1章 研究概述

1.1 研究概况

1.1.1 研究项目

本研究源于国土资源部公益性行业科研专项“海西区地质灾害监测预警与环境地质问题研究”(No. 201211039)的课题四“泉州市地质灾害、环境地质问题与城市发展相互作用研究”。

1.1.2 研究内容

海岸带是海洋与大陆的交汇地带,是海洋灾害袭击的前沿,同时又是河流携带物质的聚集区。泉州市地处我国东南沿海,是我国海岸带环境地质灾害最为严重的地区之一。其中海水入侵、海湾淤积和海岸污染等灾害突出,严重影响社会经济的发展。本书以泉州市中心城区典型海岸带为研究对象,通过收集资料、现场调查、现场实测、室内试验和理论建模计算等综合分析研究,拟解决的主要科技问题为:①泉州市中心城区典型海岸带主要环境地质灾害现状(条件、规模、程度)及发展趋势;②厘定泉州市中心城区典型海岸带地质灾害与城市发展的关系。

具体研究内容为:

(1)泉州湾典型区域海水入侵现状、规律及发展趋势研究;

(2)泉州湾海湾泥沙淤积现状、规律及发展趋势研究;

(3)泉州市海岸带地质灾害与城市发展关系研究。

1.1.3 技术路线

本项目通过收集资料、现场调查、现场实测和理论建模仿真分析等手段,以泉州市中心城区典型海岸带为研究对象,系统研究泉州市中心城区海岸带主要环境地质灾害的演化特征,弄清其发展规律、发展趋势,为城市规划和建设提供技术指导。技术路线如图1-1所示。

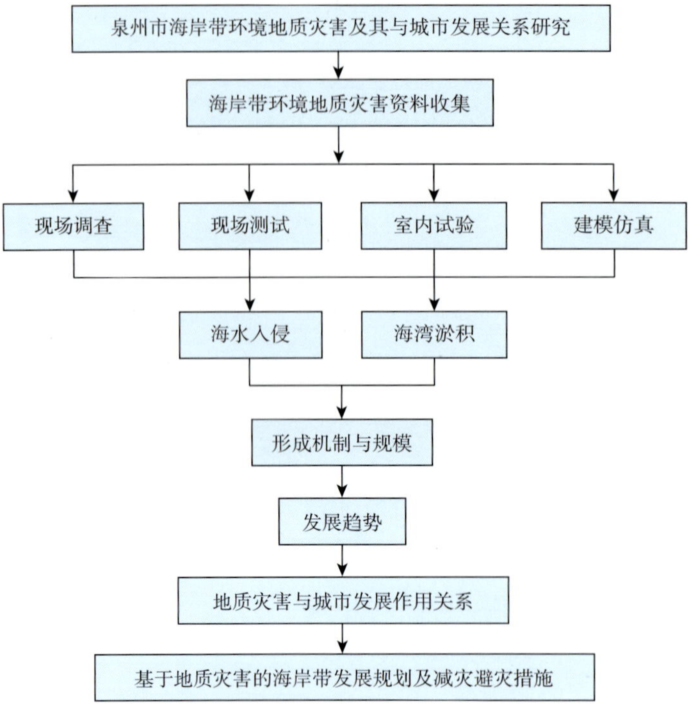

图 1-1 研究技术路线示意图

1.2 研究区概况

1.2.1 地理环境和气候特征

泉州市位于北纬 24°22′～25°56′，东经 117°34′～119°05′，地处福建省东南沿海地区，是“海峡西岸经济区”五大中心城市之一，经济总量一直居福建省首位。全市土地面积为 11015 km^2，境内地形较为复杂，多山水、丘陵和盆地，地势西北高东南低，其中山地面积有 1000 多万亩①，耕地面积相对较少，仅为 217 万亩。海域面积 7864 km^2，有长达 421 km 的海岸线、14 个港湾、208 个岛屿，其中港湾多数为深水港，可建造 100 多个深水泊位，其中大型天然港口有肖厝港和斗尾港。

泉州属于亚热带海洋性季风气候，气温年、日较差小，夏季虽然炎热，但酷暑天气极少，台风和雷阵雨较多。冬季大部分地区温度仍然较高，平均气温在 10°C 左右。该地区降水量大，全市绝大多数地区年降水量为 1000～2000 mm；干、湿季较分明；3—9 月的降水量占全年降水量的 60%～80%。1 月降水量较少，之后逐月增加，从 3 月开始进入湿季，各月雨水增加量基本都在 100 mm 以上；6 月和 8 月为降雨最多的两个月份；5 月、7 月和 9 月降水量略少，10 月进入干季，降水量开始骤降，12 月份降水量达全年最低值，其降水量分布如图 1-2 所示。虽然降水量比较充沛，但年蒸发量也高达 800～1300 mm。

① 1 亩＝666.667 m^2。

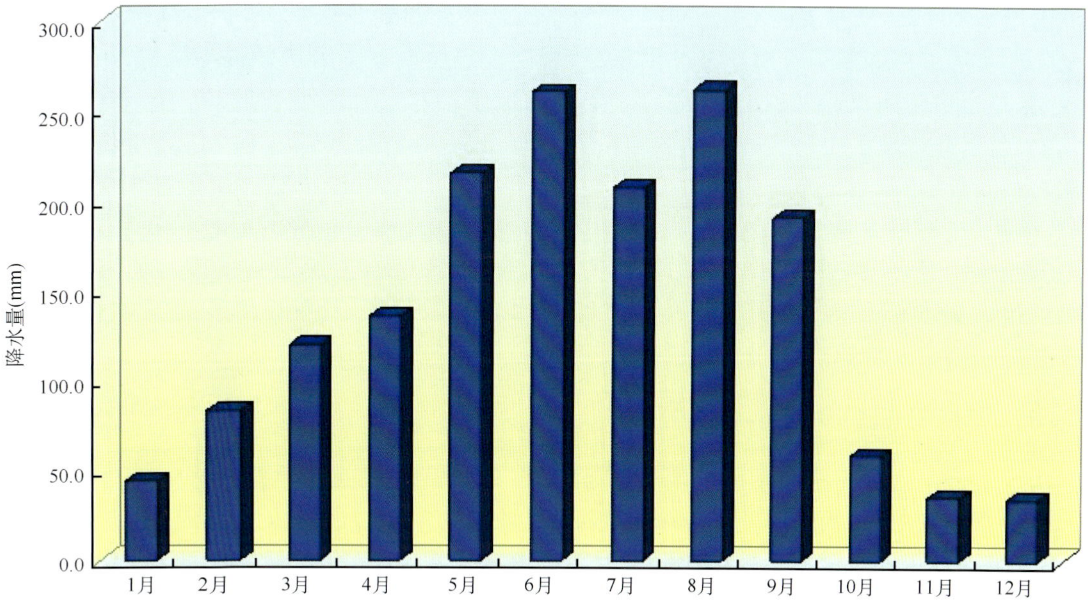

图 1-2　泉州某观测站多年平均各月降水量图

1.2.2　水文地质条件

浅层地下水是泉州市的主要水资源，山区地下水多属基岩裂隙水，主要依靠河谷进行排泄；沿海地区的地下水资源主要为孔隙水，大部分属于潜水，也有少量的承压水，滨海地区的海积层中则多存在咸水。本书研究区域主要为泉州湾沿海地带，重点在洛阳江流域，其地质分类情况如图 1-3 所示。

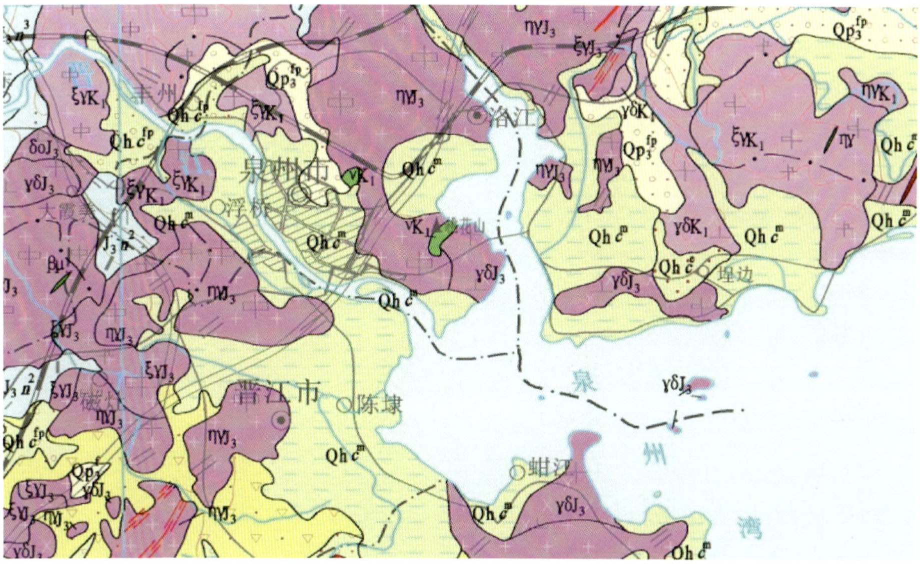

图 1-3　泉州湾典型区域地质分类图

由图1-3可知:泉州市区地质类型主要为第四系长乐组和龙海组,其中丰泽区为江田组海积及陆运互堆积层和长乐组海积及冲洪积层,岩层为燕山期石英闪长岩和花岗岩;鲤城区为残坡积层、长乐组海积及冲洪积层;北峰镇主要为龙海组冲积层和残坡积层,还有一定量的燕山期花岗岩;东海镇地区主要为残坡积层和长乐组海积及冲洪积层,岩层为晚三叠至侏罗系和燕山期石英闪长岩;城东镇主要为江田组海积及海陆交互堆积层(冲积层)、长乐组海积及冲洪积层、残坡积层,岩层为晚三叠至侏罗系;洛江区为残坡积层,岩层为燕山期二长花岗岩;洛阳镇为长乐组海积及冲洪积层、残坡积层,岩层为晚三叠至侏罗系,上述为泉州市区地层信息总体分类情况。本研究区域为洛阳江流域,其主要地层为残坡积层、长乐组海积及冲洪积层、江田组海积及海陆交互堆积层(冲积层),均属于第四系。

1.2.3 地层信息分类

为了准确掌握泉州湾典型区域地层信息种类,并为室内试验和预测未来三年内泉州湾海水入侵的程度,在泉州湾沿海流域选取两个钻孔,以此孔的地层信息作为本实际地层的地层分类(两个钻孔地层信息来源于闽东南地质大队的现场探测资料)。下面选取的两条实际地层中的代表钻孔柱状进行分析。

其中钻孔一共分8层,各层土体的详细地层信息及钻孔柱状图如表1-1所示。

(1)泥质中粗砂,呈浅黄、浅灰黄色,松散状,主要成分为砂粒和黏土,砂粒粒径0.2~0.5 mm约占5%,0.5~1.0 mm约占10%,2.0~1.0 mm约占50%,>2.0 mm约占5%,均呈次圆—次棱角状,成分为石英,少量花岗岩,泥质含量约30%。上部0~0.30 m为耕田土。

(2)含泥中细砂,呈浅灰、灰白色,稍密,主要成分为砂砾和黏土。砂粒粒径以0.5~1.0 mm为主,约占60%;0.5~0.2 mm约占15%;1.0~2.0 mm约占5%;<0.2 mm约占5%。均呈次圆状,成分为石英,黏土占10%~15%,呈灰白色。1.30~2.40 m处含泥沙量20%,砂粒呈上细下粗。

(3)粉质黏土,呈浅黄、褐黄色,可塑状,主要成分为黏土、砂粒,黏土呈灰绿色,含量约占65%,砂粒约占35%,粒径0.5~2.0 mm,呈次棱角状,成分为石英、切面光滑,韧性中等。

(4)残积砂质黏性土,呈浅黄色,可塑状,主要成分为黏土、砂粒,黏土由长石等矿物风化残积而成。沙粒由石英残留,粒径0.5~2.0 mm,约占30%,呈棱角状,切面光滑,韧性中等。在7.5~8.6 m深度处,呈灰白色,可见长石风化黏团块,大小约为3 cm×5 cm。

(5)全风化花岗岩,呈浅灰色,浅褐黄色,可塑,饱和,由花岗岩全风化而成,长石大部分风化成黏土,沙粒为石英颗粒残留,粒径0.5~2.0 mm,均占25%~30%,棱角状,可见风化残留体,风化不均匀。

(6)散体状强风化花岗岩,呈浅褐、灰黄色,坚硬,原岩花岗结构清晰,岩石中的长石等矿物部分风化成黏土、部分残留,石英颗粒残留,粒径0.5~2.0 mm,岩芯呈砂土状。

(7)碎块状强分化花岗岩,呈浅褐、褐黄色,坚硬,岩石中的长石小部分风化成黏土,大过残留,石英颗粒残留粒径1.0~1.5 mm,岩芯呈碎块状,钻进有拔钻声。

(8)中风化花岗岩,呈浅灰、灰白色,坚硬,花岗结构,块状构造,主要成分为长石、石英、黑云母等少量暗色矿物,岩芯呈短柱状、块状,岩石质量指标(ROD)值为61.6%,岩石裂隙发育,裂隙面有铁锰质浸染。

表 1-1 泉州湾洛阳江流域钻孔一各层土体地层信息

孔口高程	5 m	坐标	X:2762625	开工日期	2013.1.8	稳定水位深度	0.40 m
孔口直径	130 mm		Y:0672970	竣工日期	2013.1.18	测量水位日期	2013.1.18

地层编号	时代成因	层底高程 (m)	层底深度 (m)	分层厚度 (m)	柱状图 1 : 300	岩土名称及其特征	样品 样品编号/采样深度 (m)	标贯 击数/标贯深度 (m)	稳定水位 (m)
①		4.40	1.30	1.30		(1)泥质中粗砂，呈浅黄、浅灰黄色，松散状，主要成分为砂粒和黏土，砂粒粒径0.2~0.5 mm约占5%，0.5~1.0 mm约占10%，2.0~1.0 mm约占50%，>2.0 mm约占5%，均呈次圆—次棱角状，成分为石英，少量花岗岩，泥质含量约30%。上部0~0.30 m为耕田土。			
②		4.40	5.10	3.80		(2)含泥中细砂，呈浅灰、灰白色，稍密，主要成分为砂砾和黏土。砂粒粒径以0.5~1.0 mm为主，约占60%；0.5~0.2 mm约占15%；1.0~2.0 mm约占5%；<0.2 mm约占5%。均呈次圆状，成分为石英，黏土占10%~15%，呈灰白色。1.30~2.40 m处含泥沙量20%，砂粒呈上细下粗。	QZGC14-y1/3.60~3.70	17/1.95~2.25；16/4.35~4.65	1.93
③		4.4	7.50	2.40		(3)粉质黏土，呈浅黄、褐黄色，可塑状，主要成分为黏土、砂粒，黏土呈灰绿色，含量约占65%，砂粒约占35%，粒径0.5~2.0 mm，呈次棱角状，成分为石英、切面光滑，韧性中等。	QZGC14-y1/6.70~6.90	18/7.15~7.45	
④		4.4	10.85	3.35		(4)残积砂质黏性土，浅黄色，可塑状，主要成分为黏土、砂粒，黏土由长石等矿物风化残积而成。沙粒由石英残留，粒径0.5~2.0 mm，约占30%，呈棱角状，切面光滑，韧性中等。在7.5~8.6 m深度处，呈灰白色，可见长石风化黏团块，大小约为3 cm×5 cm。	QZGC14-y2/9.60~9.80	27/10.05~10.35	
⑤		4.4	14.10	3.25		(5)全风化花岗岩，呈浅灰色，浅褐黄色，可塑，饱和，由花岗岩全风化而成，长石大部分风化成黏土，沙粒为石英颗粒残留，粒径0.5~2.0 mm，均占25%~30%，棱角状，可见风化残留体，风化不均匀。		41/12.55~12.85	
⑥		4.4	17.30	3.20		(6)散体状强风化花岗岩，呈浅褐、灰黄色，坚硬，原岩花岗结构清晰，岩石中的长石等矿物部分风化成黏土、部分残留，石英颗粒残留，粒径0.5~2.0 mm，岩芯呈砂土状。		110/14.90~15.20	
⑦		4.4	26.60	9.30		(7)碎块状强分化花岗岩，呈浅褐、褐黄色，坚硬，岩石中的长石小部分风化成黏土，大过残留，石英颗粒残留粒径1.0~1.5 mm，岩芯呈碎块状，钻进有拔钻声。			
⑧		4.4	31.43	4.83		(8)中风化花岗岩，呈浅灰、灰白色，坚硬，花岗结构，块状构造，主要成分为长石、石英、黑云母等少量暗色矿物，岩芯呈短柱状、块状，岩石质量指标（ROD）值为61.6%，岩石裂隙发育，裂隙面有铁锰质浸染。			

钻孔二的地层可分 7 层，具体信息及钻孔柱状图如表 1-2 所示。

(1)杂填土，呈浅灰黄色，为建筑垃圾堆填。含有混凝土块、砖块及强风化土。结构松散、稍湿，硬质含量约 55%，含少量植物根系，堆填时间约为 10 年。

(2)淤泥质黏土，呈浅灰、灰黄色，软塑状，主要成分为黏土，含有植物、块石、砖瓦块，臭蛋味，手捏有滑感、湿饱和。

(3)夹砂淤泥，呈浅灰色，软塑—流塑状。湿、饱和，主要成分为黏土、砂粒。黏土呈灰色，含量约占 70%，具有臭鸡蛋气味；砂粒约占 28%，粒径 0.5～2.0 mm，呈次棱角状，成分为石英，砂粒分布不均。

(4)淤泥，呈灰黑色，软塑—流塑状，主要成分为黏土，具有臭鸡蛋气味，含有少量腐殖质，手捏具滑感。在 5.35～5.60 m 深度处含有中粗砂，粒径 0.5～2.0 mm，含量 10%～15%，呈次圆—次棱角状。分布不均。7.6～7.95 m 含沙量为 10%～12%，粒径 0.5～2.0 mm 约占 10%，成分为石英。9.5～9.75 m 深度处夹有石英砂，粒径 0.2～0.5 mm 约占 5%，0.5～2.0 mm 约10%，大于 2.0 mm 约 3%，分布不均，局部有变化。

(5)残积砂质黏土，呈砖红色，可塑，饱和，主要成分为黏土、砂粒，黏土由长石风化残积而成，砂粒由石英残留，粒径 0.5～1.0 mm，约占 25%，呈棱角状，局部具浅灰斑状。

(6)全风化花岗岩，呈浅黄、褐黄色，可塑—硬塑状，由花岗岩全风化而成，长石大部分风化成黏土，砂粒为石英可以残留，粒径 0.5～1.0 mm，占 25%～30%，棱角状，可见风化残留体。往深部渐呈褐黄色，与下伏岩层呈突变关系。

(7)中风化花岗岩，呈浅肉红、灰白色，坚硬，花岗结构，块状构造，主要成分为斜长石、石英、黑云母等，岩芯呈块状、短柱状，其中 17.7～18.2 m 深度处，岩石蚀变成肉红色，往深部渐淡，岩芯呈块状，18.2～20.93 m 深度处，呈灰白色，岩芯呈短柱状、长柱状，岩体较完整。

1.2.4 水动力概况

泉州湾的潮汐类型，可用崇武站的潮汐观测结果来代替。崇武站最高潮位为 4.26 m，最低潮位为－3.47 m，平均潮差为 4.27 m，最大潮差为 6.68 m，平均海平面为 0.25 m。潮流的潮型系数在 0.1 到 0.4 之间，属于规则半日潮。福建省沿海是我国受台风风暴潮袭击最频繁的地区之一。就泉州地区来说，最严重的风暴潮是 1969 年 9 月 27 日的台风，在崇武站最大增水 1.37 m。崇武全年风浪向以东北偏北浪为主，其次是东北浪；平均波高为 0.9 m，年平均波高最大值为 1.1 m(1974 年)，极端最大波高为 6.5 m，出现在 1973 年 7 月 3 日。

1.2.5 海岸、海底地形及泥沙概况

泉州湾属于河口、基岩港湾，具有基岩、砂质和河口平原海岸的特点。海岸总的特点是岸线比较曲折、岬湾相间，湾内急剧淤积，岬角有弱的侵蚀。泥质海岸主要出现在石湖至洋埭新村、蟳埔至桥南、洛阳至秀涂。泉州湾湾口宽阔，内湾深入内陆，深度较浅，湾口有拦门沙坎。湾内航道和滩涂纵横交错。湾外水深为 10～20 m，等深线分布走向由东南向西北逐渐递减。湾的中部，主航道的北侧，在秀涂与大坠岛之间，有一条具有一定规模的沙坝，称鞋沙浅滩。内湾海底地形呈现出狭窄的沙坝、水道和水下浅滩。泉州湾的泥沙主要来自于晋江和洛阳江的泥沙下泄。

表 1-2　泉州湾洛阳江流域钻孔二各层土体地层信息

孔口高程	5 m	坐标	X:2757145	开工日期	2012.12.30	稳定水位深度	1.93 m
孔口直径	130 mm		Y:0672825	竣工日期	2013.1.3	测量水位日期	2013.1.3

地层编号	时代成因	层底高程(m)	层底深度(m)	分层厚度(m)	柱状图 1∶300	岩土名称及其特征	样品 样品编号/采样深度(m)	标贯 击数/标贯深度(m)	稳定水位(m)
①		4.40	1.00	1.00		(1)杂填土，呈浅灰黄色，为建筑垃圾堆填。含有混凝土块、砖块及强风化土。结构松散、稍湿，硬质含量约55%，含少量植物根系，堆填时间约为10年。			
②		4.40	2.10	1.10		(2)淤泥质黏土，呈浅灰、灰黄色，软塑状，主要成分为黏土，含有植物、块石、砖瓦块，臭蛋味，手捏有滑感、湿饱和。			1.93
③		4.4	2.40	0.30		(3)夹砂淤泥，呈浅灰色，软塑—流塑状。湿、饱和，主要成分为黏土、砂粒。黏土呈灰色，含量约占70%，具有臭鸡蛋气味；砂粒约占28%，粒径0.5~2.0 mm，呈次棱角状，成分为石英，砂粒分布不均。			
④		4.4	11.65	9.25		(4)淤泥，呈灰黑色，软塑—流塑状，主要成分为黏土，具有臭鸡蛋气味，含有少量腐殖质，手捏具滑感。在5.35~5.60 m深度处含有中粗砂，粒径0.5~2.0 mm，含量10%~15%，呈次圆—次棱角状。分布不均。7.6~7.95 m含沙量为10%~12%，粒径0.5~2.0 mm约占10%，成分为石英。9.5~9.75 m深度处夹有石英砂，粒径0.2~0.5 mm约占5%，0.5~2.0 mm约10%，大于2.0 mm约3%，分布不均，局部有变化。	QZGC16-y1/4.70~4.90 QZGC16-y1/4.70~4.90 QZGC16-y2/7.30~7.50 QZGC16-y3/10.00~10.20 QZGC16-y4/11.50~11.70	2/5.15~5.45 1/7.75~8.05 2/10.45~10.75 7/13.25~13.55 17/1.95~2.25	
⑤		4.4	15.10	3.45		(5)残积砂质黏土，呈砖红色，可塑，饱和，主要成分为黏土、砂粒，黏土由长石风化残积而成，砂粒由石英残留，粒径0.5~1.0 mm，约占25%，呈棱角状，局部具浅灰斑状。			
⑥		4.4	17.70	2.60		(6)全风化花岗岩，呈浅黄、褐黄色，可塑—硬塑状，由花岗岩全风化而成，长石大部分风化成黏土，砂粒为石英可以残留，粒径0.5~1.0 mm，占25%~30%，棱角状，可见风化残留体。往深部渐呈褐黄色，与下伏岩层呈突变关系。			
⑦		4.4	20.93	3.23		(7)中风化花岗岩，呈浅肉红、灰白色，坚硬，花岗结构，块状构造，主要成分为斜长石、石英、黑云母等，岩芯呈块状、短柱状，其中17.7~18.2 m深度处，岩石蚀变成肉红色，往深部渐淡，岩芯呈块状，18.2~20.93 m深度处，呈灰白色，岩芯呈短柱状、长柱状，岩体较完整。			

1.3 研究现状

1.3.1 海岸带地质灾害研究现状

中国大陆海岸带绵延1.8万km，地跨12个省(区、市)，是我国人口密集、经济发展最快的地区。出现的严重灾害有台风、风暴潮、洪涝、地震海啸、海岸侵蚀、盐水入侵、海冰、地基下沉、污染、赤潮等十类。这些类别的灾害往往互相叠加，平均造成年直接经济损失100亿元以上。全球海平面上升与人类活动加强，使海岸带灾害加剧发展，粗略估计到21世纪初中期，导致的损失可能达到1000亿元以上，是海岸带经济发展的重要制约因素[1]。

黄玲玲等在总结前人关于地质灾害分类的基础上，重新探讨了海岸带地质灾害的类型；针对目前海岸带地质灾害评估存在的问题，认为未来海岸带地质灾害评估研究需要从研究海岸带地质灾害特殊性入手，采用多学科交叉的方法综合研究，以实现海岸带地质灾害评估定量化和管理空间化[2]。杜军等提出了海岸带灾害地质稳定性的概念，构建了以海岸带灾害地质类型为基础的海岸带灾害地质稳定性评价指标体系，并利用层次分析法确定了各评价指标权重值[3]。张震等以VB 6.0为开发平台，利用ArcEngine 9.3组件库进行GIS的二次开发，建立了我国海岸带地质灾害信息管理系统[4]。杜国云等针对渤海莱州湾东岸海岸带形成了地表塌陷、河槽变形、海水入侵、海岸侵蚀等一系列地质灾害，首次提出了海岸带缓冲区的概念，以及海岸带缓冲区规划和建设的初步构想[5]。刘剑刚运用模糊数学理论将这些不易准确描述的灾害地质因素量化，利用层次分析法结合模糊综合评价方法，对大连地区海岸带灾害地质风险等级做出评定[6]。杨克红等通过资料收集和野外踏勘，统计分析了海南岛海岸带发育的各种地质灾害，主要的地质灾害类型有地震、活动断裂、海岸侵蚀、土地盐渍化、土地荒漠化、水土流失、河口港湾淤积、崩塌、滑坡等[7]。杨娟以泉州海岸带作为研究对象，选取10个因子组成自然灾害和社会经济两个子系统，建立二级模糊综合评判模型对泉州海岸带自然灾害易损性进行综合评判，运用ArcGIS软件生成泉州市海岸带自然灾害易损性等级分布图，并且结合区域实际情况对综合评判的结果进行分析[8]。陶志刚等在阐明海岸带灾害地质因素与地质灾害关系的基础上，对唐山沿海主要灾害地质因素及其影响进行了研究，为唐山市生产力布局向沿海地区转移及其曹妃甸港口工程建设提供了地质依据，为唐山海岸带防灾减灾奠定了基础[9]。

1.3.2 海湾泥沙淤积研究方法及现状

海湾泥沙淤积研究方法主要有现场原型监测、物理模型试验及数值模拟。物理模型试验结果较为可靠，对工程指导意义强，但存在着尺度的局限性，要达到相似难度大，而且资源消耗大，速度慢的缺点，相应的研究较少。现场原型监测最近几年来兴起一种与“RS、GPS、GIS”技术结合形成信息系统的趋势。张宏等利用BP神经网络方法对长江口深水航道海域悬浮泥沙浓度进行了研究，取得了比较理想的结果[10]。李云驹等通过对遥感监测泥沙原理和MODIS传感器特征的分析，应用不同时间的MODIS影像进行长江口及其附近海域的悬浮泥沙监测[11]。姜端午等基于地质环境遥感调查与监测数据探讨洞庭湖在三峡水库运行前后的演变影响因素及规律[12]。张艳杰以运用地图可视化和GIS技术，通过最小距离内插得到栅格水深图，然后把不同时期时相的地形图叠加进行处理，得到河床冲淤演变图，定性、定量相结合地分析长江口北港成形沙体的特征、底沙输移路线及输移距离、河道容积变化等[13]。刘毅飞等通过对舟山外钓山岛附近海域的水文泥沙进行现场测验，对比海图、水下地形图三期地形数据和分析浅地层探测数据等方法，来分析其西海岸边坡的水动力、悬浮泥沙及冲淤特征，并探讨了海岸边坡发育演变的模式与机制[14]。刘燕春等通过对比1995—2003年的3景TM数据，研究射阳河口海岸线及潮滩岸线的演变状况，并结合实测数据探讨岸线的演变特点及原因[15]。李芳用MapInfo对长江口区域的30张海图进行数字化，结合海岸动力学、工程水文学、泥沙运动力学方法，研究三峡工程修建前后长江河口地区的冲淤演变，发现三峡工程对长江口北支河道及滩涂基本没有影响，对南支及南汇边滩的影响明显而强烈[16]。

数值模拟方法具有耗资省、速度快、修改灵活、可以同时模拟多种因素相互作用的复杂物理过程、可以实现物理模型在技术上难以解决的问题等诸多优点，因而近几十年来得到了长足的发展和应用。

泥沙数学模型的研究始于20世纪70年代，经历了从一维到二维再到三维，从单因素到多因素，从非耦合到耦合的历程。目前国内外比较常见的泥沙数学模型有：3ST1D[17]、Delft 2D[18]、MIKE21[19]、MOBED2、SED2D、Delft3D、MIKE3、ECOMSED、CH3D-SED、EFDC3D。在河口区域，由于河口和海湾在水平尺度上远远大于垂直尺度，因此，主要的研究方向是二维和三维的数值模拟[20]。相关的运用情况有：王学昌等应用分步杂交方法建立边界潮流数值模型，对胶州湾进行模拟计算，重现了该海域的潮流分布特征[21]。付莉莉运用MIKE21研究了莱州湾规划填海前后的冲淤演变情况[22]；顾杰等运用Delft-SWAN建立了长江口波浪场数值模型，计算结果表明：台风将引起长江口航道浪高剧增，而且将掀起大量的泥沙进入航道，并淤塞航道，直接影响了通航[23]。Papanicolaou et al. 建立了Alec河的3ST1D模型，预测了其推移质输沙率及粒径大小的分布[24]。孙波用改进的ECOMSED模型建立长江口三维含沙量数学模型，并用实测分层含沙量资料对模型进行率定验证，复演洪枯季长江口的三维悬沙分布和输运规律[25]。刘鑫煜应用Delft3D模型，建立了潮流作用下的平面二维水动力泥沙运动的数学模型，研究了南排河中心渔港改造工程不同工况下的流场变化及泥沙淤积情况，并提出了优化方案[26]。陈斌采用ECOMSED模型构建了长江口外海域三维悬沙模型，分析了悬沙在长江口内外的分布规律及变化趋势[27]。安永宁等针对龙口湾离岸人工岛建成前后工程区的潮流场和海底冲淤情况运用MIKE21进行了数值模拟，并分析人工岛对港口的影响，采用CERC公式计算出了人工岛群建设前后龙口湾沿岸输沙率的变化情况，分析龙口湾冲淤特性对人工岛群建设的响应[28]。Hu et al. 利用Delft3D建立了长江口的二维/三维水动力和泥沙运输模型，成功地模拟了长江口风暴潮并预测了未来20年九段沙的地面高程变化[29]。胡明军采用Delft3D模型的区域分解技术建立深圳河湾二维水流泥沙数学模型，分析了深圳河湾的水动力泥沙状况，并在此基础上对该区域的防洪方案进行了对比分析[30]。在泉州湾水动力及泥沙淤积数值模拟上，刘浩等建立了一种适应POM模型特点的干湿点数值处理方法，将其镶嵌于二维POM模型中，分析了泉州湾潮汐、潮流及浅滩干湿变化[31]。陆凤山等通过对福建泉州湾内实测波浪资料的统计分析，阐述了湾内波浪随季节变化的分布特征及生成机制，综合分析了湾内波型的周年分布特征及各波要素间的相关关系，讨论了台风期间湾内波浪的演变过程[32]。陈彬等采用现场调查资料与历史资料对比的方法，从海岸和海底地貌、水环境质量等方面分析了近几十年来福建泉州湾围海工程的环境效应。结果表明，围海工程促进了海滩的淤浅，减小了内湾的纳潮量和环境容量，使得泉州湾内湾水质恶化[33]。李朝新等根据两次水文泥沙实测资料，分析泉州湾悬浮泥沙和沉积物分布特征，研究其沉积物来源，并探讨北水道的沉积速率[34]。李朝新等又运用“粒径趋势分析方法”研究泉州湾泥沙净输运趋势，并通过海图对比计算海湾冲淤变化[35]。刘修德等主要运用数值模拟的方法研究模拟、预测了泉州湾港口建设和围填海项目的实施对海湾水动力条件的影响以及对泉州湾悬沙运动位移、海床冲淤变化及对港口和航道资源的影响[36]。刘浩以福建中部的两个半封闭的海湾——深沪湾和泉州湾为研究对象，通过数值模拟的方法再现了当地的潮汐潮流，浅滩干湿变化，污染物的输运，百年一遇的台风过境引起的增水现象和台风生成的波浪特征，在此基础上进一步探讨了不同动力机制对当地泥沙动力特性的影响[37]。吴承强等利用最新测深资料绘制了泉州湾地形图、地貌图，对海岸带地形地貌特征进行了详细的分析，表明泉州湾水深为 0～20 m，等深线走向基本平行于海岸线，局部地形变化剧烈，地貌类型可分为潮间带地貌和海底地貌（水下岸坡），且呈滩槽（水道）相间展布的特征[38]。赖志坤应用海岸线变化定量分析原理，综合分析了近 50 年来泉州湾海岸线变化的基本特征，计算了古浮澳岸段的海岸线变化速率[39]。林作梁等基于 FVCOM 海洋数值模式，采用非结构的三角形网格和有限体积法，建立了泉州湾海域高分辨率（26 m）的三维潮汐、潮流数值模型，根据数值模拟结果给出了四个主要分潮的同潮图和表层潮流椭圆、最大可能潮差、最大可能潮流流速及潮余流场的分布，并讨论了它们的分布特征，为进一步了解泉州湾海域的水动力特征提供参考，也为泉州湾的水交换及物质输运研究奠定基础[40]。鲍献文等建立了具有较高分辨率（50 m）的三维数值模型，主要是针对海湾内进行围填海规划的 10 种设计工况造成的纳潮量、水交换率、泥沙冲淤等海洋环境的变化进行了评价[41]；汤军健等采用半隐式欧拉—拉格朗日有限差分方法，模拟泉州湾跨海大桥建成后的潮流场，模拟结果表明，涨落潮流在桥墩前形成缓流区，绕过桥墩后，在桥墩后方亦形成缓流区[42]。

1.3.3 海岸线变迁研究方法及现状

国内外学者对海岸线变迁的研究可以归结为两大类，第一类是对岸线变迁状况进行了描述，第二类研究不仅对岸线变迁状况进行了描述，并对变迁原因进行了分析。

第一类研究：Kevin et al. 通过对比 1984、1987、1990 和 1991 年尼罗河三角洲的岸线位置，并利用影像区域增长分割技术和高空间分辨率影像，监测识别变化快速的区域，能够较粗地评价侵蚀和下降速率，并且能够更细致地识别变化加快的区域[43]。Maiti et al. 对印度东部的孟加拉湾 1973—2003 年的 113.5 km 的海岸线进行研究，研究区被分成 7 个细胞，在每个细胞的单位区间中选择断面。通过 transect-wise，littoral cell-wise 和 regionally 三个模式进行短期和长期的、过去和未来的海岸线位置评价[44]。Steven 分析 1972 年、1985 年和 2000 年的航空照片来获取麦肯齐三角洲和波福特海区域的海岸线变化[45]。杨金中等应用 1997 年 MSS、1982 年 TM、1998 年 TM 和 2001 年 ETM 卫星数据与 1987 年、1998 年卫星扫描准同步的潮位数据，同时参考该区 1∶50000 地形图，通过综合分析研究，探讨了穿山半岛北侧岸线和潮滩的变迁过程[46]。姜义等等应用不同时期的历史资料、地形图、航空照片及多时相的 MSS、TM、ETM 遥感数据，经过计算机处理，提取百年来海岸线变化信息，划分为侵蚀、淤积和稳定不同岸段类型，表明渤海淤泥质海岸带近百年来已发生了“缓变型地质环境变化”中的“相对快速变化”[47]。丁丽霞等利用 1993 年和 2001 年的 TM 影像，对浙江省海岸线变迁幅度与速度进行了调查研究，通过对各岸段在不同时期海岸线变迁的幅度与速度进行数量化的分析与比较发现，以前多年里整个浙江省海岸线变迁幅度与速度都呈现由南向北逐渐变小的趋势，海岸线变迁速度近代大于古代，在 1960—1990 年间，海岸线变迁速度最快，近十年有速度变慢倾向[48]。

第二类研究：Marfai et al. 利用三宝垄海岸带多元空间数据举例说明海岸线动态变化，表明三宝垄海岸带动态变化主要由沉积过程决定，海岸线前进是由人类活动和自然进程导致[49]。杨金中等应用 20 世纪 50 年代到 70 年代航空摄影图像和 70 年代以来的 MSS、TM、1RS 卫星扫描资料，参考该区三代 1∶50000 地形图，利用遥感数据的时间和空间特点，对杭州湾南北两岸的线进行了遥感调查，查明了岸线变迁规律及影响因素，为杭州湾合理开发、管理和保护提供了依据[50]。杜国云等指出，陆地水、沙供给量的不足是造成莱州湾东部岸段海岸蚀退的主要原因，人为挖沙则加剧了海岸带蚀退。但相对海平面上升无疑也是海岸蚀退的重要原因之一[51]。卢晓东等利用风暴潮前后潮滩剖面的实测对比及 1954—2005 年地形图和 1986—2005 年 TM/ETM+影像解译分析，研究了莱州湾西岸海滩冲淤变化特征及岸滩变化的原因[52]。丰爱平等采用历史资料对比分析的方法，对莱州湾南岸 1958—2004 年的海岸侵蚀进行了研究，提出了海面相对上升、入海泥沙量减少和风暴潮是研究区海岸侵蚀的主要原因，三者对海岸侵蚀影响权重比为 3∶5∶2[53]。孙伟富利用 4 期 Landsat 影像，结合现场踏勘资料，完成了 1978、1989、2000、2009 年的莱州湾海岸线位置、长度及类型信息提取，分析了不同类型海岸线的分布情况，结合相关资料，分西岸、南岸、东岸 3 段进行海岸线变迁原因分析[54]。刘荣杰等利用 1982、1991、2001 年的 Landsat 影像和 2012 年的 HJ 影像监测了由福建入海的“四江一溪”（即赛江、闽江、木兰溪、晋江和九龙江）河口海岸变迁，并进行了时空变化分析，并结合其他相关资料分析发现，上述河口的变化主要由围填海导致[55]。周春艳等通过多时相卫星遥感结合历史海图、水深资料研究近 150 年来胶州湾岸线属性和位置变化。1863—1935 年胶州湾以自然演变为主导，岸线变化很小，因自然淤积潮间带面积缓慢减小；而 1935 年以来受人类活动影响，胶州湾岸线变化很大，大面积的自然潮滩被盐田养殖区和人工填海代替，岸线普遍向海推进，总体上趋于平直造成潮间带面积、纳潮量和胶州湾的面积急剧减小[56]。赵宗泽等以 Landsat、MSS、TM、ETM+影像为数据源，利用目视解译方法提取了 1983 年、1993 年、2001 年和 2010 年湄洲湾四期海岸线。利用基线法和面积法对湄洲湾的海岸线变迁情况进行了分析，并计算了反映岸线曲折度的岸线曲率[57]。

在运用分形理论研究海岸线变迁方面：自 1967 年 Mandelbrot 提出海岸线的分形理论[58]，相继地，Philips[59]，Jiang et al.[60]，Zhu et al.[61]分别计算出美国、中国等区域的海岸线分维数。Tanner et al. 利用 GIS 方法计算美国 4 种类型海岸的岸线分维数（D）[62]。朱晓华等研究了江苏省淤泥质海岸线及其他不同性质海岸的分形特征差异[63]。戴志军等利用海岸分维数分析了华南弧形海岸的海岸演化稳定性，将华南弧形海岸分为负动态平衡、极端动态平衡、正动态平衡三种平衡状态[64]。高俊国等用分形分析法初步探讨了海湾冲淤演化的预测，认为海岸 $D=1$ 表明海岸处于平衡状态，而 D 变大表明海岸线向着与平衡相反的方向发展，即冲刷的继续冲刷，淤积的继续淤积[65]。叶晓敏等对胶州湾进行了分形分析，认为大规模海岸工程造成海岸线分维数减小，小规模海岸工程造成海岸线分维数增大[66]。倪化勇等分析了自然灾害发生时间序列上的分形特征[67]。

1.3.4 海岸带海水入侵研究方法及现状

海水入侵是指海水经地下到达陆地的过程，是在陆地水充足的情况下海水由于水浓度的不同而进行的运动。与海水倒灌不同，虽然都是海水从地下深入陆地内部，但海水倒灌是指海水经地表到达陆地，是由于陆地地下水不足，导致海水补充上来。目前国外关于海水入侵的研究现状有：国外的海水入侵研究可以追溯到19世纪，J. Du. Commun、Badon-Ghyben、Herzberg均给出了海平面任一点的咸淡水界面在深度上的表达式[68]；日本对静冈县富士市、西大阪地区的海水入侵规律进行监测，制定节水法规，开辟新水源，以减轻海水入侵的危害[69]；在1985年于英国剑桥召开的国际水文地质学家协会(IAH)第18届会议上，Custodio et al. 比较全面地介绍了国外海水入侵的研究现状、基本原理、地质条件、地下水开采影响、计算方法、监测技术及滨海地区淡水资源管理等问题[70]；欧洲学者自从1968年在德国汉诺威召开第一届"海水入侵学术讨论会(SWIM)"以来，每隔两年召开一次海水入侵问题的学术会议。联合国教科文组织积极促进海水入侵的研究，1987年组织出版了西班牙著名学者Custodio et al. 所著的《滨海地区地下水问题》[71]。1977年由美国环境保护局编著了《美国海水入侵调查》，1986年由美国俄克拉荷马大学编著了《美国海水入侵现状与潜在问题》，这两本专著总结了美国自20世纪50年代以来海水入侵方面的研究成就，涉及的研究内容包括海水入侵通道、隐伏断裂在海水入侵中的作用、咸淡水界面变化、咸淡水关系定量研究、海水入侵对农业的影响等。

理论界将海水入侵研究概化为两种界面模型：即突变界面模型与混合界面模型。突变界面模型是一种理想化的概化模型，其求解只能获得一种近似结果。Moor et al. 利用突变界面模型研究了美国 Yucatan Peninsula 东北海岸的咸淡水界面变化情况[72]；成建梅等用有限差分法模拟了突变界面的运移情况[73]。

过渡带模型必须用两个偏微分方程来描述，一个方程用来描述密度不断改变的咸淡水混合液体的渗流，另一个方程用来描述咸淡水混合液体中溶质的运移，通过这两个方程将密度、浓度和水位有机地耦合在一起，得到咸淡水过渡带的分布范围、水位值和浓度值。Pindar et al. 最早给出海水入侵过渡带模型，得到了 Herry 模型的有限元数值解[74]；Lee et al. 提出了基于地下水位深度与咸水浓度关系的二维有限元模型，并用于计算美国佛罗里达州 Cutler 地区的海水入侵问题[75]；Segol et al. 发展了基于地下水位深度与咸水浓度关系的二维有限元模型[76-77]；Huyakorn et al. 提出了水位与密度关系的地下水流方程和溶质运移方程[78]；Chang et al. 采用室内试验研究了由于海平面上升，在不同水流边界条件下咸淡水界面的运移规律[79]。

在国内，我国海水入侵研究始于20世纪80年代，研究程度最高的地区是莱州湾，且研究成果大部分是针对莱州湾地区的海水入侵而言，其他海水入侵地区的研究成果相对要少得多。从事海水入侵的研究机构主要是中国科学院地质所、南京大学地质系、中国地质大学水文地质工程地质系等单位，他们的研究成果代表了我国海水入侵的研究水平。总的来看，在近20年的时间里，我国在海水入侵现状调查、基本理论探索、模型研制、预测预报和防治措施等方面，均取得了重大进展，已经从单一问题的研究趋向于综合性研究，从简单的定性调查走向定量化和模型化。

我国有很多学者对判断是否发生海水入侵做了深入的研究，刘茜等通过水-岩相互作用的土柱试验研究模拟海水入侵过程中发生了离子交换吸附等水文地球化学作用判别海水是否向内陆入侵[80]；刘冀闽等讨论了电导率法在海水入侵实际监测中的原理及应用[81]；宋希坤等通过监测淡水中氯离子浓度与矿化度的值研究了福建省海岸带发生海水入侵及土壤盐渍化的区域[82]；杜中等对地下水氯离子浓度值进行统计分析，计算了氯值频率、与其他参数的相关系数、与特征值相关系数等，根据统计规律结合海水入侵机理，据此提出新的海水入侵判别途径[83]。

中国科学院地质所蔡祖煌、马凤山等学者对海水入侵的基本理论进行了深入探索，指出海水入侵理论经历了4个阶段，即静力学阶段、渗流阶段、渗流与弥散联立阶段和渗流与弥散耦合阶段[68]；卢继强等通过利用水文地球化学和同位素数据，说明研究区地下淡水咸化的过程和机理[84]；赵建将所选定的水化学指标如钠吸附比（*SAR*）及矿化度（*M*）等对 Cl^- 含量作回归分析，对海水入侵过程中浅层地下水水化学特征变化做了研究[85]。

南京大学地球科学系吴吉春、薛禹群等学者研制了我国第一个三维有限元海水入侵模型[86-88]，模型考虑过渡带混合溶液密度不断变化对液体流动的影响、潜水面波动对海水入侵过程的影响、降水入渗对溶质运移的影响、过渡带附近大流量抽水、非均质各向异性和复杂边界形状等因素，模型通过描述含水层中盐分浓度分布的变化来刻画过渡带的移动、演化和发展。成建梅等学者对海水入侵模型进行了许多改进和创新[89]，特别是他们在确定弥散度、含水层标高、初始水位分布、承压含水层的海底边界以及微分方程的求解等方面引进许多新的理论和技术。他们用三维有限元海水入侵模型对北海市涠洲岛和烟台市夹河的海水入侵进行过成功模拟；袁益让等提出海水入侵及防治工程后效的数学模型，给出三维问题的迎风分数步差分格式，并对山东省莱州湾地区的海水入侵进行数值模拟，将计算结果与实测结果进行对比，用微分方程检验估计理论和技巧，得到其收敛性估计[90]；卢薇等利用基于有限元原理的FEFLOW软件建立了珠江口东岸地区的海水入侵三维溶质模型，预测了在不同开采条件下，研究区海水入侵的趋势[91]；薛显武等将变密度三维海水入侵模型（SUTRA模型）与地理信息系统（GIS）进行有机集成开发出可视化海水入侵数值模拟系统，为海水入侵研究提供了有效的模拟和分析手段[92]；徐挺等为了研究人工抽水对滨海潜水含水层的影响，采用二维渗流槽试验模拟非完整井抽水对咸淡水界面的影响[93]。

在海平面呈周期性变化情况下海水入侵机理方面，左风华等学者在研究海岸带广泛存在的凸凹不平的不透水层的几何及地质特性的基础上，结合地下水渗流运动的特征，运用数理分析的手法，建立了不同于以往的模拟海岸带含水层咸淡水界面变动规律的二维数值仿真数学模型，对滨海地带地下水面与咸淡水界面伴随着潮汐波动而变化的规律进行研究探讨[94]。陈娟等通过潮汐对沿海地下水水位影响的方程形式的概述，综述了在解析解与数值解方面的研究进展，并在此基础上提出了潮汐影响下地下水水位变化的3个特征：振动不对称性、振幅有衰减、相位滞后[95]。

在室内试验研究上国内开展比较少，见诸报端的有张奇学者以着色海水和图像处理方法通过室内试验巧妙获得入侵界面在不同条件下的形态及其动态变化[96]；刘清勇等借助物理模型的模拟方法对淡水帷幕的形成与咸淡水界面推移的速度和推移时间等因素进行了定量分析[97]；刘晓红采用室内试验与数值模拟结合的方法拟合了砂土中海水入侵速度公式[98]；任加国等通过室内土柱驱替试验，对不同类型的淡水驱替咸水的过程中含水介质的渗透性变化规律进行了研究[99]。

在室内试验装置的研发上，少见有专门的室内试验对于入侵的模拟研究，更谈不上试验装置的设计或专利了。通过对已有文献和专利研究，与海水入侵试验相关且具有代表性意义的入侵模拟装置共有两件。第一件为圆形入侵装置，由我国台湾的研究人员发明。该装置利用U形槽原理观测水油交界面的提升高度，然而该装置的缺点在于加工困难，需人工操作步骤过多，误差大，且可用于研究入侵的土体距离较短，忽略土体对入侵的影响。研发者后又利用改进设备对土体采取的是纵向吸取方式测量，该装置用于观测入侵的试验研究，其研究成果不明显，误差较大。第二件为我国刘青勇设计。相较于本次实用新型水槽而言，刘青勇所设计的试验水槽尺寸相对较小，相对较小的水槽、水室只可提供较少的水体作为交换水体，无法提供足够的水头与水动力，在模拟海洋与内陆潜水之间的入侵问题上，效果十分有限。其次，与砂槽间采用的是金属网与钻孔玻璃连接。虽然有考虑到土体的软化变形与崩解的问题，但金属网的孔径相较土体颗粒而言依然属于大口径，颗粒可从网中露出或者堵塞网孔，对试验结果产生影响。再者，刘在水槽上未设置有自动出水口，故不能在不影响水动力的条件下，进行水位的升降，无法模拟海洋涨落潮间对入侵的影响。

国内学者们提出了很多海水入侵防治建议与措施。林少伟等提出了龙口市防治海水入侵工程措施，即修建地下水库、建设“水网”进行水资源优化调配等[100]；刘典鹏等总结了山东莱州湾地区成功防治海水入侵的措施及效益，即修建王河地下水库，积极实施地下水回灌，建设调水工程，充分利用洪水资源，实施集中规模供水，发展农业节水灌溉[101]；寇英杰等提出采用控制开采、人工回灌、修建地下水库等方法防治辽宁海水入侵灾害[102]；田梅青等提出采用加强对海水入侵的监测和预报，建造拦蓄工程和地下水库，严格控制地下水的开采，填海造陆式的防潮和蓄淡工程等对烟台市海水入侵进行防治[103]；此外，翁剑伟提出了一种国外比较流行且先进高效的方法，即将含水层存储与恢复技术（ASR）运用于湛江市区的海水入侵防治[104]。

海水入侵作为一种海岸带地质灾害，在发生海水入侵的滨海地区，地下淡水水质咸化，如果使用盐分增加的地下水灌溉，会导致土壤表层盐分聚集，造成土壤盐渍化，降低土壤肥力，粮食产量下降，一般年份减产20%以上，旱年基本绝产。其次是水田面积减少，旱田面积增加。同时使现有的机井报废，农民不得不投资打更深的机井，形成了恶性循环，加速了海水入侵。在工业方面，由于地下水变咸导致产品质量下降和设备锈蚀，因淡水供应不足使企业生产处于停顿状态，严重影响了企业的经济效益。更为严重的还会导致工厂、村镇整体搬迁，入侵区就会成为不毛之地。海水入侵还会带来一系列的健康问题。人民生活方面由于水质的变化，人畜不得不饮用劣质水，导致人畜疾病增加，由于海水中碘和氟的含量偏高，如果居民常年饮用咸水，就会患上甲状腺肿大、氟斑牙等疾病。有数据显示，受海水入侵影响地区的人口平均死亡率比非入侵地区高1‰。

海水入侵目前的主要防治措施有：①合理开采地下淡水资源，开源节流。解决淡水问题是减轻海水入侵的主要途径。从沿海地区水资源供求情况来看，缺乏淡水已成定局；从长远看，引调客水是控制沿海地区海水入侵的重要战略措施。同时，要合理布置开采井，放弃咸淡水界面附近的抽水井，分散开采、定期停采或轮采地下水，缩短水位恢复时间以防止形成降落漏斗。②开展人工回灌，引淡压咸。开展人工回灌补充地下淡水，提高滨海地区地下淡水的水位和流速。以淡水挤压咸水，迫使海水后退，有效防止海水入侵。回灌水源主要有当地雨季的地表水，及引水处理后的废污水等。③改善生态环境。通过兴修水利工程，调整种植业结构，植树造林，发展畜牧等措施，在海水入侵区建立结构合理、功能稳定、经济效益高的农业生态经济体系，提高抗灾能力，缓解海水入侵灾害带来的不利影响。④建立沿海地区地下水监测系统。建立沿海地区地下水动态监测网，进行水位水化学监测，必要时辅以海水水文动态监测。根据海水入侵的形成机制和入侵规律，预测海水入侵速率规模和危害范围，从而为有效防治海水入侵提供科学依据。

1.3.5 地质灾害风险评价研究现状

模糊综合评价(fuzzy comprehensive evaluation,FCE)方法是对受多种因素影响的事物做出全面评价的一种十分有效的多因素决策方法,其特点是评价结果不是绝对的肯定或否定,而是以一个模糊集合来表示。由于模糊综合评价方法可以较好地解决综合评价中的模糊性(如事物类属之间的不清晰性,评价专家认识上的模糊性等),因而该方法的应用几乎涵盖了所有领域。

Maeda et al.[105],Eldukair et al.[106],Zimmermann et al.[107]将模糊集理论引入 MODM 中构成模糊决策(fuzzy decision making)方法,用于不良定义的决策问题(ill-defined decision making problems)的求解。孟波等[108]将模糊隶属函数和语言变量引入 MODM 的代理置换法(SWT)[109]中,从而克服了 SWT 法中要求决策者用整数表达偏好的困难。贺仲雄等提出了融合模糊、灰色、物元空间等思想的 FHW 决策系统,可以用于预测、决策与评价[110]。Wang et al. 提出一种将 AHP 同模糊集综合运用的评价方法[111]。王宗军等提出了一种基于集成式多目标权系数赋值的 CE 方法[112],将实际应用中的多目标权系数赋值方法归结为点估计方法、模糊区间估计方法、定性估计方法三类,在 CE 过程中将其综合运用,并给出相应的权系数赋值方法选择策略,从而使得评价专家可以根据自己所处的具体环境和对评价问题的了解程度,较为方便和准确地选择相应的权系数赋值方法,而不必去详细了解每一种方法的具体原理。该方法在城市整体发展水平的综合评价中取得了很好的应用效果。

将模糊综合评价方法应用在海水入侵研究领域的有:李莹基于熵权的模糊集的分析评价法(FSPAAM)对大连市地下水水质进行综合评价与分析,并给出 2008 年大连市各区枯水期和丰水期地下水水质等级的百分比[113]。曾永等以黄河三门峡花园口河段 2006 年 1—8 月水质监测资料为基础,运用模糊综合评价法和单因子指数评价法对三门峡、小浪底、花园口断面的水质进行评价。由于两种方法的出发点不同,造成了评价结果存在较大差异,使用模糊综合评价法得到的水质类别要优于单因子指数评价法得到的水质类别。因为单因子指数评价法,实际上只考虑了最突出的因子即污染状况最严重的评价因子对整个评价结果的影响,充分显示超标最严重的评价因子对整个评价结果的决定性作用,其他因子的作用被弱化[114]。王晓鸥以六股河地段的 5 个地下水监测孔为例,选取总硬度、硫酸盐等 10 个污染因子来进行水质评价,表明了模糊综合评价法能做出综合的水质类型判别[115]。董传强等基于贵州省县级城镇污水处理厂运行数据,采用三级模糊综合评价法,以经济、技术、环境 3 个一级指标及其下的其他影响因素建立评价因素集,来评价污水处理后的水质情况[116]。乔吉果等基于模糊数学方法对长江三角洲滨海地区海水入侵现状进行了评价[117]。

1.3.6 海湾泥沙淤积对城市发展影响研究现状

海湾泥沙淤积对城市发展中防洪、航运、水体海岸防护、港口规划建设以及沿岸地区的经济发展都具有十分重要的意义。杨宏忠通过对海岸滩涂的自然特征和开发及生态效益的深度分析,提出将海岸滩涂当做一个巨大、复杂的湿地生态系统来综合规划和科学管理。指出我国海岸滩涂经过三轮围垦已经面目全非,设计和技术力量不足是造成国内滩涂围海工程安全隐患多、行业之间矛盾多、生态问题多的根本原因[118]。秦华鹏等利用泥沙数学模型,以深圳湾为例研究了五种填海方案造成的海湾来沙量、含沙量和泥沙冲淤分布的变化，讨论了泥沙淤积速率的变化对港口航道和红树林生态系统的影响，并通过岸线方案的对比指出了在分别考虑各种泥沙评价指标时对应的五种填海方案的优劣[119]。何耀堂指出，20 世纪 70 年代末到 21 世纪初，后渚港区淤高速率约 6 cm/a，白崎渡口西侧潮滩淤高速率达 10 cm/a，淤宽速率 3～4 m/a。较为严重的淤积造成海域减小，局部航道淤塞，部分港口工程报废或濒临报废，航运成本增大，制约着泉州港的发展[120]。林军研究了港口选址问题，认为港口选址应以岸线稳定，港内航道水深、淤少、避风、浪小等为原则。从海岸变迁角度看，崇武半岛岸段、石狮祥芝、晋江深沪、金门东北岸及大小金门海峡、漳浦六鳌、下寨、东山港等岸线比较稳定，具备建港条件。然而有些岸段就目前状况看，似乎可以建港，但从海岸变迁发展趋势看，若不采取有效措施加以控制是不适宜的。例如九龙江口厦门海沧—钱屿段，北心滩岸线淤涨速率达 121 m/a，海门岛东侧淤涨速率也达 105 m/a，积高率为 21.0 cm/a，若照此速度发展 30～40 a 后，黄海高程零米线可能到达钱屿。随着零米线向前推进，海湾滩底逐渐淤高，水深变浅，对建港十分不利[121]。曹伟等研究了厦门湾，认为近十年来，海岸工程等又围去水域 25×10^8 m^2，这样使纳潮量减少 43%，主航道淤积加快，厦门主航道正以每年 10 cm 的速度淤积，长此以往，厦门港有报废危险。原有面积达 5×10^7 m^2 的六鳌湾，地处花岗岩区，风化剥蚀强烈，水土流失严重，风砂充填，填塞湾口，加上围海造盐田及大搞养殖等，目前航运能力下降，水资源枯竭，湾面减少，航道淤积严重。还有的港湾如泉州湾和得江湾由于不合理的围垦及建闸，减少纳潮量，落潮流速大减，使得港湾淤积严重，航道淤浅，生态环境遭到破坏。这些海湾的部分岸滩每年向海扩淤 10～40 m，最大可达 100 m，滩面淤高速率 2～30 cm/a，最大 1 m/a。福建的 12 个海湾中，除了东山湾、泥洲湾围海面积较小外，其余海湾普遭围垦或大面积围垦，使流水流速减弱，航道逐渐淤积[122]。

1.3.7 海水入侵对城市发展影响研究现状

马凤山等认为，海水入侵致使地下淡水达一定深度后由于含盐量远远大于水质标准的要求而无法被利用。由于滨海地带对地下水的过量开采，引起入侵带加宽以及地下淡水可用层变薄，然而当地下水的动力水位低于海平面时，淡水可用层完全消失，影响海水入侵带内的就地用水，造成环境问题[123]。黄磊等研究了龙口市海水入侵地区内有 1000 多眼开采井报废，3 万人口饮水发生困难，1670 万 hm^2 农田的灌溉受到不同程度的影响。海水入侵造成工业设备锈蚀严重，产品质量下降，部分企业转产或停产，失业人口增加。以井水氯离子浓度大于 0.13 g/L为海水入侵标准，到 1995 年底，莱州湾地区海(咸)水入侵面积达到 974.6 km^2，据不完全统计，区内已有 40 万人吃水困难，8000 余眼农用机井报废，60 多万亩耕地丧失灌溉能力，粮食每年减产 3 亿 kg，工业产值每年损失 4 亿元[124]。周训等通过对广西北海市出现海水入侵地区的海水入侵分布情况、海水入侵变化范围以及氯离子含量等因素的分析，对该地区的海水入侵情况提出了防治对策[125]。丁玲等通过野外监测和室内试验结果对比分析，认为在海水入侵淡水含水层的过程中，水—岩间存在阳离子交换作用。海水入侵区的地下水中 Ca^{2+} 含量比当地地下淡水及海水中的 Ca^{2+} 含量都高，导致海水入侵区地下水的硬度发生变化，导致土壤盐渍化。而土壤盐渍化导致土壤肥力下降，造成粮食减产[126]。

1.4　研究进程

本研究项目按照时间顺序和研究内容开展工作的主要情况，如表 1-3 所示。

表 1-3　按时间顺序开展工作内容的情况

时间	工作内容
2012.1—2012.3	收集泉州湾海岸带地质环境资料，包括等高线、水动力、泥沙含量、土质条件等
2012.4—2012.5	测试泉州湾水体浊度、海底地貌绘制
2012.6—2012.9	海水入侵模型试验及数值模拟
2012.10—2012.12	海水入侵现场监测与木桩布设
2013.1—2013.8	泉州湾典型区域海水入侵井水监测
2013.3—2013.5	泉州湾典型区域淤泥淤积与海岸侵蚀监测及绘图
2013.6—2013.8	电导率法应用与海水入侵室内试验监测
2013.8—2013.9	泉州湾淤泥淤积与侵蚀的数值模拟初步研究
2013.10—2013.11	泉州湾典型区域海岸侵蚀的模拟
2013.11—2013.12	泉州湾典型区域淤泥淤积的作图
2013.1—2014.8	泉州湾典型区域淤泥淤积高程变化监测
2014.5—2014.8	泉州湾淤泥淤积数值模拟研究
2014.5—2014.10	建立泉州市海岸带地质灾害与城市发展关系评价模型

完成的内容包括实物工作量、资料收集及研究整理情况等，详见表 1-4。

表 1-4　2012—2014 年度完成的主要实物工作量

序号	内容	样品数/项数
1	悬沙浓度测试	86
2	悬沙浓度收集	11
3	设计一套海水入侵模拟槽，进行砂土、砂黏互层及潮汐变化过程的入侵模拟	—
4	电导率法监测海水入侵室内试验	—
5	海水入侵数值模拟模型	三个断面
6	表层沉积物分布、海底地形绘制	12 幅
7	表层沉积物分布特征测试	46
8	离子浓度测试	105
9	木桩布设	29
10	木桩高层监测	580
11	泉州湾典型区域海水入侵区域图绘制	1 幅
12	泉州湾典型区域多个年份海岸侵蚀与淤积图绘制	6 幅
13	泉州湾典型区域淤泥淤积的数值模拟模型	—
14	泉州市海岸带地质灾害与城市发展关系评价模型	—

1.5 主要成果及创新点

1.5.1 主要研究成果

（1）开展了环泉州市海岸带海湾淤积研究，利用现场测试资料，绘制了泉州湾海水浊度、沉积物特征分布图及海床高程变化图；通过现场监测得到典型区域泥沙淤积速率；根据海岸线变迁和分形特征的分析，研究了泉州湾海岸线淤积和侵蚀区域；通过构建数值模型，研究了泉州湾海床淤积分布及今后发展趋势。

（2）开展了泉州市中心城区典型海水入侵研究，绘制了泉州市中心城区典型岸段海水入侵范围图，通过室内试验和数值模拟，总结了海水入侵的规律，并提出海水入侵防治方案。

（3）利用模糊评价模型研究泉州市海岸带地质灾害与城市发展关系，并提出了泉州市海岸带地质灾害与城市发展关系的建议。

（4）取得 1 项专利，名称为一种海水入侵模拟装置。专利号为 201320403182.8，可进行潮汐作用下海水入侵的室内模拟试验。

1.5.2 主要创新点

（1）给出泉州湾海岸带的淤积与侵蚀区域

通过资料分析、泉州湾悬沙浓度及表层沉积物的分布情况测试、典型区域的淤积速率监测，确定了目前环泉州湾海岸带的淤积与侵蚀区域。

（2）给出泉州湾海岸带变迁及演化趋势

在资料与测试数据分析基础上，利用分形理论等工具，计算获得泉州湾各年份海岸线分形维数，提出判断海岸线稳定性分形维数临界值，对泉州湾不同岸段分维变化规律及对演化影响进行了分析。通过数值模拟对泉州湾海岸线变迁进行了预测。

（3）较为系统地探讨了潮汐作用过程中的泉州湾海岸带海水入侵机理、过程与范围

利用自行研制的模拟海水入侵试验模型装置，通过现场测试和数值模拟，试验研究了粗砂介质、砂-黏土-砂互层介质海水入侵规律。土体参数对海水入侵距离（范围）的影响，数值模拟再现泉州湾实际地层海水入侵过程。

（4）提出泉州市海水入侵的防治方案

基于 ASR 技术，结合泉州市水文地质条件及气候气象条件，给出泉州市海水入侵的防治措施构想及实施步骤。

第 2 章　泉州湾泥沙淤积及海岸线变迁测试及分析

为了研究目前泉州湾海岸带泥沙淤积现状(淤积速率及海岸线变迁情况)和数值模拟预测今后海岸带发展所需的基础数据,通过资料收集及现场测试的方法主要进行了以下工作:对泉州湾悬沙浓度及表层沉积物的分布情况进行了测试;通过收集不同年份的泉州湾海岸线相关资料,分析其变迁情况,确定了目前环泉州湾海岸带的淤积与侵蚀区域;对泉州湾泥沙淤积典型区域的淤积速率进行了监测;利用分形理论对泉州湾各年份的海岸线分形特征进行了分析。

2.1　泉州湾冲淤控制因素分析

影响泉州湾冲淤的因素较多,主要可归纳为河流输砂、海洋水动力和人为活动三个方面。

2.1.1　河流输砂

输运到泉州湾内泥沙的河流有晋江和洛阳江两条河流。晋江全长 302 km,干流 182 km,为福建省第三大河流。近 20 年来,由于晋江上游人为采石活动的加剧,导致严重的水土流失,泥沙由河流带入到泉州湾内,导致晋江成为福建省含沙量最大的河流。根据晋江流域各水文站 1991—2007 年实测径流量和含沙量资料统计分析,晋江多年平均流量为 155.1 m^3/s,多年平均输砂量为 223 万 t,年平均含沙量为 0.438 kg/m^3。洛阳江全长 39 km,流经泉州市内多个乡县,于东海乡后渚港注入泉州湾,年均径流量为 1.63×10^6 m^3,年均携砂量为 2 万 t。大量的泥沙由河流携带输运到河口时流速减缓,与海水离子相遇发生絮凝进而在河口附近沉积。

2.1.2　海洋水动力

泉州湾内冲淤演化受风浪影响较大,据统计,泉州湾地区年均受台风影响 3.2 次,台风导致的极大风速可达 60 m/s。大风天气促进海洋波浪的产生。该海域强浪向为东南方向,实测最大波高为 5.5 m,其次为西南偏南方向,实测最大波高为 5.3 m。波浪的强烈作用导致岸滩土体的侵蚀,沿岸的花岗岩岬角、缓丘、第四纪松散沉积物在强波浪作用下发生侵蚀,进而由湾外余流携带的泥沙进入湾内,也带来了部分泥沙。此外,浅水处的沉积物由波浪作用,当床面上的泥沙颗粒在垂直方向上受到大于砂粒水下重力、粒间黏结力和薄膜水附加压力等的上扬动力后,砂粒就会扬起,随波浪继续前进,重新沉淀,从而造成深水区的淤积。

泉州湾潮振动主要来自海峡北部的潮波系统。海湾平均潮差为 4.6 m,属于强潮海湾。海湾潮流性质属于正规半日潮,湾外开阔海域潮流运动以旋转流为主,而湾内水道中为典型的往复流。潮水涨落基本沿海岸线,流向垂直于海岸线,涨潮时从湾外流向湾内,落潮时从湾内流向湾外,且落潮速率大于涨潮速率。在涨潮和落潮循环进行时,将会发生流路分异现象,从而形成一个缓流区,使水流中携带的泥沙沉淀淤积。

2.1.3 人为活动

泉州湾目前现有天然海岸线几乎所剩无几，多年来政府在泉州湾洛阳江水道先后建设了洛阳江闸、凤屿北堤和南堤、百崎至白沙海堤及“五一围垦”等大型围填海工程，其中前三者所围海域面积约 10×10^2 hm^2，而五一围垦是泉州湾迄今最大的围垦工程，其总围造潮滩共计 13.6×10^2 hm^2。此外，在蚶江至水头约 3 km 长海堤围造了陆地和池塘。

人工围海造田工程改变了海岸线原有轮廓，改变了海底滩涂地形地貌，沿岸波浪、水流路线、泥沙运动途径都会因此受到一定影响；对于泥沙运动活跃的海岸人工围海造田工程不仅在造田过程中改变海岸线轮廓，在造田成功后很长一段时间内对海岸线发展都将产生极大的影响。人工围海造田对沿海影响可从以下三方面进行分析：①人工围海造田对沿岸滩涂产生回填挤淤作用，从而抬高滩地平面。②人工围海造田工程施工时，因为施工原因会造成沿岸水流泥沙量的局部性增大，这些泥沙随水流运动发生迁移，在弱水动力条件下发生沉淀造成淤积。③人工围海工程完成后，改变了天然海岸线水流动力条件、海岸滩涂地形地貌，影响其波浪、水流路线、泥沙迁徙途径等条件，从而促进淤积情况的发生。

洛阳江沿岸大小散布有人工采砂场数十家，人工采砂能有效地局部性地降低滩地平面，影响水流路线、泥沙沉淀。但是在降低滩地平面的同时，人工采砂将破坏滩地平面上的泥沙平稳，促使沉淀泥沙悬浮于水流中以致增大水流含砂量，使沉淀泥沙再次随流水迁徙。

自 2005 年起政府对洛阳江进行航道清淤，航道清淤将减少洛阳江滩底泥沙，整体上降低滩地平面高度，促进航道流通，减少泥沙沉淀，影响水流走向。

2.1.4 小结

泉州湾是福建省东南沿海的山地海湾，为陆地向海的过渡性地域。其三面环陆，一面临海，属于强潮、溺谷型海湾。其湾口小、湾内大，从而形成良好封闭、弱水动力的环境条件，有利于淤积的形成。泉州湾海水浊度自晋江以及洛阳江内河道至入海口处逐渐减小，湾内除湾顶两江汇流处浊度较高外其余区域浊度趋于稳定。湾内浊度高的原因主要为河水域潮流的汇流，同时潮流将湾口海水带入，两者共同作用使得该区域水体浊度较高。泉州湾淤积面积共计 132.675 km^2，海底面平均抬升 0.05 m，总淤积量为 663 万 m^3，平均淤积速率为 20.72 万 m^3/a。主要淤积地点为洛阳江、晋江内河道沿岸；泉州湾湾顶以及石湖附近。其沉积物的分布从湾口至湾顶逐渐变细，即湾口以细砂等为主，湾顶则以粉砂或黏性土颗粒为主。

造成泉州湾淤积的因素包括：

(1)潮汐在湾内反复流动形成一缓流区，方便水中泥沙沉淀；

(2)波浪的卷积作用将原本沉淀的泥沙重新卷起，随波浪迁移至缓流区沉淀，形成新的淤积区；

(3)晋江、洛阳江携带大量泥沙注入泉州湾；

(4)人工围海造田改变天然海岸线水动力条件，抬高滩地底面，局部增大水体含沙量，促进淤积作用。

2.2 泉州湾典型区域悬沙浓度及表层沉积物现场测试

2.2.1 悬沙浓度分布

为了查明泉州湾不同区域的悬沙浓度，采用现场取水测试的方法对不同区域和水深的悬沙浓度进行了测试。悬沙观测层次采用六点法：水深 $H \geqslant 5.0$ m 时，观测 6 层（表层、0.2 H 层、0.4 H 层、0.6 H 层、0.8 H 层、底层）；当 3.0 m $\leqslant$ 水深 $H < 5.0$ m 时，观测 3 层（0.2 H 层、0.6 H 层、0.8 H 层）；当 1.5 m $\leqslant$ 水深 $H < 3.0$ m 时，观测 2 层（0.2 H 层、0.8 H 层）；当水深 $H < 1.5$ m 时，观测 1 层（0.6 H 层）。表层是指水面下 0.5 m 深度处，底层为距海底 1 m 深度处。采样点的定位采用 D-GPS（差分 GPS）进行准确定位。

对采集的水样采用光电测砂的方法测试其浊度，所用仪器为 AQUAfast Ⅱ 型浊度仪（图 2-1），同时选取 20% 的具有代表性的各含量级的水样（图 2-2）各 500 mL，运回试验室进行抽滤、烘干、称重，过孔径为 0.45 μm 的醋酸纤维膜后，在电热培养恒温箱经一定温度烘干，并利用天平称重。每个样品称重 2～3 次，误差控制在 0.5 mg 以内。通过对浊度计测试结果和室内烘干法进行对比分析换算出含沙量。现场共布设了 86 个测点，其中在晋江入海口布置了 3 个测点，洛阳江布置了 72 个测点，湾内布置了 11 个测点，各测点位置如图 2-3 所示。

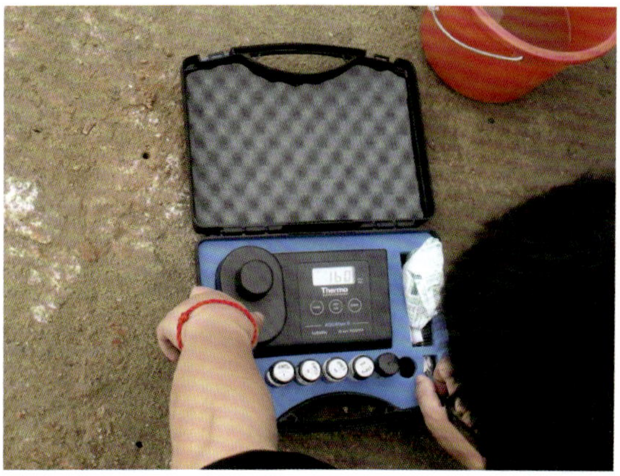

图 2-1　AQUAfast Ⅱ 型浊度计

图 2-2　现场取水测试实景

根据测试结果，利用 Surfer 软件绘制悬沙浓度等值线图，结果如图 2-4 所示。从图中可以看出：

（1）在晋江入海口处，从晋江大桥至入海口端悬沙浓度逐渐减小，从 89.3 g/m^3 降低到 30.2 g/m^3。

（2）在洛阳江入海口处，从洛阳桥至后渚港下游处，悬沙浓度也逐渐减小，悬沙浓度从 72.8 g/m^3 降低到 10.0 g/m^3。

（3）整个泉州湾内，除秀涂至垵头一段浊度较高外（高达 65.9 g/m^3），其余区域悬沙浓度变化不大，基本在 35～52 g/m^3 之间。秀涂至垵头一段悬沙浓度较高与河水和潮水流向有关，秀涂至垵头一段也为洛阳江流水与深水区潮流的交汇区；同时晋江入海口处的水流携带的部分悬沙从入海口经金屿—石湖一带旋转流出后，也汇集到秀涂至垵头一段，两者共同造成该区域悬沙浓度较高，造成这一区域的严重淤积。

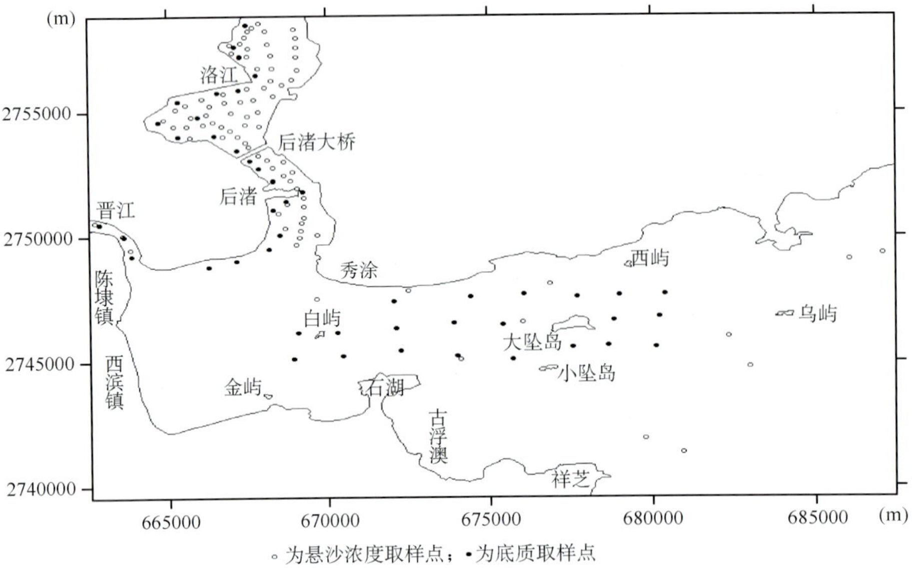

图 2-3 泉州湾悬沙浓度和表层沉积物特征测点布置图

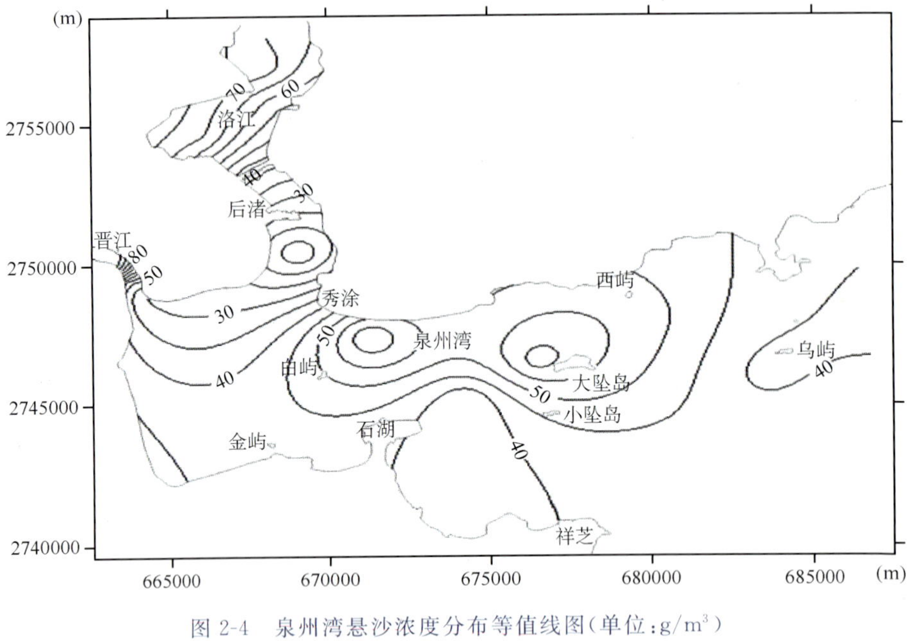

图 2-4 泉州湾悬沙浓度分布等值线图(单位:g/m^3)

2.2.2 表层沉积物类型及分布特征

沉积物粒度的大小，主要受物源远近、搬运介质、搬运方式、沉积环境等因素控制，所以沉积物粒度组成和分布，可以反映出一个地区的水动力状况和沉积环境。为了研究泉州湾淤积土体的类型和特征，现场利用船锚拖钩的方法取海底表层土体，取出后立刻用密封袋包装运回实验室对其粒度成分进行测试，同时结合林炳煌在泉州湾底质分布情况分析中的底质类型数据，共获取了 46 个测点(图 2-3)，取样点现场情景如图 2-5 到图 2-11 所示。

图 2-5 泉州湾淤积情况现场图(洛阳新桥)

图 2-6 泉州湾淤积情况现场图(蟳埔)

图 2-7 泉州湾淤积情况现场图(泉州港)

图 2-8 泉州湾现场取样图(岸边)

图 2-9 泉州湾海上测试图

图 2-10 泉州湾海上取土图

图 2-11 泉州湾海上取土图

对所采集的样品均按《海洋调查规范 第 8 部分 海洋地质地球物理调查》(GB/T 12763.8—2007)的规定进行分析、命名,分析仪器为 Mastersizer-2000 型激光粒度分布测定仪,该仪器测量范围是 0.02～2000 μm,重复测量相对误差<3%,具有测量简便、精度高、重复性好的特点。样品的处理和测试按照以下程序进行:

(1)取样:为保证测试样品的代表性,取样之前务必将样品混合均匀,然后根据样品颗粒大小取适量备用。以中粗砂为主的沉积物取样量一般为 0.5～0.6 g,以粉砂和细砂为主的沉积物取样量一般为 0.3～0.4 g,黏土质粉砂或粉砂质黏土等细粒沉积物取样量一般为 0.1～0.2 g。

(2)去除有机质:在装有样品的烧杯中加入 30%的双氧水 15 mL,反应 24 h,直到气泡不再产生,若仍有气泡产生,需再加入适量双氧水直到反应完毕,以确保样品中有机质氧化完全。

(3)去除钙质:首先用镊子挑出较大的贝壳碎片,然后加入 3 mol/L 的盐酸反应直至样品没有气泡冒出。

(4)洗盐:将经(2)(3)步处理后的样品转移至离心管中,加入去离子水,离心,重复这个过程至少三次,确保样品完全洗净。

(5)预分散:加入 4‰六偏磷酸钠溶液静置 24 h,使样品颗粒充分分散开。测试前还可使用超声波加强分散效果。

(6)测试:仪器设置中样品和分散剂光性参数一栏设置为 default(即通用模式)和 1.33(去离子水的折射率);涡轮旋转速度、超声波强度和超声时间视样品分散的程度而定(同一批次的样品设置为相同的数值)。测试时注意尽量保持样品溶液的浓度(遮光度)在测试范围之内(10%～20%)。

测试结果分析如下所述。

(1)洛阳江表层沉积物的类型及分布

洛阳江入海口共有 4 种沉积物,即:砾石、砂、粉砂和黏土。各类沉积物特征如下:

①砾石：仅在洛阳江岸边局部地区出现。砾石的含量为 28%，沉积物样中含有少量贝壳碎片。该类沉积物的平均粒径为 0.15 mm；沉积物的标准偏差为 3.59，属于分选差；偏度为 0.41；峰态为 0.83。

②砂：主要分布在洛阳江入海口附近，砂含量最高值达 60%（见图 2-12）。由洛阳江入海口向北至泉州港务码头，砂含量逐渐减小，由最高值 60% 逐渐减小至 20%。泉州港务码头以北至洛阳桥区域，砂含量较低，含量为 10% 左右。该区的砂以细砂为主，并含有一定的粗砂。

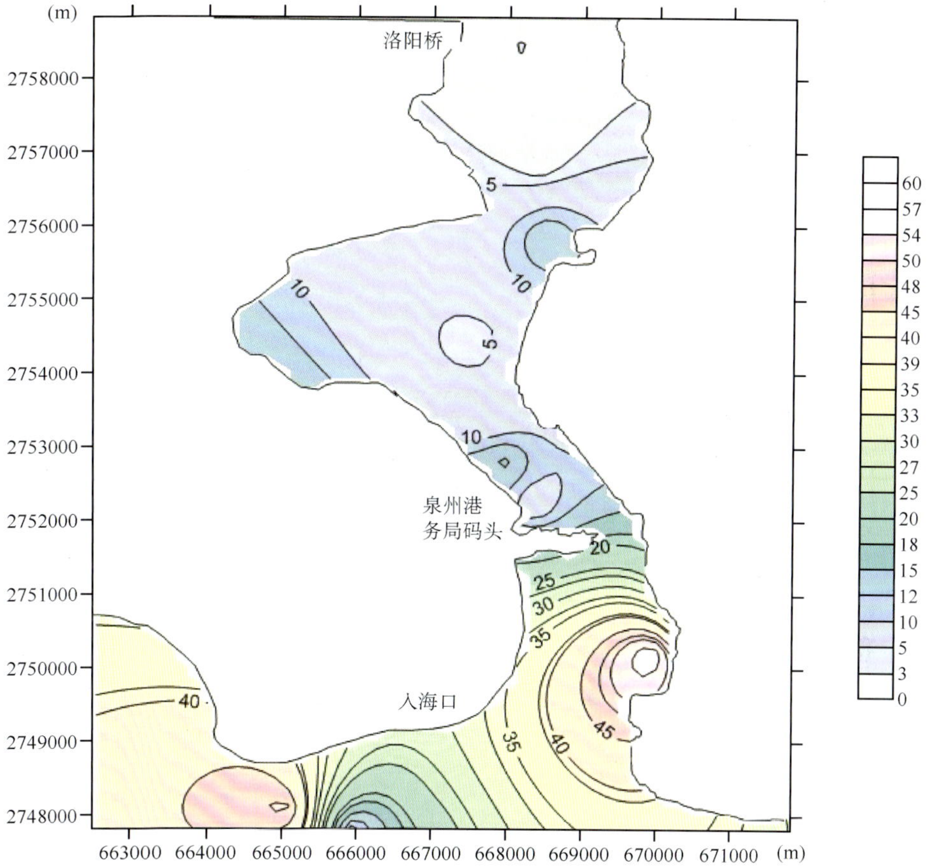

图 2-12　洛阳江砂含量分布图

③粉砂：是本调查研究区最主要的沉积物类型，主要分布在泉州港务码头以北至洛阳桥区域，粉砂含量达 60% 以上（见图 2-13）。由泉州港务码头至洛阳江入海口，砂含量逐渐减小，由最高值 60% 逐渐减小至 30%。洛阳江入海口和晋江入海口之间区域的粉砂含量为 60% 左右，分别沿洛阳江和晋江入海口逐渐减小。

④黏土：是本调查研究区主要的沉积物类型，主要分布在洛阳桥附近（见图 2-14）。黏土最大含量为 30%，沿洛阳江向南至泉州港务局码头附近，黏土含量由 30% 逐渐减小至 20%。晋江和洛阳江入海口附近的黏土含量都为 20% 左右。

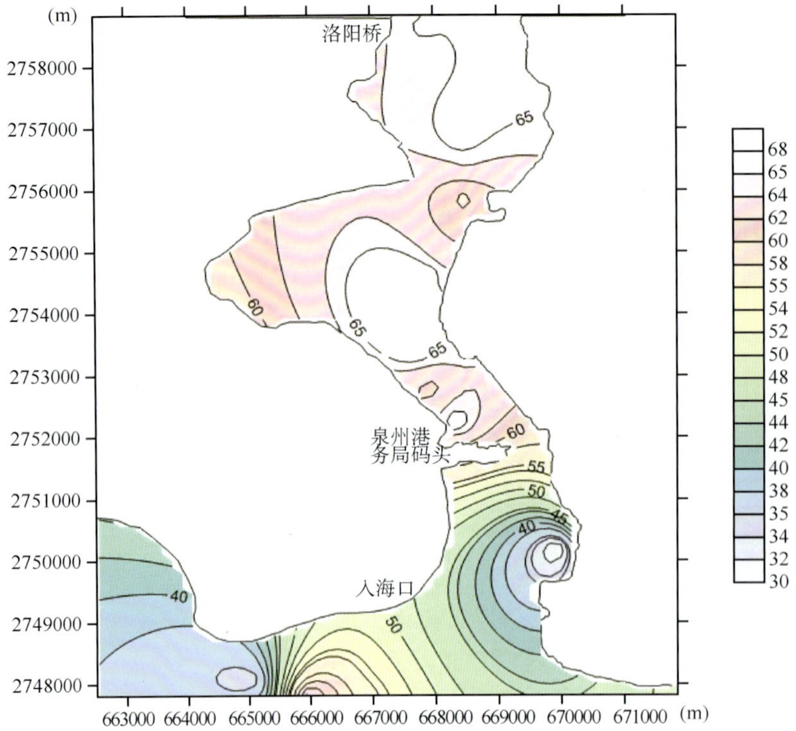

图 2-13 洛阳江粉砂含量分布图

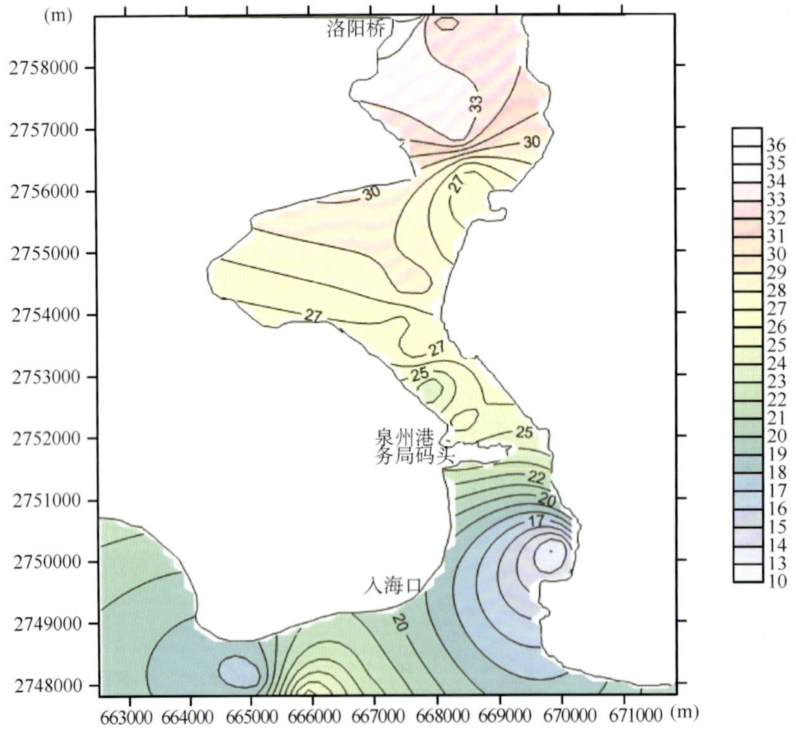

图 2-14 洛阳江黏土含量分布图

(2)洛阳江沉积物粒度参数分布特征

沉积物的粒度参数,反映水动力条件的搬运过程和沉积过程的机制,对于分析沉积物的粒度特征,探讨沉积环境有重要意义。

根据本调查区海底表层沉积物粒度测定结果,用微机处理,从累积频率曲线图上读出累积百分位数相应的粒径,采用新规范,用福克和沃德(R. L. Folk&W. C. Ward,1957)提出的粒度参数公式计算:

平均粒径 $$M_d = \phi_{50}$$

标准偏差 $$M_z = \frac{\phi_{16} + \phi_{50} + \phi_{84}}{3}$$

偏度 $$S_{k1} = \frac{\phi_{84} + \phi_{16} - 2\phi_{50}}{2(\phi_{84} - \phi_{16})} + \frac{\phi_{95} + \phi_{5} - 2\phi_{50}}{2(\phi_{95} - \phi_{5})}$$

峰态 $$K_g = \frac{\phi_{95} - \phi_{5}}{2.44(\phi_{75} - \phi_{25})}$$

根据上述各式,求出本调查区海域的各种粒度参数,分述如下:

①平均粒径(M_d)

平均粒径反映沉积物粒度平均值的大小,表明粒度分布的趋势。在区域上系统地研究平均粒径的变化情况,可了解沉积物的来源和运移趋势以及沉积环境的变化。本调查区海域表层沉积物平均粒径绝大多数$<7.3\phi$,即属于细粉砂粒级以上的物质,以细砂以上粒级占多数。从平均粒径(M_d)等值线(图 2-15)可以看出,本调查区海域海底表层沉积物 M_d 等值线分布具有以下特征:洛阳桥至泉州港务码头区域的平均粒径为 6ϕ~7ϕ,表明该区已成为细颗粒沉积中心,属于弱的沉积环境区,同时也表明该区的沉积物主要来源于泉州湾的细颗粒泥沙。泉州港务码头至洛阳江入海口区域的平均粒径为 5ϕ~6ϕ,该区属于弱的沉积环境区,其沉积环境的变化可能与泉州湾表层沉积物以及人类活动因素有关。洛阳江主体以 5ϕ~6ϕ 为主,并向北逐渐过渡为 6ϕ~7ϕ 等值线,表明泉州湾的表层沉积物有沿洛阳江河道向上游运移的趋势。

②标准偏差(M_z)

标准偏差表征沉积物的分选程度,反映沉积物与沉积环境的关系,特别与水动力条件和物质来源性质关系更为密切。

从本调查研究区海底表层沉积物的 M_z 值分布图(图 2-16)可看出,在洛阳江下游流域大多数 M_z 介于 1.5~2.7,以分选差的沉积物为主,表明洛阳江下游流域表层沉积物受到潮流和波浪作用较小,是低能沉积环境区,海底表层沉积物未得到充分分选。这些地方的沉积物来源具有多向性,或者是由于地形隐蔽水深稍大、动力条件较动荡等因素,造成沉积物分选很不彻底。

③偏度(S_{k1})

偏度是用以度量频率曲线的不对称程度,指示沉积物粒径的平均值与中位数的相对位置的指标。偏度对环境是一个灵敏指标,反映了沉积过程中能量的变异。

从本调查区海底表层沉积物偏度(S_{k1})图 2-17 看出,本调查区沉积物频率曲线多为不对称,S_{k1} 值在-0.1~0.5 之间,说明该区沉积物组成多样,沉积环境不稳定。洛阳桥至泉州港务局码头区域的沉积物偏度为 0~0.1,表明这一区域环境相对稳定。而泉州港务局码头至入海口区域的沉积物偏度逐渐增大,入海口处沉积物偏度为 0.5 左右,从偏度分布图看出对称、近对称向入海口递变为极正偏,说明沉积过程中由稳定沉积环境向动荡沉积环境的变化。

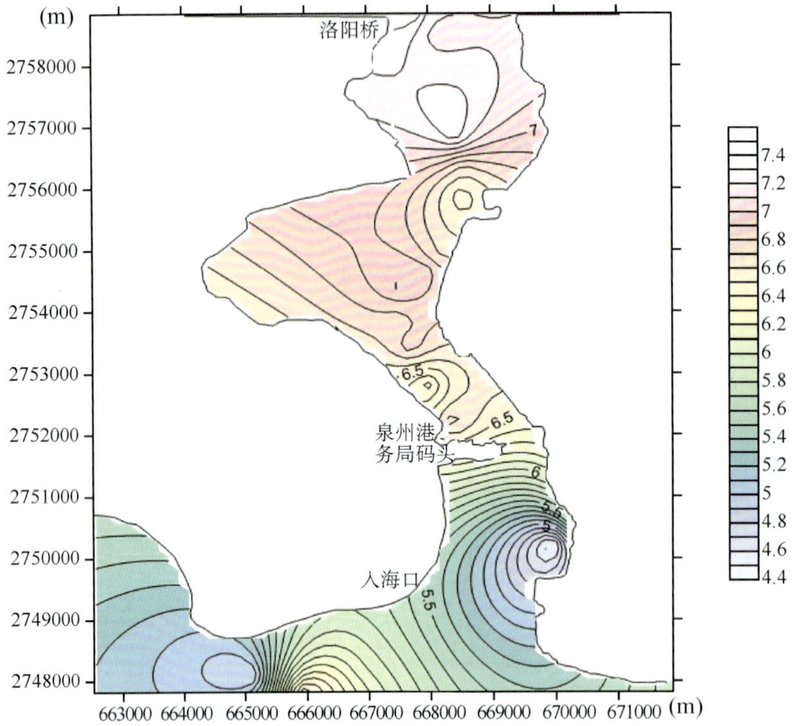

图 2-15 洛阳江表层沉积物平均粒径等值线分布图

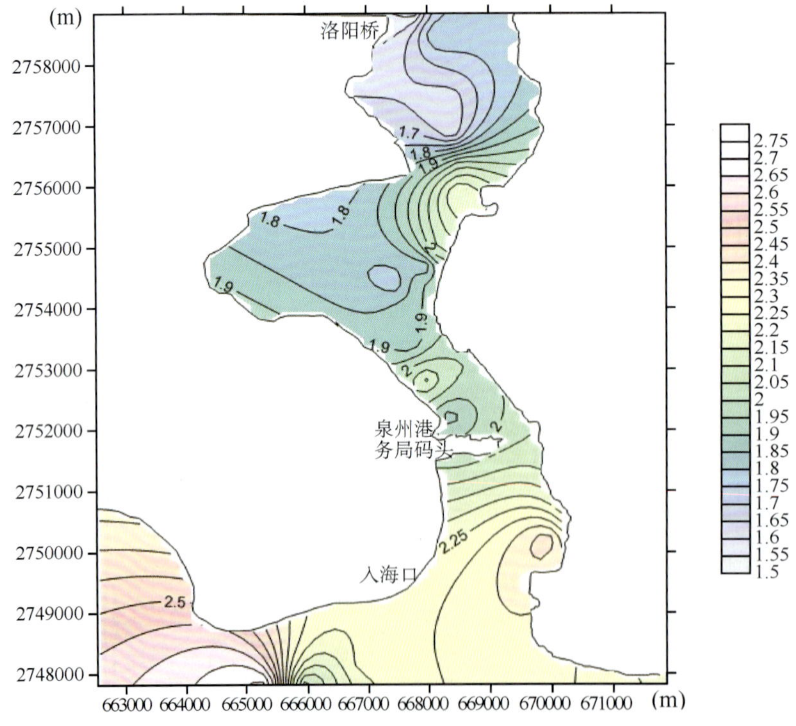

图 2-16 洛阳江表层沉积物分选系数等值线分布图

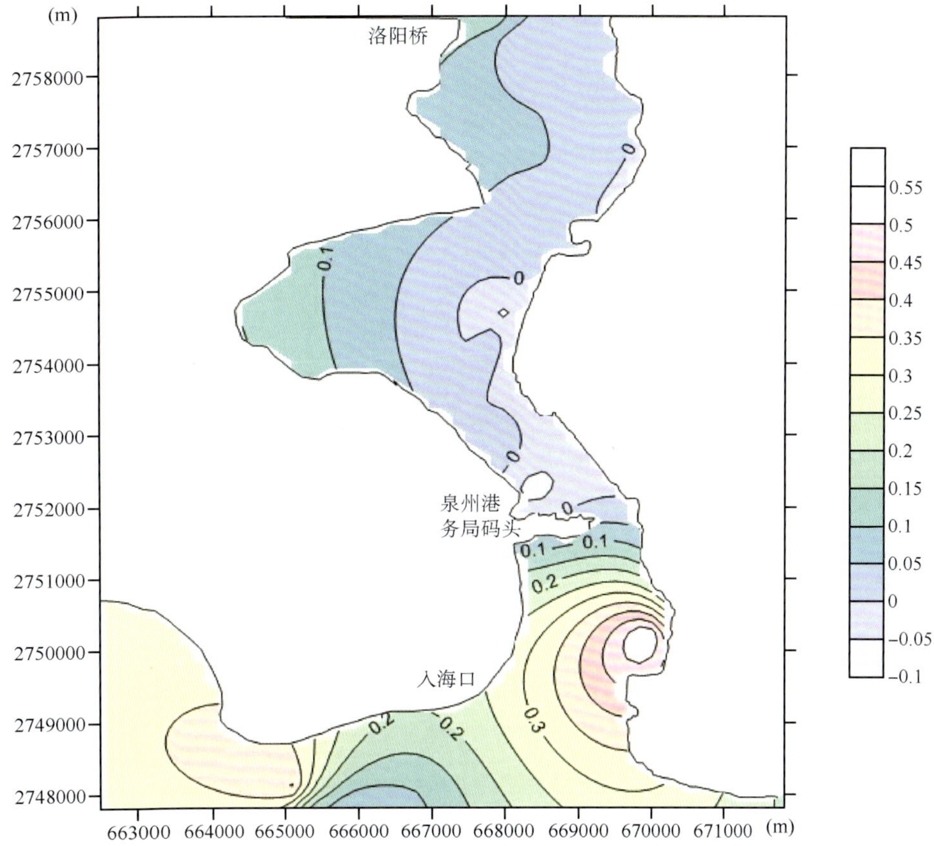

图 2-17　洛阳江表层沉积物偏度等值线分布图

④峰态(K_g)

峰态表征沉积物频率曲线的尖锐或钝圆程度，就是衡量分布曲线的峰凸程度，用来说明与正态分布曲线相比时分布曲线的峰的宽窄尖锐程度，反映水动力环境对沉积物的影响程度。

在一般情况下，单峰或窄形曲线代表沉积物的组成比较集中或单一，往往有较好的分选性；而宽峰或多峰曲线，则表示沉积物比较混杂，环境对它的改造不充分。从本调查区海域海底表层沉积物的峰态图 2-18 来看，本调查区的表层沉积峰态值在 0.70～1.08 之间，频率曲线的峰形为窄的尖峰态，表明该处沉积物组成比较集中，水动力条件较强，分选性良好。

(3)泉州湾总体淤积情况分析

对各测点的土体粒度进行分析，发现该区域底质主要由 6 种沉积物组成，包括砾砂、砂、粉砂质砂、砂质粉砂、粉砂、黏土质粉砂等。对不同测点的粒级进行分析，绘制砂粒级、粉砂粒级和黏土粒级的区域分布，如图 2-19 到图 2-21 所示。通过分析，可以看出不同粒级的分布存在以下趋势：

砂粒级(2～0.060 mm)含量分布(见图 2-19)区域性变化大，其总体分布趋势呈自西向东逐步递增。①石湖—秀涂连线西侧含沙量超过 55%，此处沉淀砂多为洛阳江江水从江流域上游搬运至此沉淀而成，是河道颗粒沉积物向外延伸的产物；②大坠岛以西海域中底质含沙量为 55%～99%，砂的来源包括波浪和潮流对于海底沉积物的卷积作用以及雨季河岸砂石随洪水汇入湾内并使得原有海底沉积物向东迁移；③大坠岛以南海域底质含沙量可达 65%～95%，造成此间海域底层含砂量的主要原因是南水道强水动力以及晋江江水搬运晋江上游砂颗粒来此沉淀导致。在泉州湾内，根据研究结果可知砂粒组的百分含量总体趋势是由西部和北部向东部和南部增加。

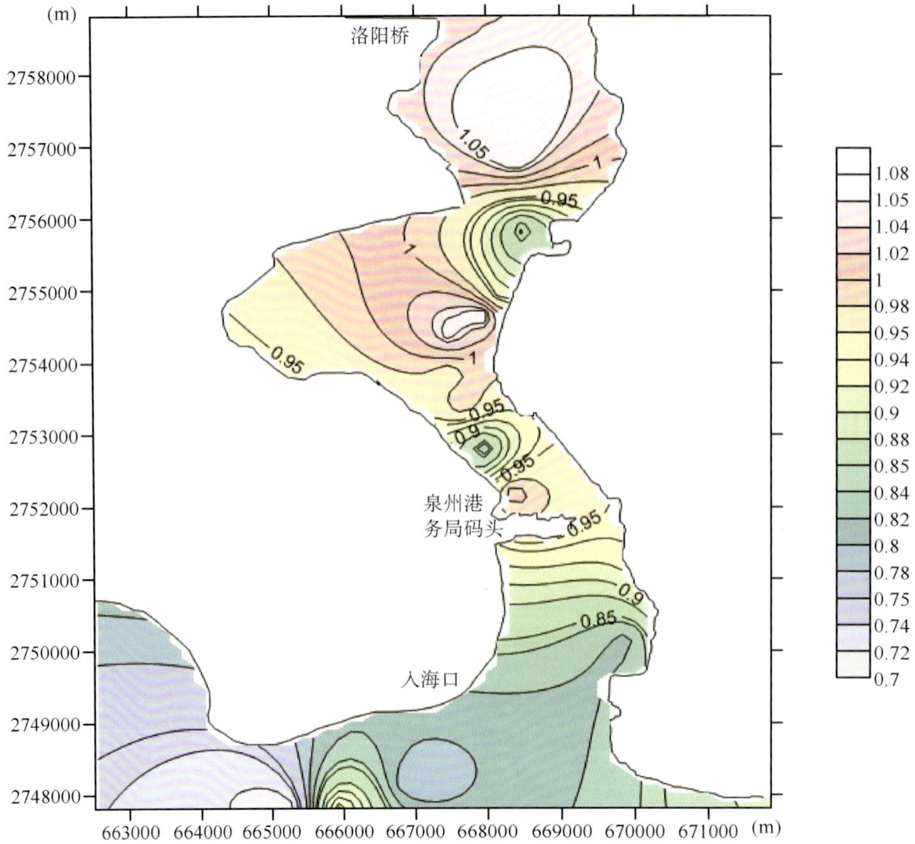

图 2-18 洛阳江表层沉积物峰态等值线分布图

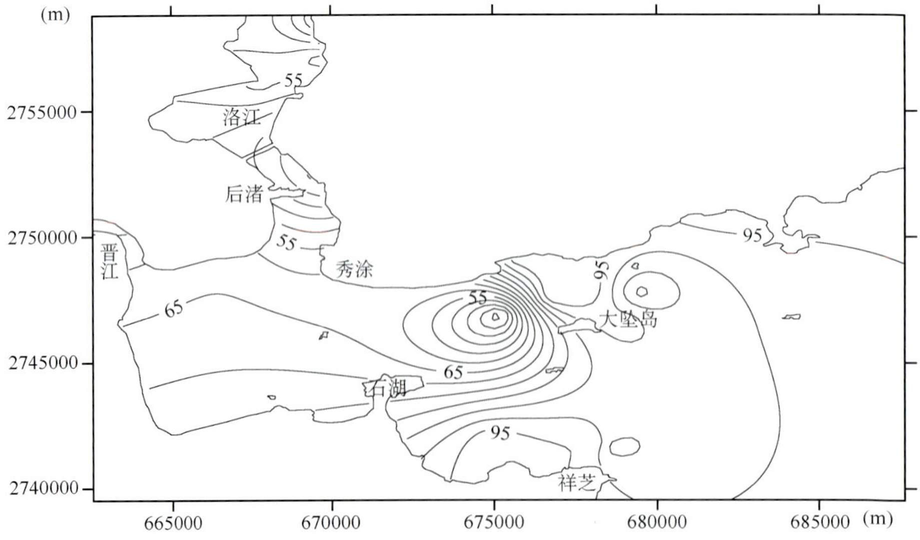

图 2-19 泉州湾底质砂粒级颗粒分布图

粉砂粒级(0.060～0.0040 mm)区域性分布(见图 2-20)比较明显，主要分布在石湖—秀涂连线以东，大坠岛西侧以及大坠岛以南海域。从整体上来看，粉砂粒级区域颗粒分布趋势为由西部和北部向东部和南部逐级递减。

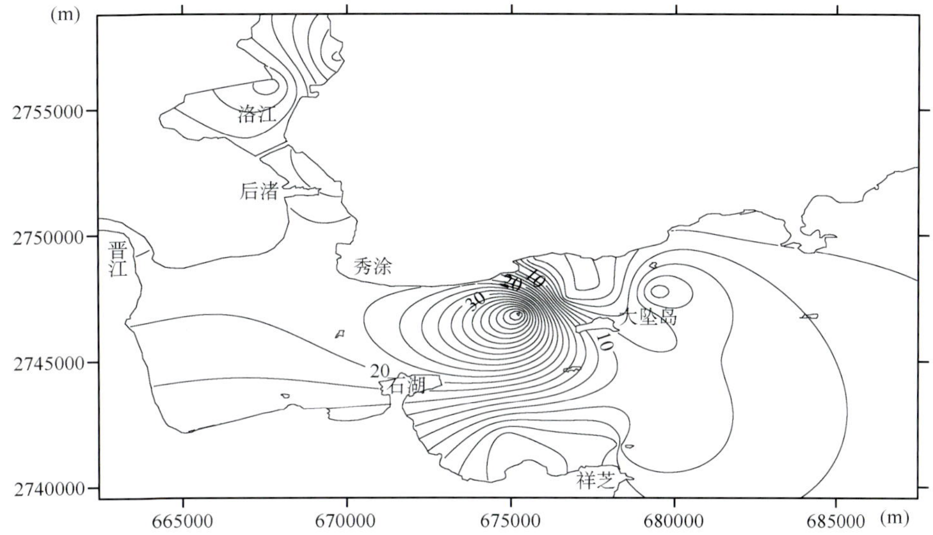

图 2-20　泉州湾底质粉砂粒级颗粒分布图

黏土粒级(<0.0040 mm)含量较少，最高只有不到 30%，其主要区域分布(见图 2-21)在洛阳江、晋江流域以及两江入海口处，大坠岛南部海域和石湖海岸附近。黏土粒级颗粒分布较均匀，其总体分布趋势与砂粒级分布相反，从东往西逐步递减。

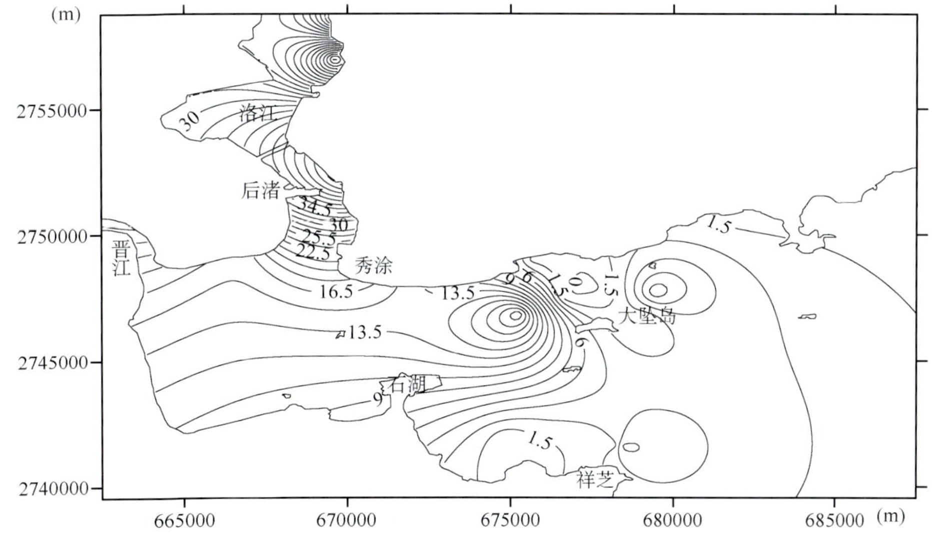

图 2-21　泉州湾底质黏土粒级颗粒分布图

根据上述研究调查结果，可知石湖以西海岸、秀涂—石湖连线东侧与大坠岛之间大部分海域以及大坠岛东部海域，其底质多为粗砂；粉砂集中分布于秀涂—石湖连线的西部一段海域、秀涂—石湖连线中部以及大坠岛西北部海域；黏土粒级砂分布地区主要集中在洛阳江、晋江流域以及两江江口汇流处海岸沿线。

2.3 泉州湾典型区域泥沙淤积速率现场监测

泉州湾是陆地向海洋的过渡区，由晋江和洛阳江两条河流交汇而成。从晋江和洛阳江带入泉州湾的泥沙在湾内汇合，在潮汐和波浪等因素的影响下，淤积在晋江和洛阳江沿岸及湾内。自 20 世纪 70 年代以来沿泉州湾海域各县市大面积围海造陆，加上近几十年内，晋江上游大面积石材开采与植被破坏，每逢降雨造成严重水土流失进入到湾内，加剧海湾及河口淤积。如图 2-22 所示。

图 2-22　泉州湾淤积现场情况

2.3.1 监测方法

(1)监测目的

为了了解泉州湾泥沙淤积高程随着时间的变化关系，得到其淤积速率，采用木桩断面法进行监测。

(2)监测原理

泥沙淤积高程变化监测就是采用水准测量的方法，利用深插在淤泥里的木桩，通过周期性的监测淤泥面到木桩顶的距离，得到其相对高程，然后比较两次观测所得到相对高程的变化，即可从淤泥面到木桩顶的相对高程变化反映出泥沙淤积的量和速率。

(3)典型区域监测范围的选取和监测断面的布设原则

选择泥沙淤积典型区域并依据以下两点布设监测断面：①泉州湾海域岸线变迁图；②现场实地考察。

2.3.2 监测断面布设

泉州湾北起惠安的崇武半岛，南至晋江石狮市祥芝角，海岸线 140 多公里，整个区域范围很广，不同区域的泥沙淤积情况不同，有的还处于冲刷状况。本次研究在选择泥沙淤积典型区域按如下步骤进行：

(1)为了直观地了解整个泉州湾海域的淤积情况，我们收集了 1987—2011 年的地形图和卫星遥感图，利用 MAPGIS 软件描绘出各时期的海岸线，并通过叠加分析得到近些年泉州湾海岸线的变迁，如图 2-23 所示。从图 2-23 可以看出，从洛阳江下游沿岸和内湾东部沿岸直至晋江入海口是淤积严重的区域。

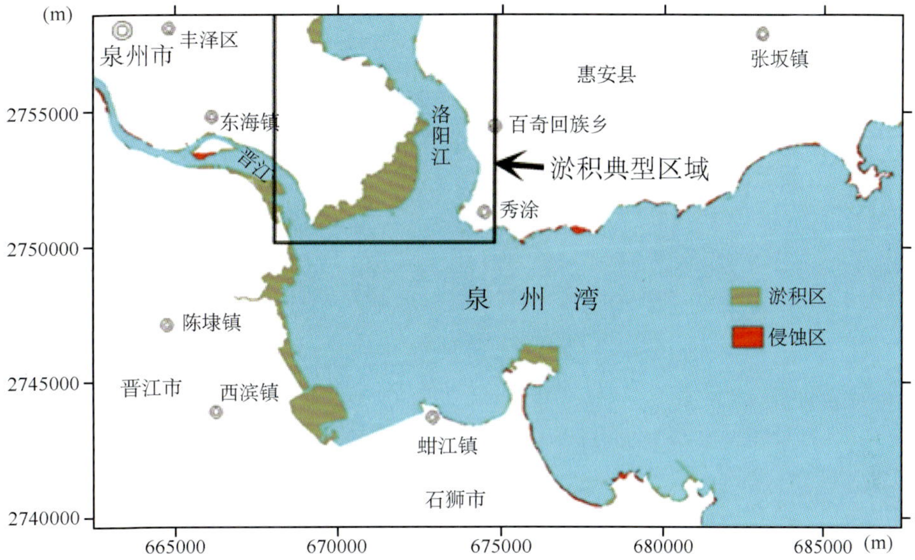

图 2-23　1994—2011 年泉州湾海域岸线淤积与侵蚀

(2)经过我们在晋江沿岸和洛阳江沿岸以及湾内沿岸的走访观察，现场的淤积情况确实如图 2-22 所展现的情况。

(3)综合以上两个方面，选取从洛阳桥向下沿岸线，经过后渚大桥最后到晋江大桥附近，也就是图 2-23 中所框出来的区域为此次监测的典型区域。

在泉州湾泥沙淤积的典型区域，经过现场考察，在该区域内布设了 7 个监测断面，每个断面布设 4 到 5 根固定木桩。监测断面的布设原则如下：

①为了能准确监测出该区域的泥沙淤积情况，监测断面要尽可能平均分布在该区域。

②断面布设位置尽可能避开有人员走动的地方，防止木桩被触碰过。

③根据现场的实际地形情况，监测断面布设在便于监测的地方。

(4)监测所需仪器、设备

①日本徕卡全站仪(SETX1)；

②木桩；

③笔记本电脑，记录本，水笔。

2.3.3　木桩布设要求及监测技术要求

(1)木桩布设要求

本次监测所采用的木桩(见图 2-24)长约 2 m，为了使木桩能固定在淤泥当中，同时考虑到淤积的速率比较缓慢，每根木桩在淤泥面上只留出 30～40 cm，也就是大约有 1.6 m 的木桩都深深地插到淤泥当中，可以保证木桩不容易被拔出，也不容易被大风大浪所破坏。同时在留出淤泥面的桩上涂上红漆，以方便监测时找到木桩所在位置。

图 2-24 监测所用木桩

(2)监测技术要求

此次监测按照二等水准的测量要求,所采用的高程系统为独立高程系统。为了保证监测木桩没有人为触碰过,在每个监测断面附近寻找或者用混凝土制作一个基准点。每次监测前先测出该基准点与木桩顶点的相对位置,保证没有变化后才监测淤泥面与木桩顶的相对高程,若木桩顶点有高程变化,则应根据变化值对监测到的淤泥相对高程进行修正。基准点应尽量与观测木桩接近,其距离不应超过 200 m,以保证观测的精度,同时基准点应布设在能保证绝对固定的安全地点。如图 2-25、图 2-26 所示。

图 2-25 测线 1～4 示意图

图 2-26　监测基准点示意图

(3)观测周期及人员安排

根据泉州湾预估的泥沙淤积速率,拟定监测周期为一个月一次,在每月低潮的时间去监测,预计监测一年的时间,同时泉州市每年都会受到台风的影响 2 到 3 次,所以拟定在台风过后也进行监测,以分析在风暴潮影响下的淤积情况。

每次监测拟定两个人员进行监测,固定一个人员监测,另一个人员记录,以保证监测结果的稳定性。

2.3.4　监测成果及分析

(1)监测成果记录

整理原始记录,在每次监测结束后,应检查记录的数据和计算是否正确,精度是否合格,然后,计算出各测线、测点泥沙淤泥的高程变化,并填入“泉州湾泥沙淤积监测记录表”中。

(2)泥沙淤积量的计算和方法

①计算各监测点的本期淤积量

监测点的本期淤积量=本次监测所得的相对高程-上次观测所得的相对高程

②计算总累计淤积量

总累计淤积量=本期淤积量+上期淤积累计量

将计算出的泥沙淤积监测点本期淤积量、总累计淤积量和观测日期等记入“泉州湾泥沙淤积监测记录表”中。

(3)淤积监测成果分析及结论

在典型区域内,以一个月一次为监测频率,在每月低潮的时段进行监测。首次进行监测的时间为 2013 年 1 月 6 日,一直监测到 2014 年 8 月。每次监测结束后,整理原始数据,计算出各测线、测点泥沙淤积量的变化。各监测点的某一月份淤积量为本月监测的相对距离减去上月监测的相对距离；而各监测点累计的淤积量为本月淤积量加上之前的累计淤积量。把同一测线的不同测点各月份淤积量取平均值，并对数据作线性回归。如图 2-27 到图 2-33 所示。

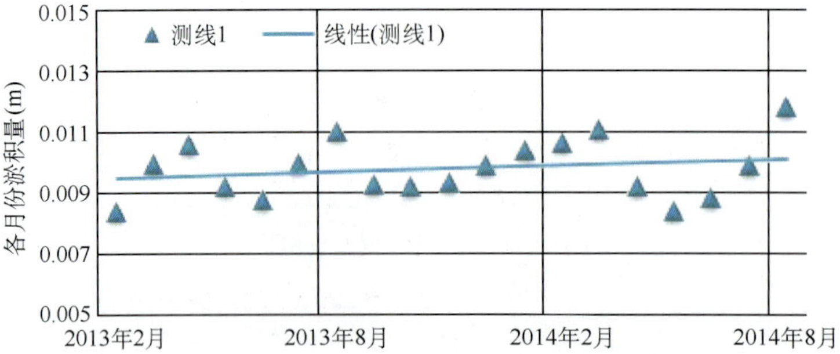

图 2-27 测线 1 各月份淤积量

图 2-28 测线 2 各月份淤积量

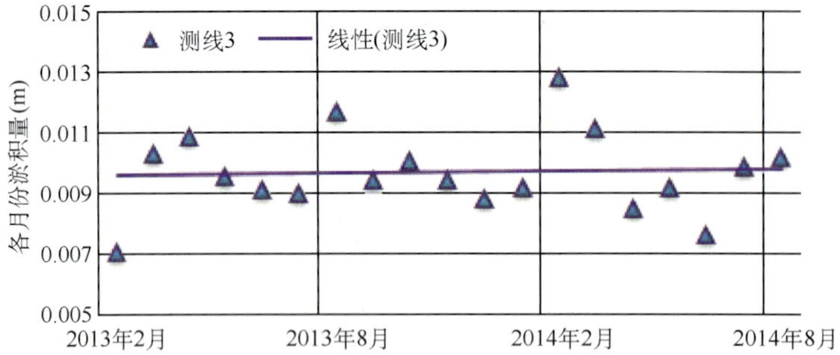

图 2-29 测线 3 各月份淤积量

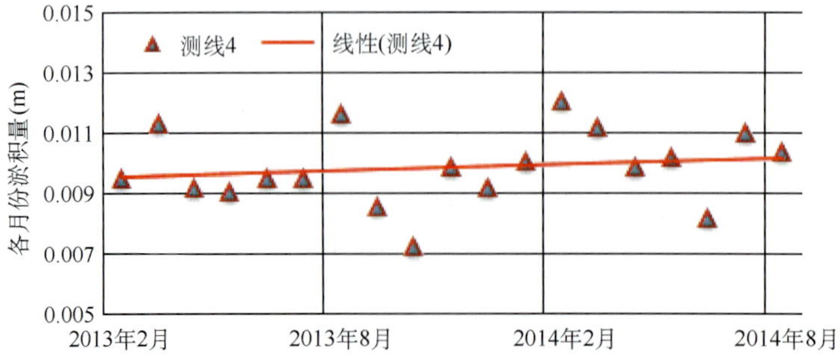

图 2-30 测线 4 各月份淤积量

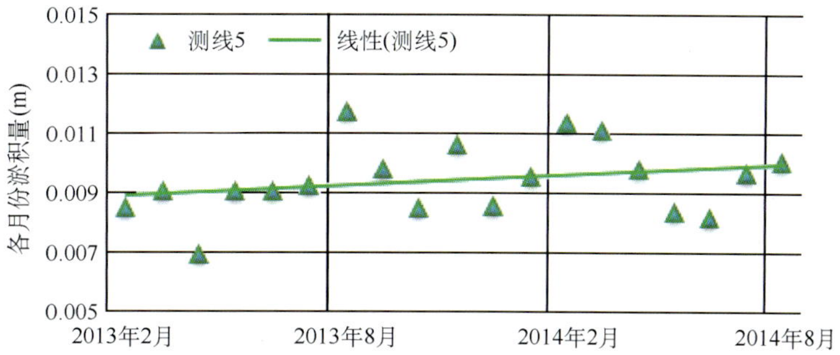

图 2-31　测线 5 各月份淤积量

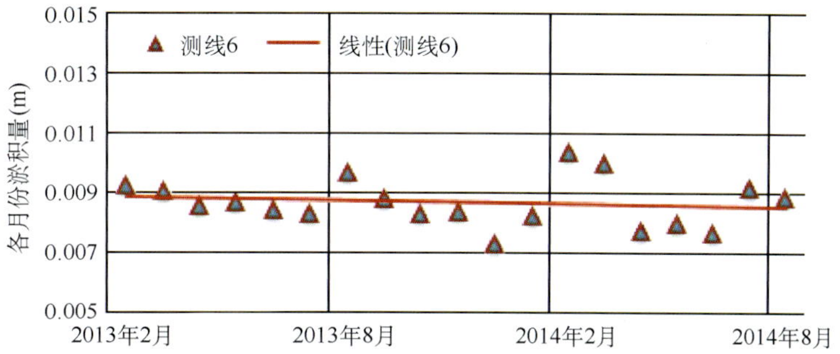

图 2-32　测线 6 各月份淤积量

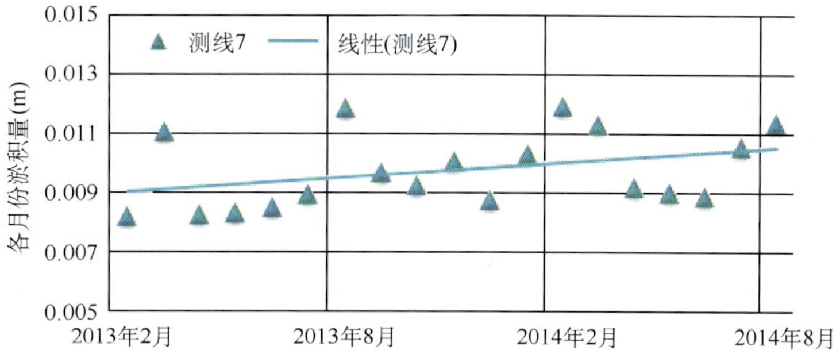

图 2-33　测线 7 各月份淤积量

由 7 条测线各月份的淤积量及曲线可以得到：

①同一测线的每个月的淤积量虽然有所不同，但都集中在拟合曲线周围，呈现出大致相同的趋势。

②统计各测线平均每月份的淤积量有：测线 1 为 0.0098 m、测线 2 为 0.01 m、测线 3 为 0.0097 m、测线 4 为 0.0099 m、测线 5 为 0.0095 m、测线 6 为 0.0088 m、测线 7 为 0.0097 m。

③统计所有的监测数据得到泉州湾典型区域泥沙淤积的速率为 0.0096 m/月。

2.4　泉州湾海岸线变迁及海底高程演变

为了了解目前泉州湾淤积与侵蚀区域的现状，收集了总参测绘局 1987 年编绘出版的福建省泉州市、崇武工程地质分区图、1994 年和 2002 年的 TM 卫星影像图、2003 年和 2011 年的

SPOT-5卫星影像等多源多时相遥感影像数据，基于MAPGIS软件对泉州湾的海岸线进行叠加分析，并结合地形图，得到近十几年来海岸线变化的特征。

2.4.1 海岸线变迁分析方法

先分别对卫星遥感影像和地形图数据进行了预处理，然后人工交互解译提取岸线，并进行了野外实际调查验证，最后结合文献资料，利用MAPGIS软件对近年来泉州湾海岸线进行叠加分析。

人工海岸是由水泥和石块构筑，在图像上具有较高的光谱反射率，与光谱反射率很低的海水区分明显，能够确定其海岸线；从卫星图像上看，海水与基岩海岸的分界线就是其海岸线，明显的解译特征是海岬角以及直立陡崖的水陆直接相接地带；砂质海岸靠陆地一侧的边缘作为其海岸线；对于岸滩面积较小的淤泥质海岸，可以选择其他地物（如植被、虾池、公路等）与淤泥质海岸的分界线作为海岸线。

1987年海岸线以堆积平原区与潮汐漫滩区的分界线为海岸线，1994—2011年海岸线根据卫星影像图进行人工交互解译相结合提取海岸线。

2.4.2 海岸线变迁结果分析

由1987—2011年的地形图和卫星遥感图，利用MAPGIS软件描绘出各时期的海岸线；通过叠加分析得到近些年泉州湾海岸线的变迁。由1994—2011年海岸线变化得到泉州湾海岸带的侵蚀与淤积情况。见图2-34至图2-41。

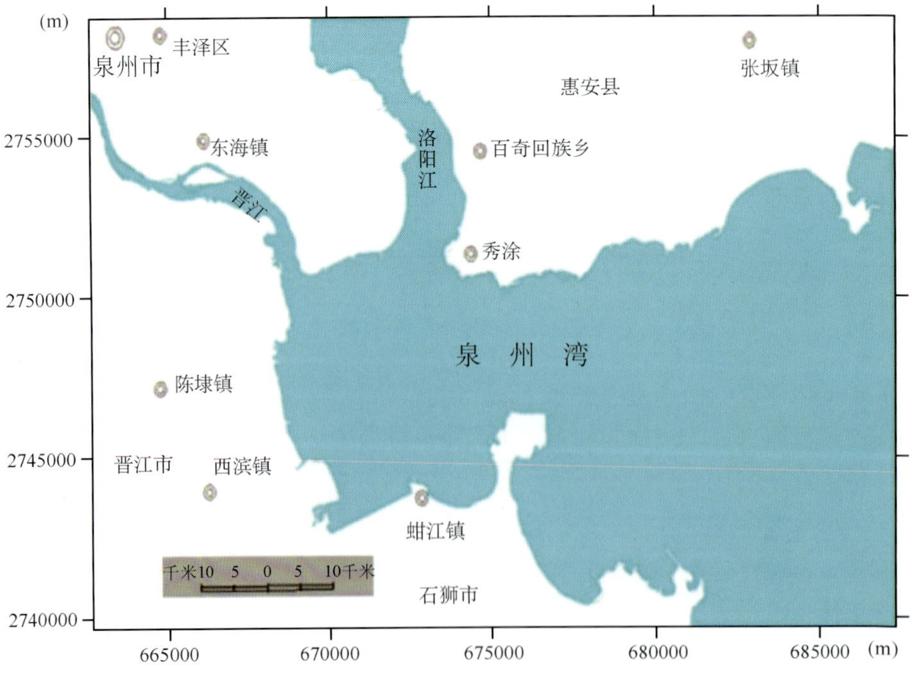

图2-34 泉州湾海岸线变化研究区域示意图

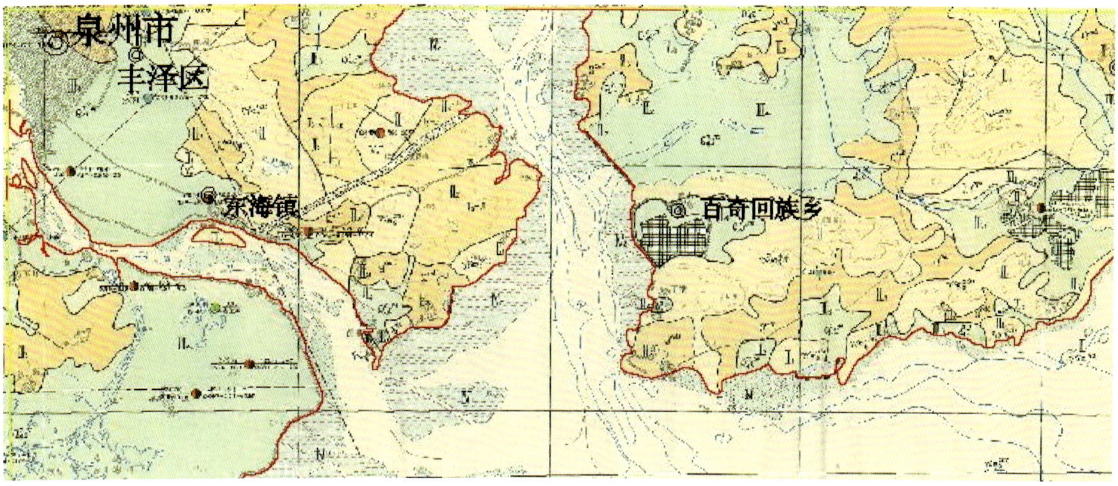

图 2-35 1987 年海岸线

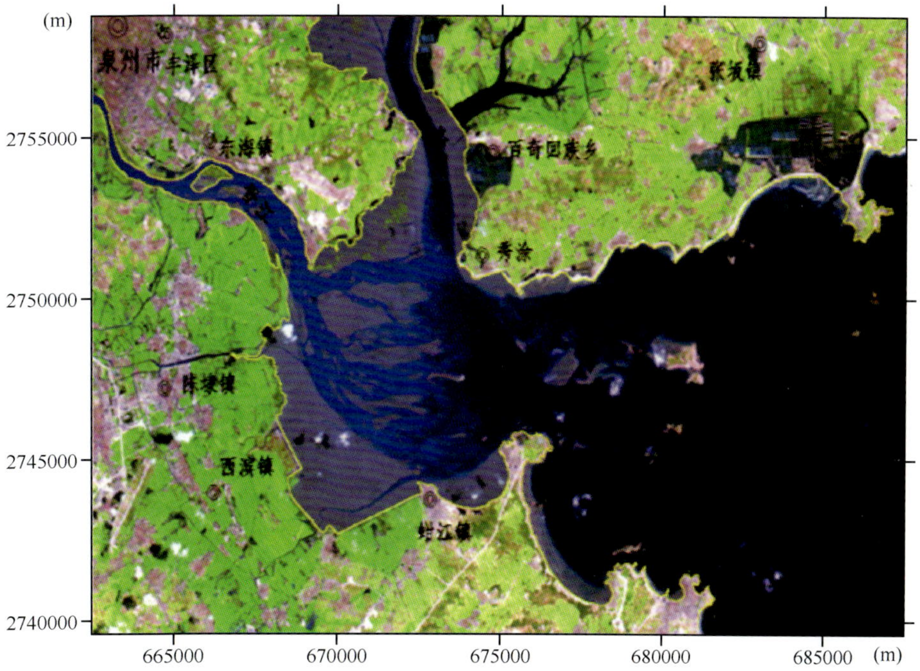

图 2-36 1994 年海岸线

图 2-37 2002 年海岸线

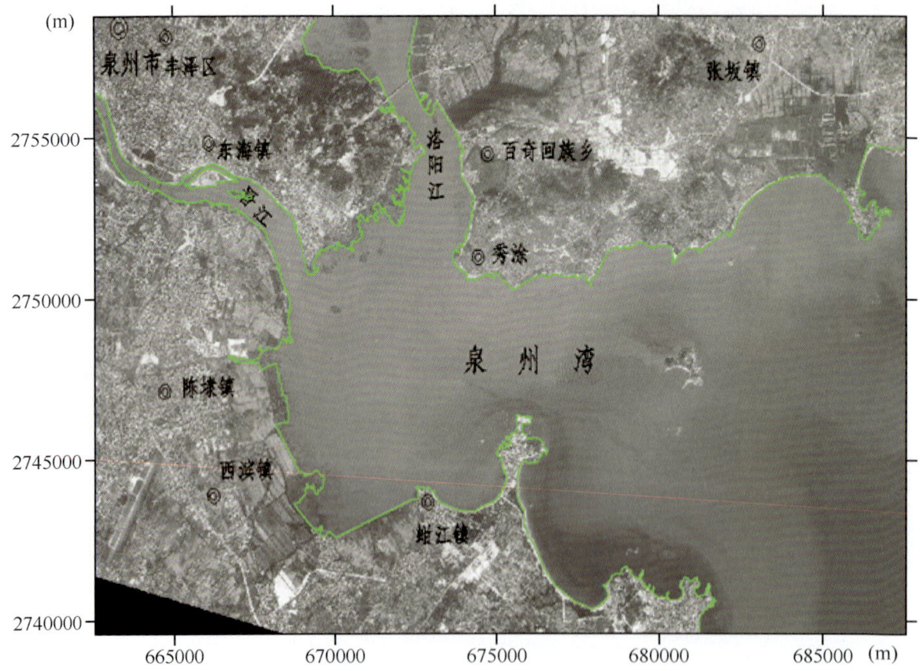

图 2-38 2003 年海岸线

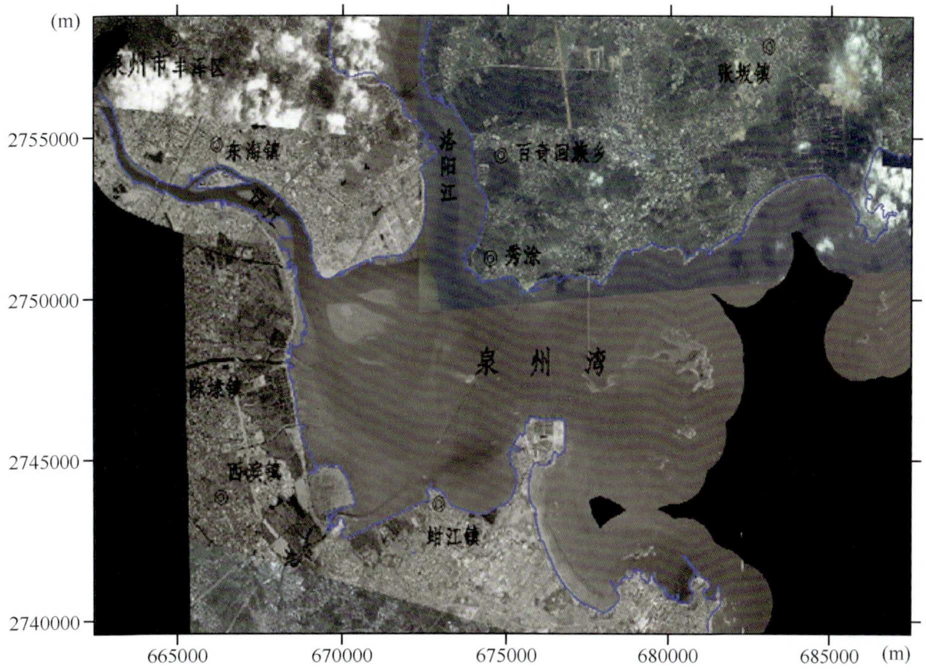

图 2-39 2011 年海岸线

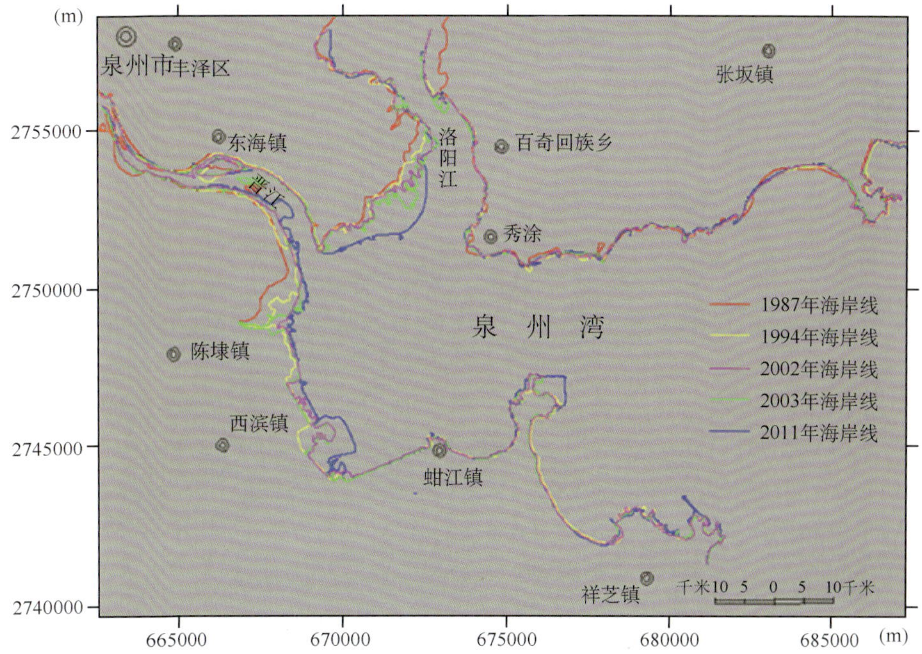

图 2-40 1987—2011 年泉州湾海岸线变迁

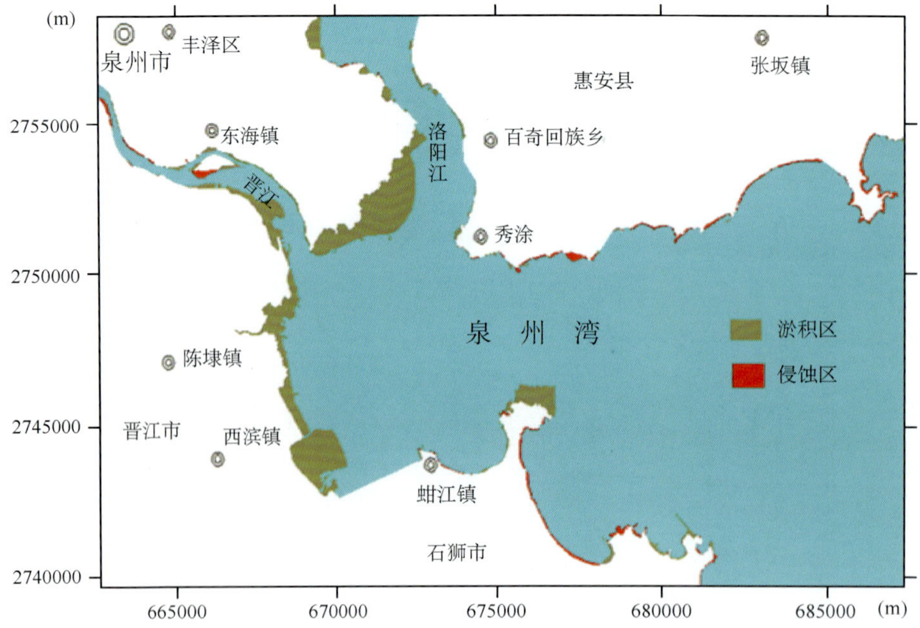

图 2-41　1994—2011 年泉州湾海岸线侵蚀与淤积

结果分析如下：

(1)由 1987—2011 年的海岸线可看出，泉州湾区域的海岸线呈向外迁移，海域面积不断缩小的趋势。

(2)在惠安县秀涂至石狮市蚶江连线以西的海岸线变化主要是由于区内修筑水产池塘，将潮间淤泥、滩涂等转变为建筑用地等人为因素影响的结果。

(3)在惠安县秀涂至石狮市蚶江连线以东的海岸线变化，淤积和侵蚀的区域主要是海水作用、河流淤积等自然因素影响的结果。

2.4.3　泉州湾海底高程历史演变

为了研究泉州湾海底冲淤特征随时间的演化规律，搜集到 1972 年和 2004 年两个年份的泉州湾水深图，利用 Surfer 软件绘制这两个年份的等深线图和三维海底地形地貌图，见图 2-42 和图 2-43。通过对比可以看出，在泉州湾中部水深较浅，在 1972 年 0 m 等深线形成两块相互独立的浅滩，在 2004 年两块浅滩已连接成一片整体，成为狭窄的长条带状沙体。

对比泉州湾 1972 年和 2004 年两个年份的水深数据差值，如图 2-44 所示，可以清楚明确泉州湾海底的淤积区域主要集中在泉州湾中部鞋沙地带。

2004 年大坠岛西南侧附近水深较之 1972 年水深已明显下降，深度超过 20 m 的深水区已经消失。等深线密度较之 1972 年更稀疏并趋向于消失。该地区深度超过 10 m 的范围相对减少。

根据新老图件，以及近几年的海岸线变迁结果表明：近 30 多年来，环泉州湾主要淤积地带为大坠岛西、南和西南侧。对比两图，通过简单计算可知，1972—2004 年这 30 多年来，主要淤积面积为 132.675 km^2，海底面平均抬升 0.05 m，总淤积量为 663 万 m^3，平均淤积速率为 20.72 万 m^3/a。

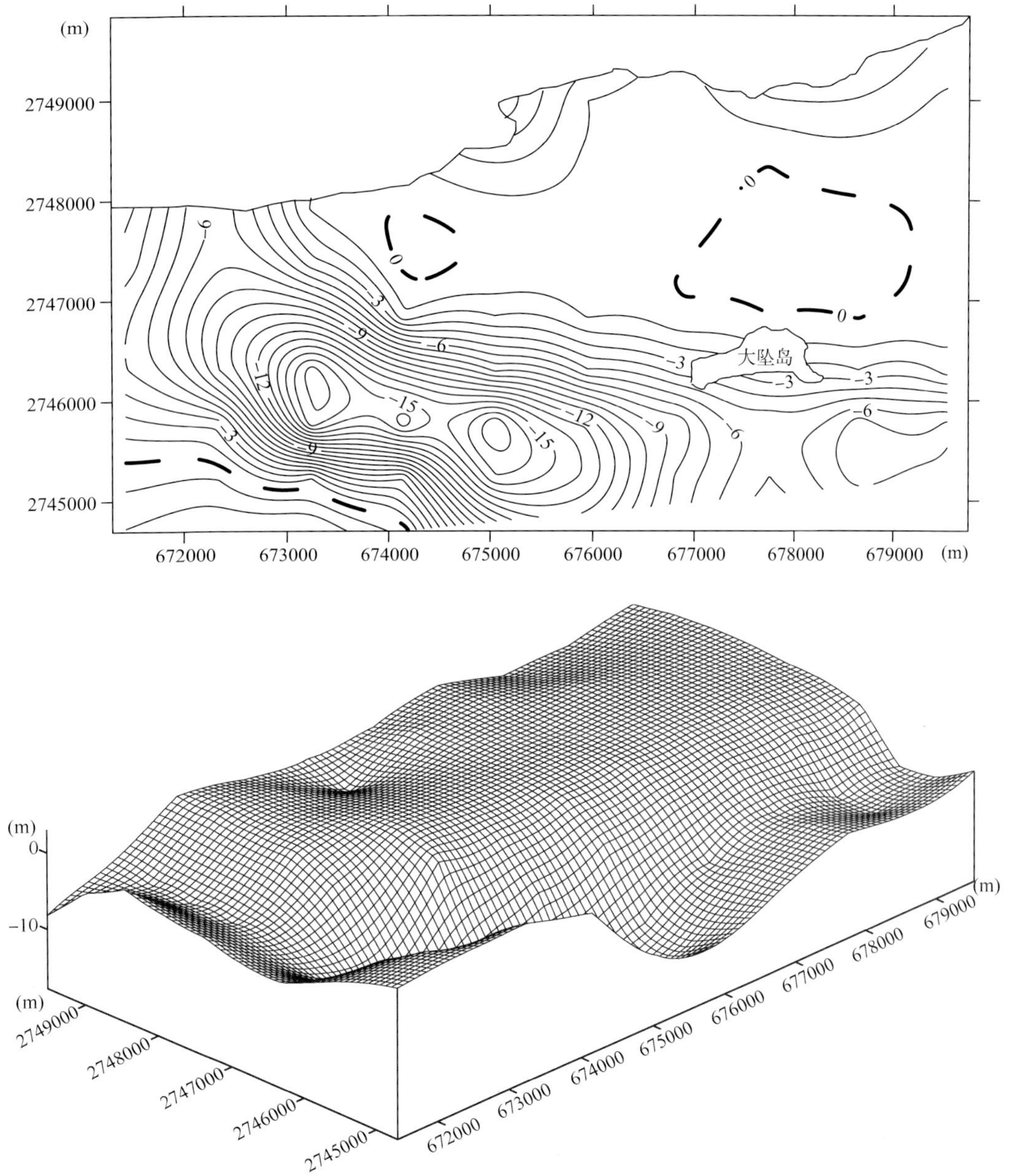

图 2-42　1972 年水位等深线(上)及三维地形线框图(下)

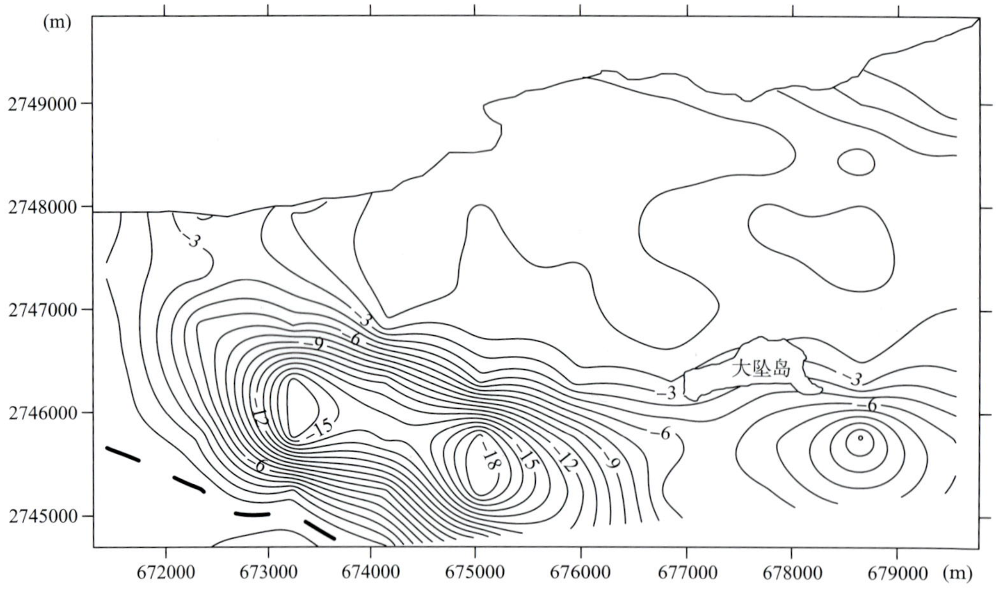

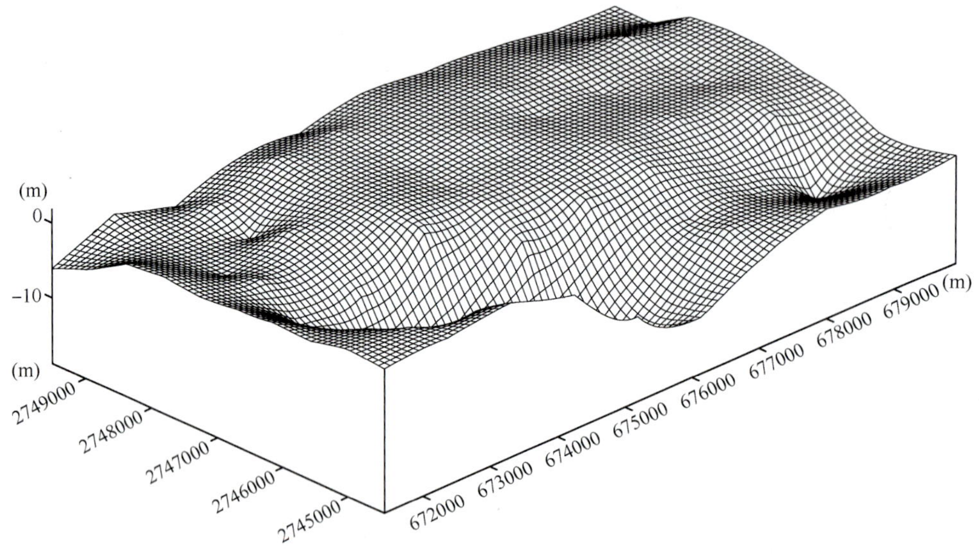

图 2-43 2004 年水位等深线(上)及三维地形线框图(下)

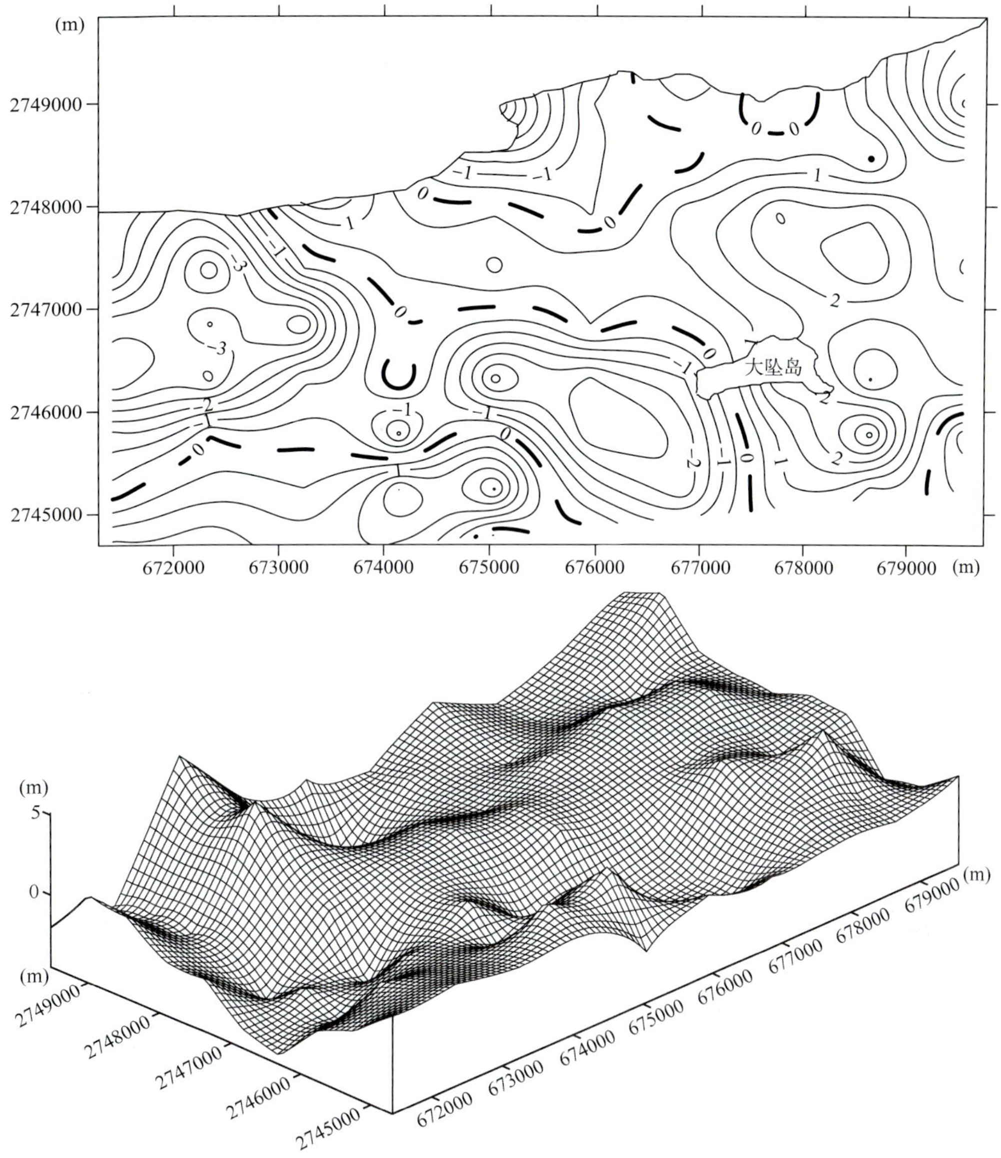

图 2-44　1972—2004 年水深数据差值水平(上)和 3D(下)图

2.5　泉州湾海岸线分类研究

2.5.1　泉州湾海岸线概况

福建沿海岸线曲折，港湾众多，岛屿棋布，海底地形地貌复杂。全省海岸线总长 6128 km，其中大陆线 3051 km，海岸线曲折率 1/5.6，居全国第一位(福建省海洋志，2002)。福建省海岸可分为五类：基岩海岸、砂质海岸、淤泥质海岸、河口平原海岸和红树林海岸；此外，由于人类的筑堤围垦、建设闸坝、护岸海堤、码头泊位等，出现了许多人工海岸。其中泉州湾呈近东西向，东面为广阔海域，其余三面为陆地，属溺谷型海湾。海湾及其沿岸分布主要为燕山晚期及其以前的花岗岩类岩石，岩性有二长花岗岩、花岗闪长岩、黑云花岗岩和片麻状、碎裂二长花岗岩等。海湾覆盖层为河口沉积物及海湾淤积层，主要为第四系全新统、更新统。岩性有淤泥、淤泥质土、黏土、砂、砂砾(卵)石及(坡)残积土，其物质组成、结构构造及厚度依所处的海湾位置而异。

该湾属河口基岩港湾，具有基岩海岸、河口海岸和砂质海岸等海岸特性，不同岸段的海岸特征各异。在秀涂—石湖一线以西，以河口淤泥质海岸为主，此线以东，以基岩和砂质海岸为主。总的特点是岸线曲折，岬湾相间，湾内急剧淤积，岬角微弱侵蚀。

2.5.2 泉州湾海岸线分类及分布

2008年福建省政府根据全省海岸线实地专项修测研究公布的最新精确测量结果显示，泉州大陆海岸线长度541 km，海岛海岸线长度117 km，分别位居全省的第四位和第二位。其中，惠安县大陆海岸线长度217 km，洛江区大陆海岸线长度3 km，丰泽区大陆海岸线长度21 km，晋江市大陆海岸线长度122 km，石狮市大陆海岸线长度64 km，南安市大陆海岸线长度39 km。

根据泉州湾海岸线现场实地走访、文献资料[127-129]以及卫星地图的分析研究，总结了泉州湾海岸线的分类及分布，如表2-1所示。

表2-1 泉州湾海岸线的分类及分布

类型	主要分布区域	长度
淤泥质海岸	秀涂、洛江、丰泽、晋江至石湖沿岸	约163 km
基岩质海岸	石湖至祥芝、石狮、丰泽局部沿岸	约61 km
砂质海岸	秀涂至崇武沿岸	约46 km
生物海岸	洛阳江局部沿岸	约7 km

2.6 泉州湾海岸线变迁分形研究

自1967年Mandelbrot[58]提出海岸线的分形理论，相继地，Philips[59]，Jiang et al.[60]，Zhu et al.[61]分别计算出美国、中国等一些区域的海岸线分维数。戴志军等[64]、高俊国等[65]、叶晓敏等[66]和倪化勇等[67]探讨了海湾冲淤演化分形特征。为了进一步研究泉州湾海岸线变迁的特征，判断海岸线变迁所处的状态，对海岸线冲淤程度进行分类，引入分形分析法，采用网格法计算时间及空间序列上的泉州湾海岸线的分维数，对泉州湾海岸线进行分维值的计算。并试探地将分维变化值的大小作为判断海岸线冲淤严重程度的依据，以预测泉州湾海岸线不同岸段海湾冲淤演化的趋势。

2.6.1 数据来源

采用时间序列上的泉州湾海岸线遥感解译资料：1994—2011年间经纬度范围内的泉州湾海岸线数据集，为保证受不同年份温度等气候因素的影响，不同年份也基本使用相近月份的数据集。比例尺取为1∶50000。鉴于海岸线分形计算中对岸线数据获取空间分辨率的依赖，为便于时间序列上海岸线分维数对比，选取数据集中使用TM遥感提取的海岸线数据。数据读入，图像预处理，开窗后纠正图像，标准假彩色合成，解译则采用人工目译的方法。人工目译的精度一般在 80%以上，即在缺乏实测数据时，普遍认同的精度高的屏幕数字化（相当目视判读）结果可作为不同方法精度判评的基础，因此，也无须统计面积数据进行检验等的后续工作。

2.6.2　分析计算方法

海岸线分维数的计算方法主要有两种，一是量规法，二是网格法。在 GIS 软件平台上，本章采用网格法计算时间及空间序列上的泉州湾海岸线的分维数。网格法的基本思想是作正方形网格覆盖海岸线（图 2-45），当网格长度 ε 不同时，被覆盖海岸线的网格数目 $N(\varepsilon)$ 则相应地变化。所以，按照网格边长 $\varepsilon_1,\varepsilon_2,\varepsilon_3,\cdots,\varepsilon_k$，分别统计出被覆盖海岸线的数目 $N(\varepsilon_1),N(\varepsilon_2),N(\varepsilon_3),\cdots,N(\varepsilon_k)$，并对公式（2-1）进行回归，计算出海岸线分维数 D，A 为待定常数。

$$\lg N(\varepsilon_k) = -D\lg\varepsilon_k + A \tag{2-1}$$

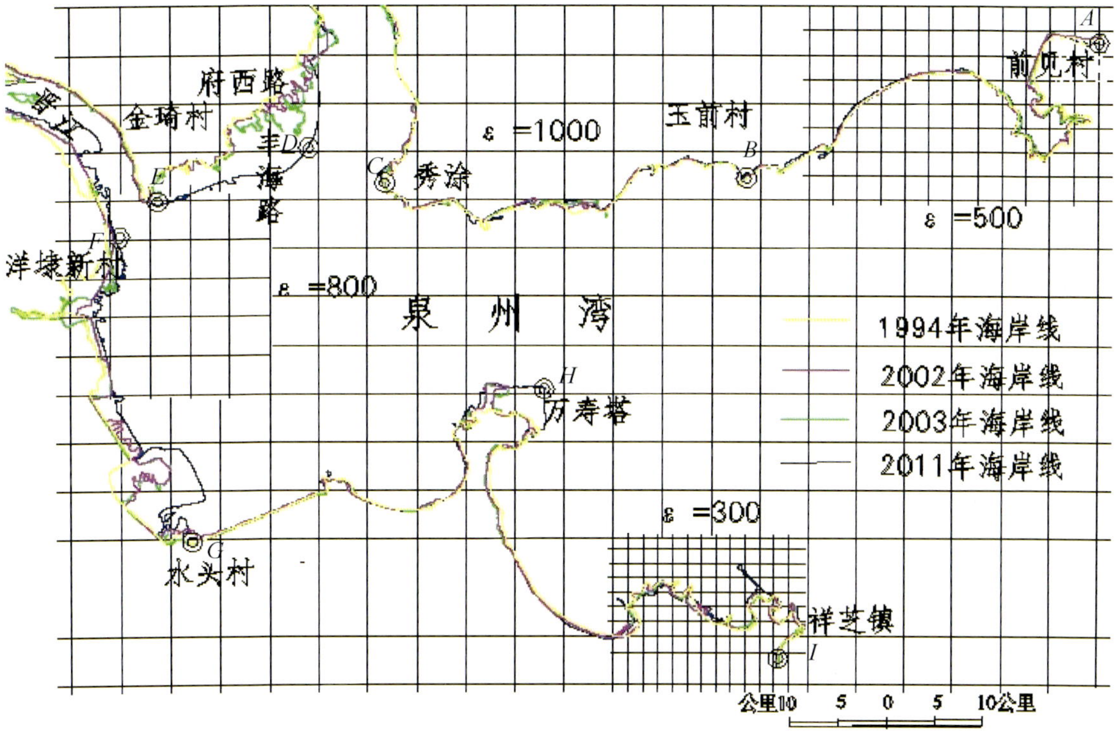

图 2-45　1994—2011 年泉州湾海岸线变迁

2.6.3　泉州湾各年份海岸线分形维数计算

采用网格法计算时间及空间序列上的泉州湾海岸线的分形维数（简称分维数）。将泉州湾海岸线分段：前见村—秀涂村 AC 段，府西路与丰海路的交叉点—金琦村 DE 段，洋埭新村—祥芝镇 FI 段。又将 AC 段细分：前见村—玉前村 AB 段和玉前村—秀涂村 BC 段；FI 段细分：洋埭新村—水头村 FG 段，水头村—万寿塔 GH 段和万寿塔—祥芝镇 HI 段（见图 2-45）。此处取 $\varepsilon_1=100$，$\varepsilon_2=200$，$\varepsilon_3=300$，$\varepsilon_4=400$，$\varepsilon_5=500$，$\varepsilon_6=600$，$\varepsilon_7=700$，$\varepsilon_8=800$，$\varepsilon_9=900$，$\varepsilon_{10}=1000$。

据网格法测得的数据作出 $\lg\varepsilon-\lg N(\varepsilon_k)$ 的散点图，使用最小二乘线性回归分析法对公式进行拟合，建立 $\lg\varepsilon-\lg N(\varepsilon_k)$ 双对数图，得到各年各段海岸线分维数及 $\lg\varepsilon$ 与 $\lg N(\varepsilon_k)$ 的相关

系数(见图 2-46～图 2-48)。

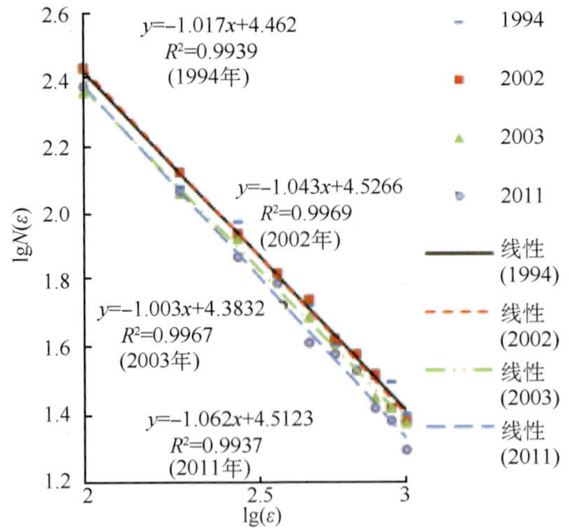

图 2-46 泉州湾 *AC* 段各年份海岸线分维

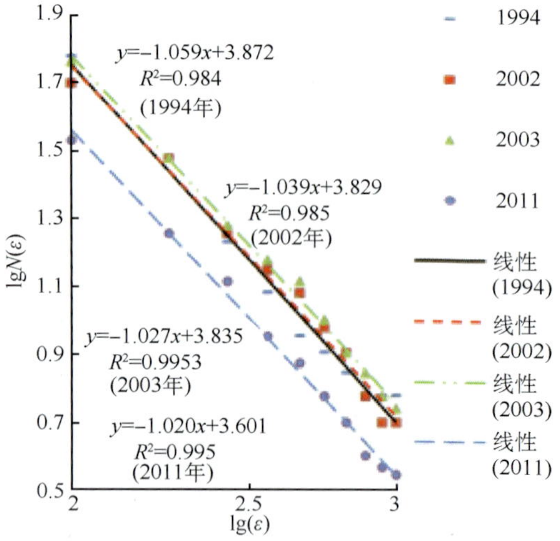

图 2-47 泉州湾 *DE* 段各年份海岸线分维

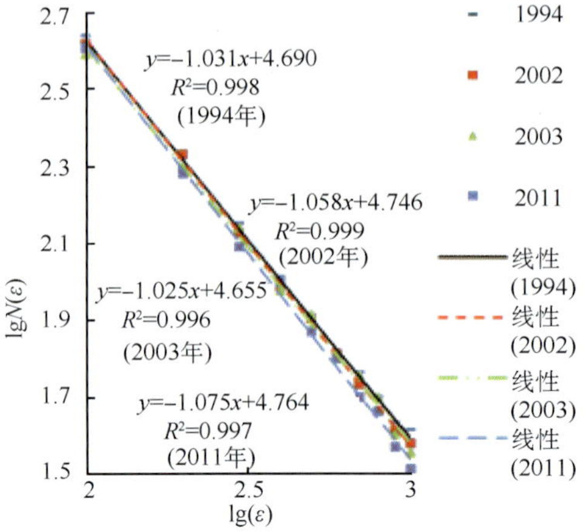

图 2-48 泉州湾 *FI* 段各年份海岸线分维

2.6.4 泉州湾不同岸段分维变化规律及演化影响分析

对图 2-46～图 2-48 的数据进行整理得表 2-2。

表 2-2 1994—2011 年泉州湾各分段海岸线整体分维变化

岸段	1994 年		2002 年		2003 年		2011 年	
	D	R^2	D	R^2	D	R^2	D	R^2
AC	1.017	0.994	1.043	0.997	1.003	0.997	1.062	0.994
DE	1.059	0.984	1.039	0.985	1.027	0.995	1.020	0.995
FI	1.031	0.998	1.058	0.999	1.025	0.996	1.075	0.997

通过对表 2-2 所得数据的分析，可以得到泉州湾不同地段海岸线分维变化规律（见图 2-49）。

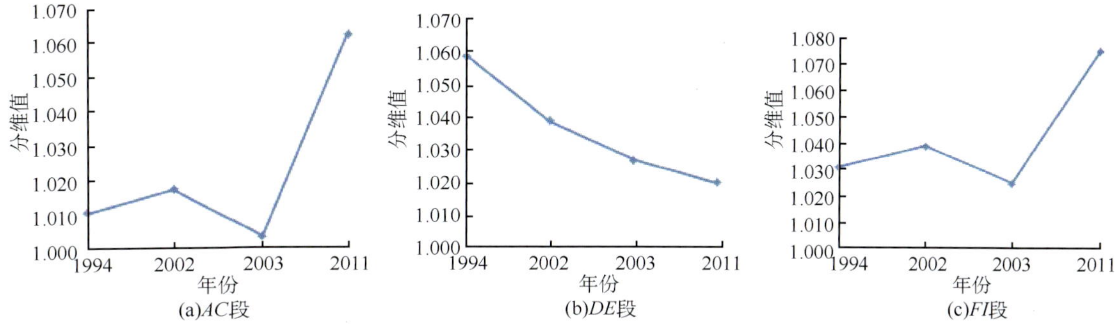

图 2-49　泉州湾 AC、DE、FI 段海岸线分维变化

（1）各时间序列及各岸段的海岸线分维数回归方程相关系数的平方值 R^2 均在 0.99 以上，由此可见泉州湾海岸线的分形结构是客观存在的，分维数可作为表征其特征的良好参数。

（2）泉州湾海岸线的分维数 *D* 在不同岸段的分维变化也是不同的。*AC* 段和 *FI* 段的分维都先后经历了增大（1994—2002 年）、减小（2002—2003 年）、再增大（2003—2011 年）的三个变化阶段，而 *DE* 段分维则一直处于减小阶段（1994—2011 年）。

（3）从变化幅度来看，*AC*、*FI* 段在 2003—2011 年间的变化幅度相对较大，而 *DE* 段的变化幅度则是逐年减弱。据文献[64-65]对海岸线稳定状态的分类，可以获得各岸段不同年代动态平衡状态。

①*AC*、*FI* 段在 1994—2003 年间处于稳定动态平衡状态，2003 年后由于海岸工程活动等的影响力、潮汐或海浪侵蚀等自然灾害已超出了海岸线维持稳定平衡状态的能力，故在分维表现为变化幅度较大。

②*DE* 段在一直向稳定平衡状态靠拢，虽然 *DE* 段一直处于淤积状态，但每年的淤积程度相对于上一年是越来越小，表现为分维值的变化越来越小。

由此，据分维的变化幅度可推知作用力（泉州湾周围海岸工程活动等的影响力、潮汐或海浪侵蚀等自然灾害）是否已超出了承载力（海岸线维持本身稳定平衡状态的能力），即政府是否应对该段的海岸工程等予以重视，适当采取相应的调整措施。目前，该特定的值，因所用的分维值计算方法或所计算图形的不同而存在精度上的差异，故取值有待进一步的探讨和研究。本书经斟酌验算，建议可取 0.035 为临界值。

（4）同理，可求出各分段海岸线局部分维，如表 2-3 所示。

表 2-3　1994—2011 年泉州湾各分段海岸线局部分维

岸段	1994 年		2002 年		2003 年		2011 年	
	D	R^2	*D*	R^2	*D*	R^2	*D*	R^2
AB	1.008	0.996	1.067	0.993	1.002	0.996	1.062	0.990
BC	1.042	0.985	1.005	0.999	1.004	0.991	1.062	0.994
FG	1.045	0.994	1.131	0.994	1.079	0.993	1.078	0.998
GH	1.020	0.995	1.023	0.995	1.017	0.998	1.071	0.996
HI	1.031	0.998	1.042	0.993	1.007	0.995	1.078	0.990

据表 2-3 可求出年间分维变化值，如表 2-4 所示。

表 2-4 相邻年间泉州湾各分段海岸线局部分维变化值

岸段＼年份	1994—2002	2002—2003	2003—2011
AC	0.007	−0.014	0.059
DE	−0.020	−0.012	−0.007
FI	0.008	−0.014	0.050
AB	0.059	−0.065	0.060
BC	−0.037	−0.001	0.058
FG	0.086	−0.052	−0.001
GH	0.003	−0.006	0.054
HI	0.011	−0.035	0.071

据表 2-3 可得各分段海岸线局部分维变化，见图 2-50 和图 2-51。

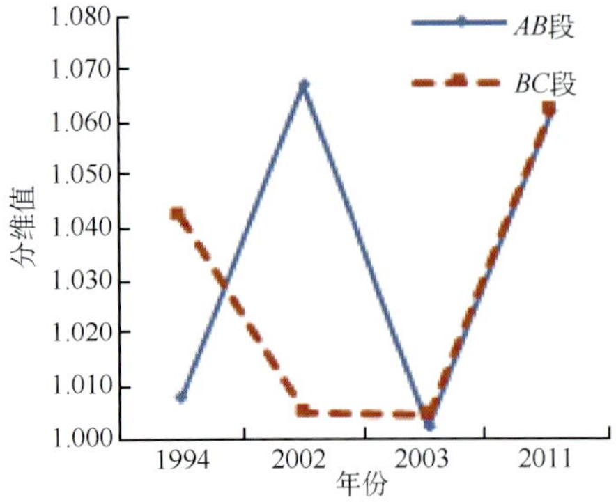

图 2-50 泉州湾 *AB* 段海岸线分维变化

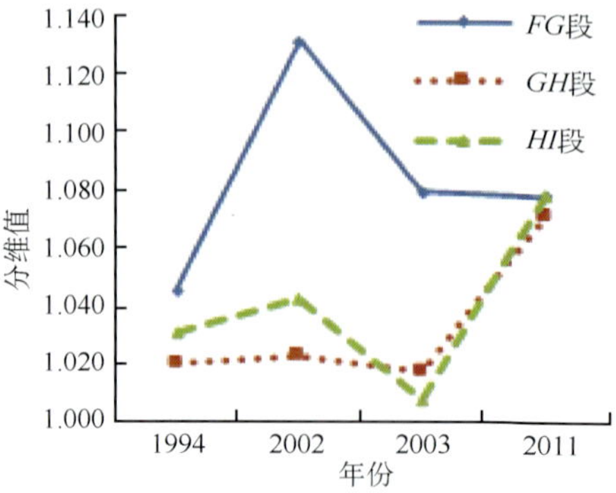

图 2-51 泉州湾 *BC* 段海岸线分维变化

(5)结合表 2-2 和表 2-3 分析，泉州湾海岸线各局部分维之间，局部分维与整体分维之间具有相关性，满足分形地貌中的合并原理。即分形集子集 S_1 和 S_2 有效组成分形集 S，而两分形子集的分维数分别为 D_1 和 D_2，且 $D_1>D_2$，则分形集 S 分维介于 D_1 和 D_2 之间。泉州湾 *FI* 海岸段 2011 年 $D=1.075$，介于 *FG* 段、*GH* 段、*HI* 段的 $D_1=1.078$、$D_2=1.071$、$D_3=1.078$ 之间。同理，其他年份的 *AC* 段、*FI* 段海岸线经计算，也均满足合并原理。

(6)以 *AC* 段为例分析各分段及各子分段的分维变化关系，*AC* 段 1994—2002 年间分维变化小的原因在于 *AB* 段的分维变很大，而 *BC* 段的分维变很小；2002—2003 年间分维变化不大的原因在于 *AB* 段的分维变很大，而 *BC* 段的分维几乎没变化；2003—2011 年间分维变化大的原因在于 *AB* 段和 *BC* 段的分维都变化很大。

2.6.5 小结

(1)分维可作为表征泉州湾海岸线自相似特征的良好参数，且分维遵循分形地貌学中的合并原理，即整体分维介于局部分维最大值与最小值之间。

(2)泉州湾不同岸段的分维变化趋势有所不同。前见村—秀涂村岸段、洋埭新村—祥芝镇岸段的分形都经历了增大、减小再增大的变化，且变化幅值呈增大趋势，即这两段都整体上处于动态平衡的不稳定状态；而府西路与丰海路的交叉点—金琦村岸段的分形则一直处于减小阶段，且变化幅值呈减小趋势，即该段整体上处于动态平衡的稳定状态。

(3)泉州湾不同岸段的年间分维变化幅度较大，表示该年段内海岸工程活动、潮汐或海浪侵蚀等自然灾害较严重。泉州湾以 0.035 的分维变化幅值为临界值，则 1994—2002 年的前见村—玉前村段，玉前村—秀涂村段，洋埭新村—水头村段，2002—2003 年的前见村—玉前村段，水头村—万寿塔段，万寿塔—祥芝镇段，2003—2011 年的前见村—玉前村段，玉前村—秀涂村段，水头村—万寿塔段，万寿塔—祥芝镇段均属于海岸工程活动较多、潮汐或海浪侵蚀等自然灾害较严重的岸段，应得到相应的重视。

2.7 本章小结

(1)通过资料收集与现场测试，研究了泉州湾悬浮泥沙分布及泉州湾表层沉积物分布情况。

(2)通过 1972 年及 2004 年泉州湾海床高程变化得到近 30 年来环泉州湾主要淤积地带为大坠岛西、南和西南侧，并根据相关资料分析得到泉州湾冲淤控制因素。

(3)采用木桩监测的方法，监测到泉州湾典型区域内月平均淤积量为 0.0096 m。

(4)通过由 1994—2011 年海岸线遥感图像变迁分析得到泉州湾目前的淤积和侵蚀区域；在泉州湾海岸线分类的基础上，利用分形计算研究泉州湾海岸线不同岸段的淤积与侵蚀程度。

第3章 泉州湾泥沙淤积过程预测研究

为了更准确地掌握泉州湾海湾淤积的程度及今后发展趋势，采用 MIKE21 软件对泉州湾海床泥沙淤积进行数值模拟分析。通过数值模拟建立起泉州湾水动力及泥沙计算模型，分析泉州湾目前的淤积情况，并预测未来的淤积趋势。

泉州湾的西侧和北侧分别有晋江和洛阳江两条河流注入，在湾内汇合后，于东侧湾口入海，属于典型河口半封闭型海湾。从之前的研究及相关文献资料中可以了解到：

(1)泉州湾内潮流潮型系数在 0.1～0.4 之间，属于规则半日潮，潮差明显，平均潮差为 380 cm 左右，最大达到 600 cm。每一个太阳日内出现两次高潮、两次低潮，潮汐特性稳定，且具有周期性。泉州湾潮汐特征如表 3-1 所示。

表 3-1 泉州湾潮汐特征

项目	大坠岛	崇武
平均潮位/cm	22	26
最高潮位/cm	309	295
最低潮位/cm	−300	−304
平均高潮位/cm	217	226
平均低潮位/cm	−158	−169
平均潮差/cm	373	392
平均涨潮历时	6 时 11 分	6 时 10 分
平均落潮历时	6 时 10 分	6 时 12 分
潮位基面	85 国家高程基准	

(2)泉州湾的泥沙主要来自晋江和洛阳江的下泄。从整个泉州湾内的含砂量分布来看，呈现出 3 个区域：石湖以西至湾顶水域，含砂量较高；石湖至大、小坠岛含砂量次之，湾口附近含砂量最少。泉州湾湾顶附近后渚的平均含砂量是湾口以东 20 m 等深线附近的 10 倍。石湖附近水域和大坠岛、小坠岛附近的含砂量相近。湾口水体较清，含砂量多在 20～30 mg/L，湾顶较为混浊，约在 100 mg/L 以上。整个区域的含砂量变化是比较大的，根据资料数据来看，在 0 到 807.4 mg/L 之间变化。

泉州湾表层沉积物：通过我们取土测试，洛阳江入海口共有 4 种沉积物，即砾石、砂、粉砂和黏土。而其他资料显示在整个湾内有粗砂、中粗砂、中砂、细砂、砂、砂-粉砂-黏土、黏土质粉砂和粉砂质黏土共 8 种沉积物。

3.1 泉州湾模型的建立

MIKE21 是丹麦水动力学研究所开发的一种平面二维数值模型，采用拟合陆边界、网格设计灵活且可随意控制网格疏密的非结构三角网格剖分计算域。因其友好的界面、可靠的算法、强大的前后处理功能等优点，已经在世界 70 多个国家得到应用，并得到世界公认。MIKE21 FM 采用标准 Galerkin 有限元法进行水平空间离散，在时间上采用显式迎风差分格式离散动量方程与输运方程。MIKE21 的泥沙传输模块根据水流的作用或水流和波浪的共同作用来计算输沙率。在波浪和水流的共同作用时，模型利用 DHI 模型 STP 的波周期公式计算输沙率。其中 CAMS 模块为海床演变模块，结合 ST 模块联合运用，集成了波浪、水流和沙的各种影响模拟沿海动床和冲淤变化成为一个完全动态的地形模型。

其中 MT 模块可以计算港区内、内陆湖和海岸地区的黏聚性泥沙的淤积情况。

基于此，我们选用 MIKE21 数值模拟软件来预测未来泉州湾的淤积和冲刷情况。

3.1.1 模型边界

从 2014 年 3 月份出版的图号 1514181(1：35000)及图号 1514182(1：20000)的泉州湾电子海图，提取出泉州湾最新边界线，然后生成 MIKE21 所需要的边界文件如图 3-1。

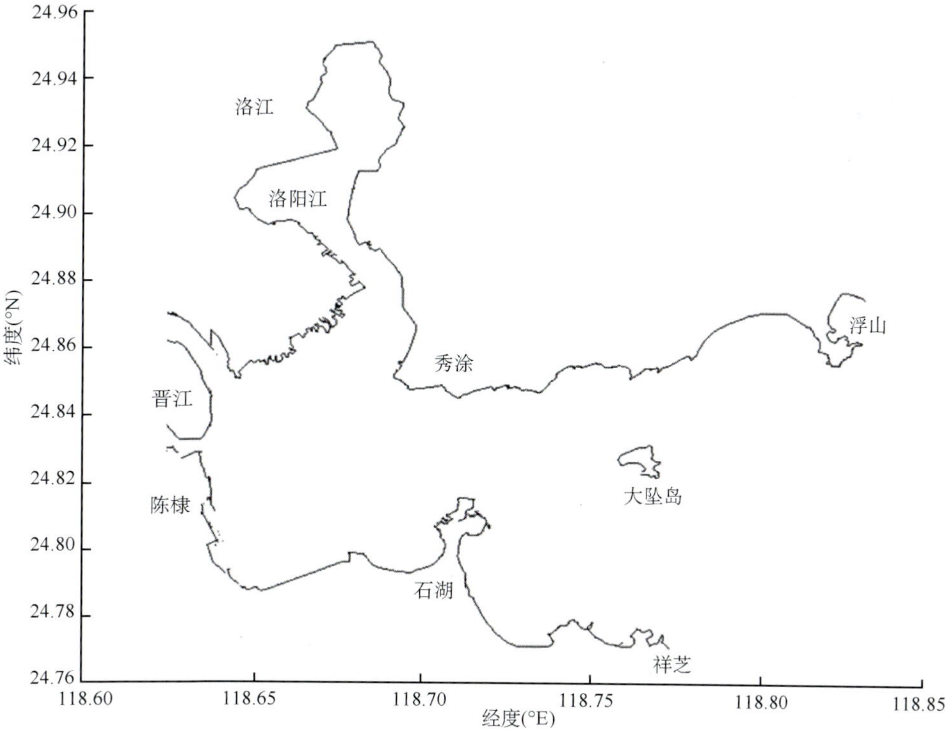

图 3-1 泉州湾岸线边界示意图

3.1.2 模型大小及网格划分

本模型计算范围为 24.76°～24.96°N，118.60°～118.85°E，以海图中大潮升时所能淹没的水域确定为模型计算的区域范围。由于三角形非结构化网格对泉州湾围海造地等海洋工程所造成的曲折复杂的海岸线有较好的拟合性，所以采用三角形非结构化网格对研究区域进行网格划分，并在靠近岸线的区域以及重点研究区域洛阳江及晋江流域进行网络加密，使其计算结果更加精确。整个研究区内共有节点数 7393，网格数为 13135，网格分辨率最小的约为 30 m，如图 3-2 所示。

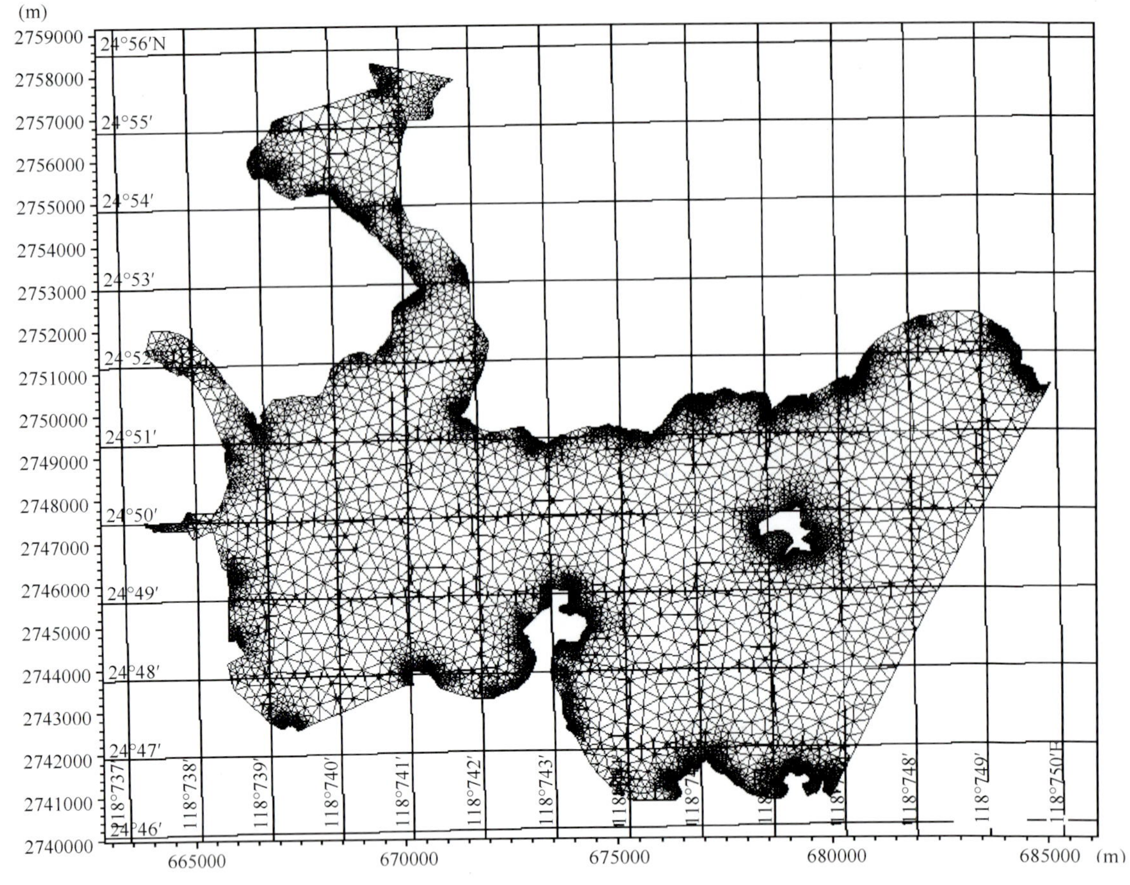

图 3-2 泉州湾模型网格示意图

3.1.3 水深资料

通过数字化最新版的海图，从中提取出水深点数据，由于海图的水深数据是以理论深度作为基准面，该基准面位于 85 国家高程以下 3.34 m，因此，将所得到的水深数据统一加上 3.34 m，然后对调整完基准面后的数据进行插值计算，在网格点上生成水下地形。如图 3-3 所示。

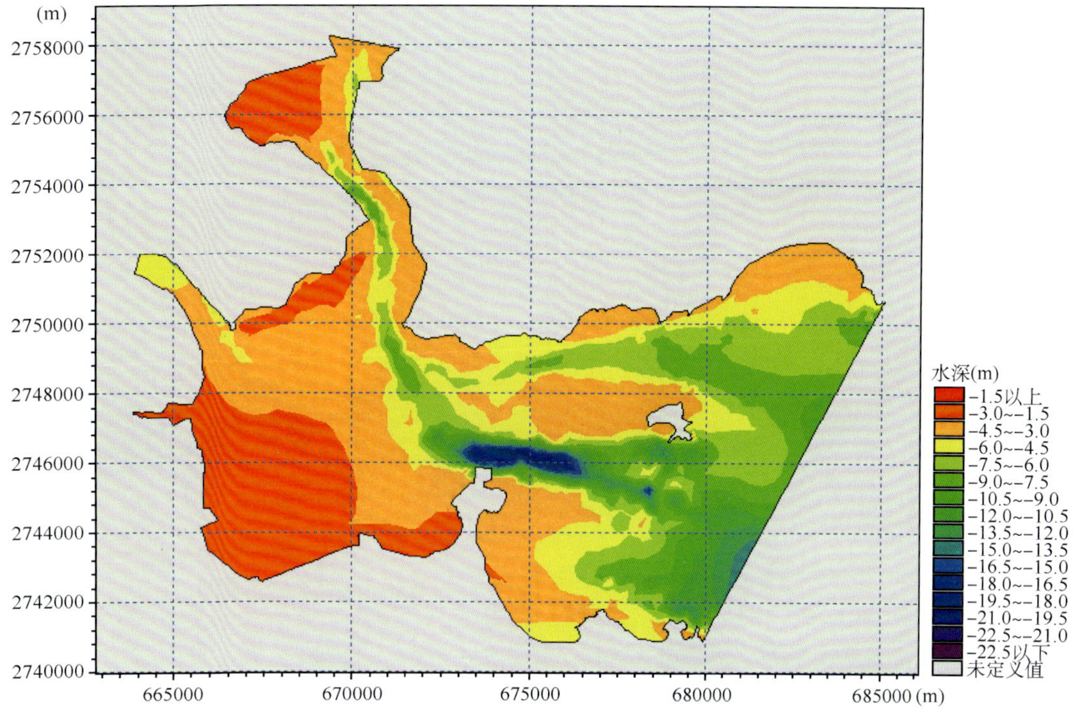

图 3-3　泉州湾模型水深示意图

从图 3-3 可以看出，泉州湾湾口宽阔，内湾深度较浅，主要深度在 1.5～6 m；湾中地形起伏较大，深度在 6～12 m，深度较大的位置在主航道处，北航道最大深度约为 21 m；湾外水深最大，为 12～21 m，等深线分布走向由东南向西北逐渐递减。

3.1.4　边界条件

（1）固定边界

在研究区域的陆地边界处，一般假定垂直于固体边界的法相速度为零，即 $\vec{U}\cdot\vec{n}=0$。同时模型计算开始假设海洋是静止的，初始水位为 0 m。在整个模拟海区内温、盐均取为常数，即温度取为 20℃，盐度取为 30。

（2）开边界

模型共设置了三处开边界：洛阳江、晋江及外海口（浮山至祥芝连线）。如图 3-4 所示，图中蓝色的边界为晋江开边界，绿色的边界为洛阳江开边界，红色的边界为外海开边界。洛阳江及晋江的边界采用时间系列下的总流量边界条件，外海口处采用 6 个主要分潮（O1、K1、M2、S2、M4、MS4、M6）的振幅和相位，然后将其插值到本模型开边界的各节点上，然后采用下式得出各节点上的水位预报值：

$$\eta=\sum_{i=1}^{n} f_i h_i \cos(\omega_i t+v_{0i}+u_i-g_i)$$

式中，η 为水位，h_i 和 g_i 为第 i 个分潮的调和常数，ω_i 为分潮的角速度，t 为时间，f_i 为分潮的交点因子，v_{0i} 为分潮的天文初位相，u_i 为分潮的交点订正角。

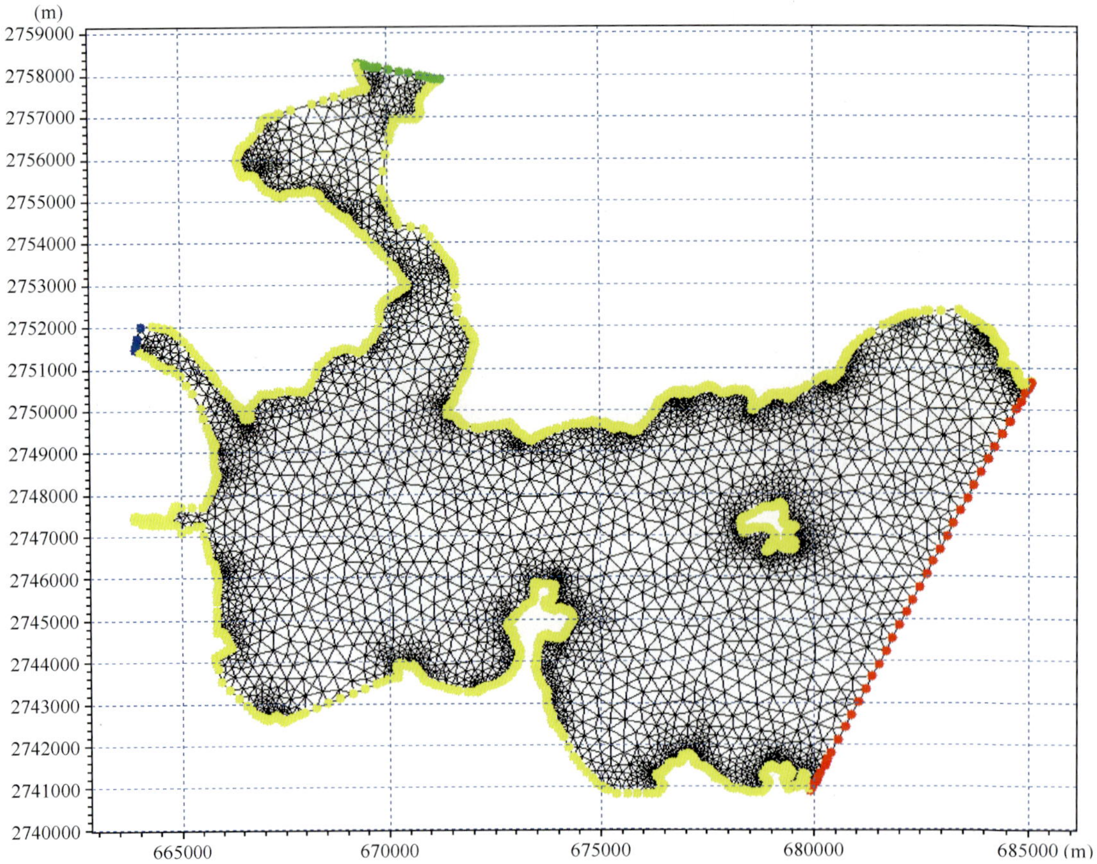

图 3-4 泉州湾模型开边界示意图

3.1.5 模型基本参数的选取

模型采用的时间步长取 60 s，当地时区采用东八区。初始水位为 0 m，即所谓冷启动。根据相关历史资料，泥沙初始场浓度为 20 mg/L。晋江入海口流量按多年平均流量 151 m^3/s，泥沙浓度为 450 mg/L。外海边界处泥沙浓度为 20 mg/L，底床阻力系数选择较为常用的曼宁公式进行计算，曼宁系数选用 32 $m^{1/3}/s$，模型的结果输出时间间隔设置为 1 h。

3.2 泉州湾模型验证及分析

3.2.1 潮位验证

选取了大坠岛附近临时潮位站进行的为期半个多月(2006 年 4 月 29 日 12 点至 2006 年 5 月 15 日 23 点)的观测数据进行验证。

图 3-5 为该站实测潮位与模拟潮位的对比检验。从图中可以看出，模拟得到的高潮与低潮的发生时间以及潮差结果都较为准确，该结果也反映出泉州湾潮流属于正规半日潮流。

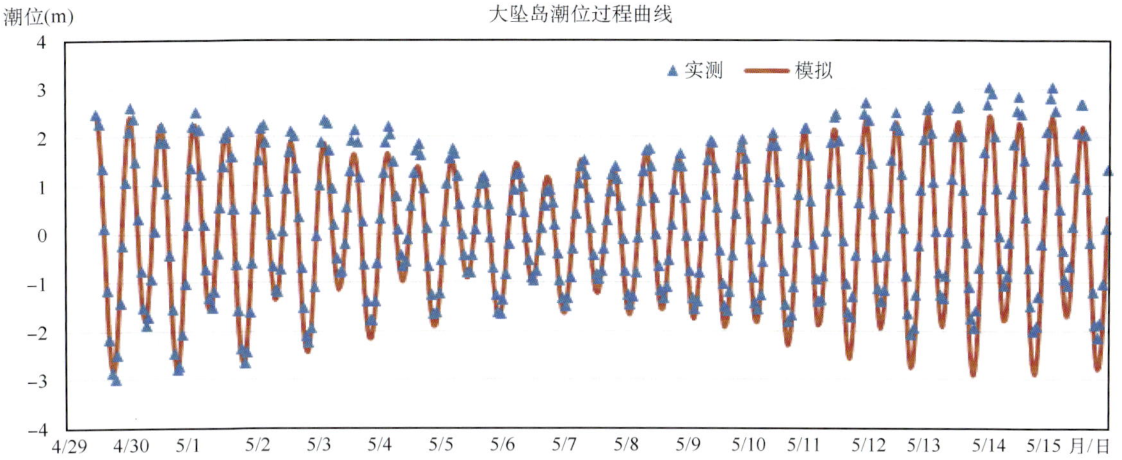

图 3-5 实测潮位与模拟潮位的对比检验

3.2.2 流速和流向验证

共选取了四处潮流观测点做为模型流速和流向验证的数据来源。资料中的观测时间为2006 年 4 月 29 日至 2006 年 4 月 30 日，每隔 1 个小时观潮一次，连续观测 26 小时。四个观测点处于如下位置。

观测点号	经纬度	图上位置
1	24.8565°N　118.8467°E	浮山靠近开边界
2	24.8283°N　118.8100°E	大坠岛东侧
3	24.8300°N　118.7558°E	大坠岛西侧
4	24.7765°N　118.8021°E	祥芝靠近开边界

四个测点流速与流向实测与模拟验证曲线见图 3-6～图 3-9。

由这些曲线可知：

(1)不同观测点的潮流特征由于所处的地理位置不同及受到岸边地形影响而有明显的差异。

(2)观测点 1 涨、落潮以东西向为主；测点 2 涨、落潮以西向北、东南方向为主；观测点 3 涨潮以西向为主、落潮以东南方向为主；观测点 4 涨、落潮以东北向为主。总体上，从流向上看泉州湾的潮流属于往复流。

(3)模拟的流速与流向在发生时刻和大小均与潮位站的实测流速和流向拟合结果良好，从中也可以看出，4 个潮位站的潮流属于正规半日潮流。综合潮位及流速和流向的对比验证，说明本模型模拟结果较好地再现了泉州湾海域潮流场的分布结构。

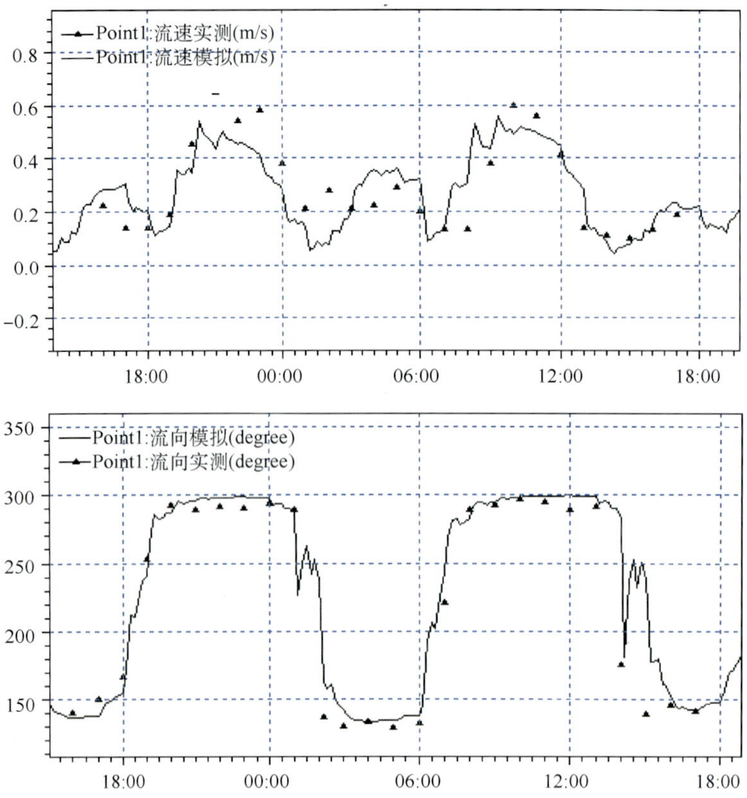

图 3-6 测点 1 流速(上)和流向(下)随着时间变化曲线

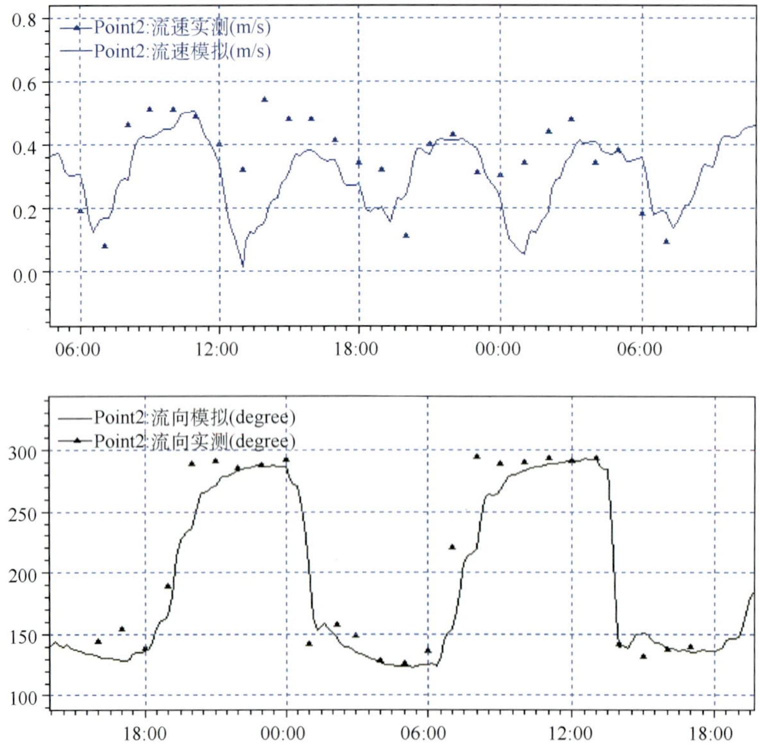

图 3-7 测点 2 流速(上)和流向(下)随着时间变化曲线

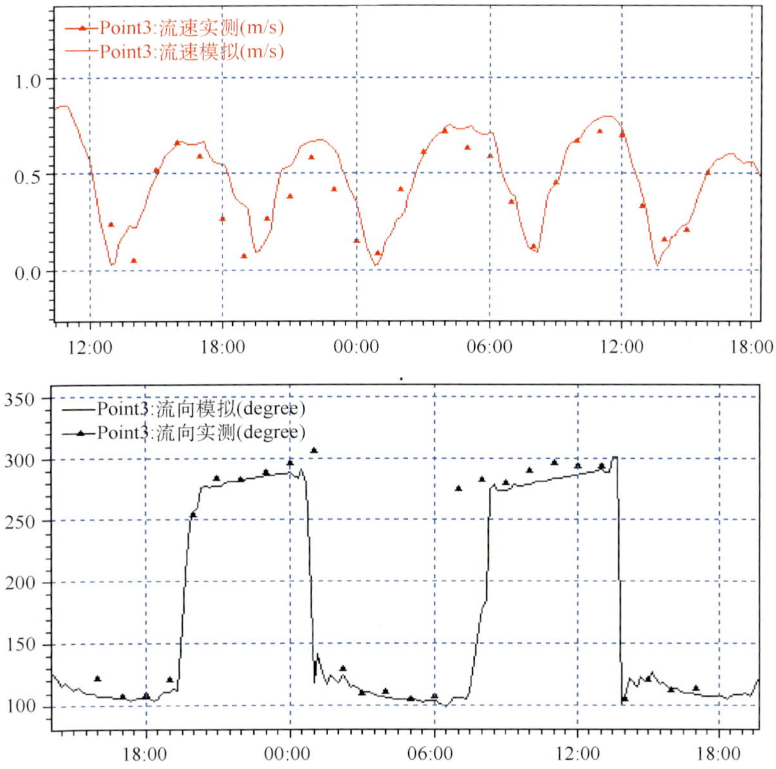

图 3-8 测点 3 流速(上)和流向(下)随着时间变化曲线

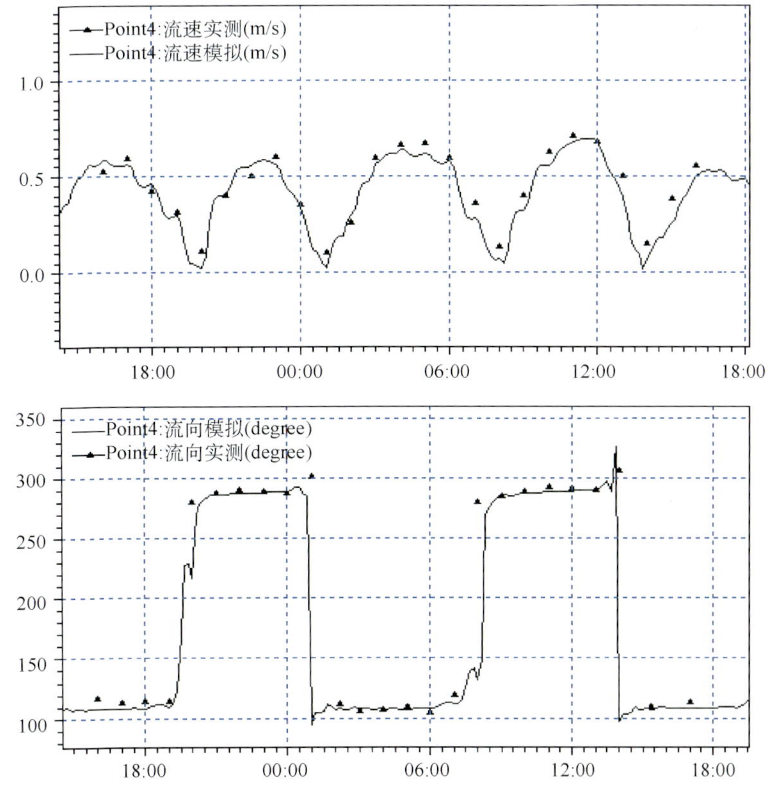

图 3-9 测点 4 流速(上)和流向(下)随着时间变化曲线

3.2.3 泉州湾潮流场分布

为了分析泉州湾模型整个流场的特征，选取大潮时一个潮周期内的 4 个特征时刻（涨憩、落急、落憩、涨急）泉州湾海域潮流场分布。见图 3-10～图 3-13。

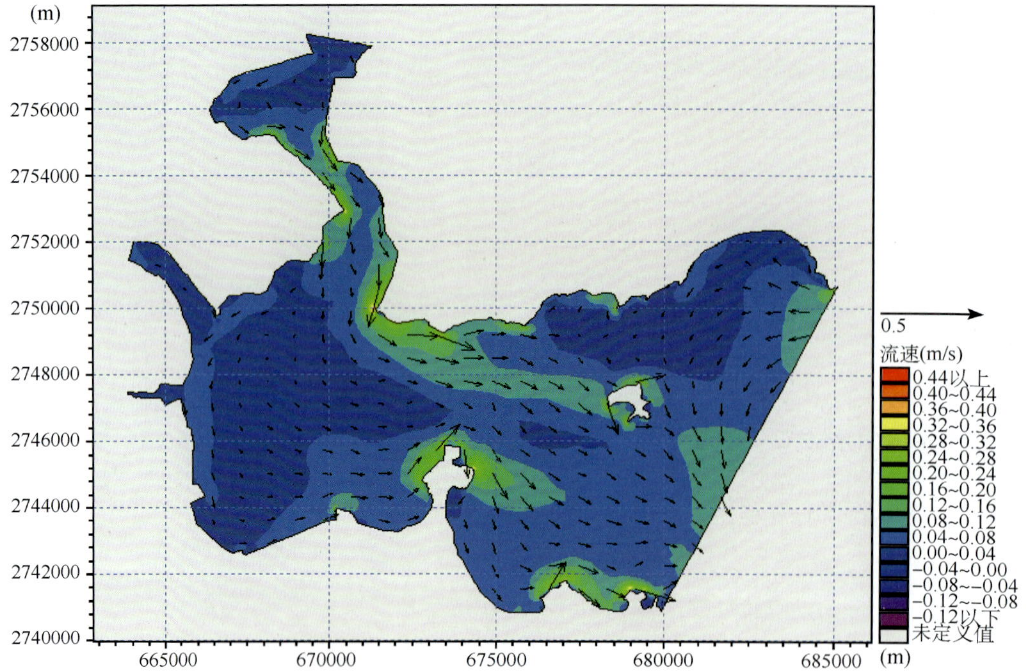

图 3-10 泉州湾涨憩潮流分布图

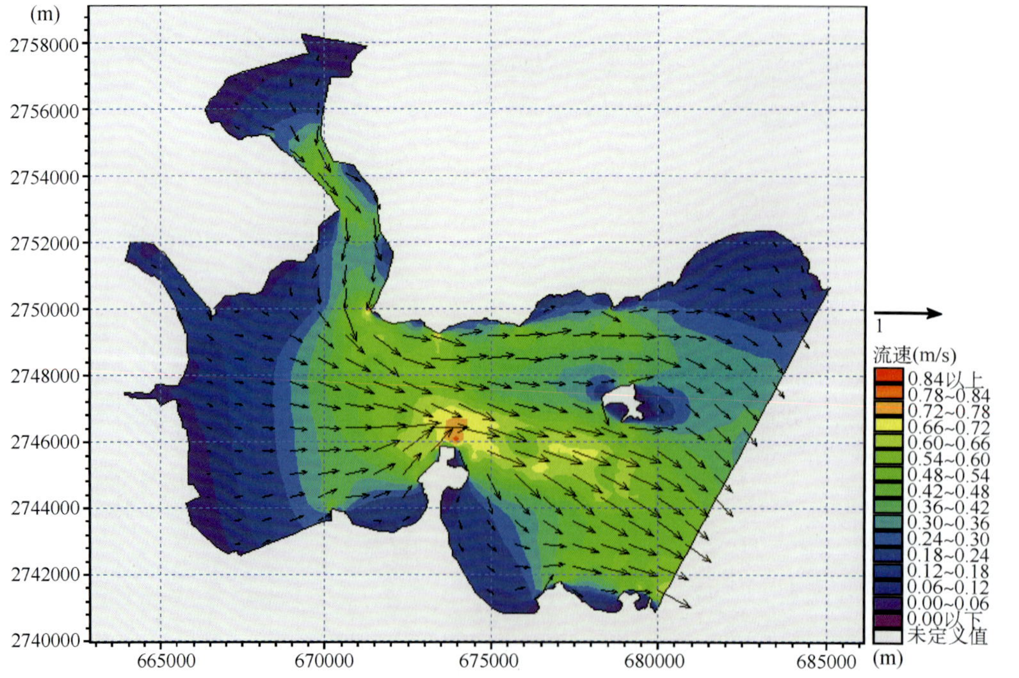

图 3-11 泉州湾落急潮流分布图

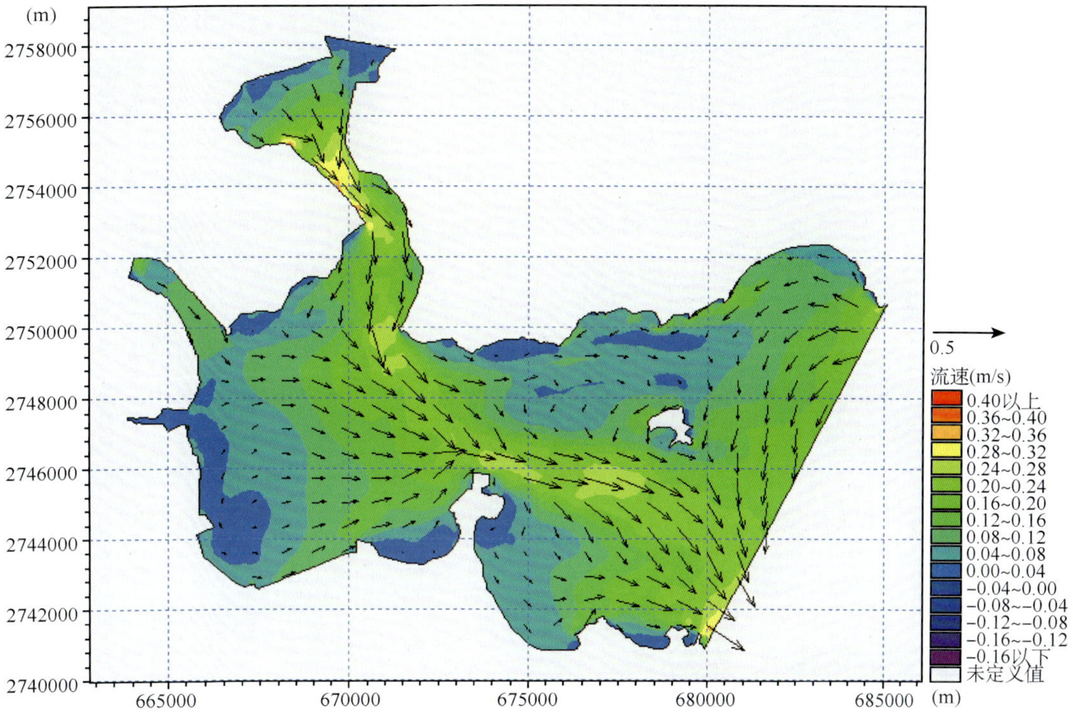

图 3-12　泉州湾落憩潮流分布图

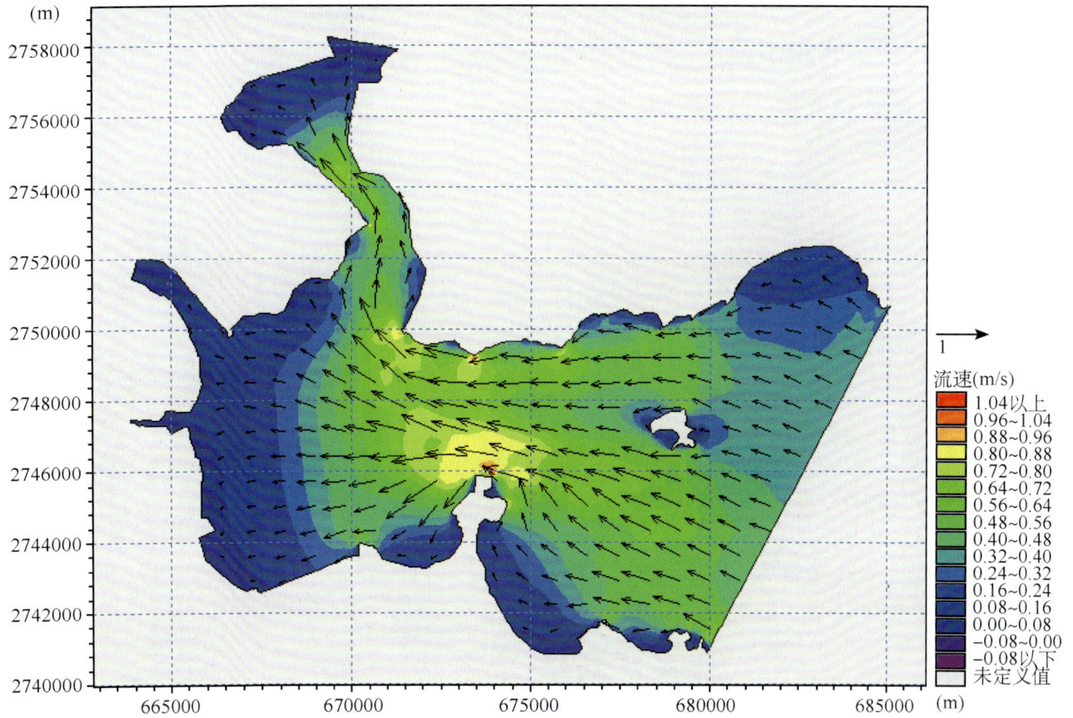

图 3-13　泉州湾涨急潮流分布图

图 3-10 为泉州湾潮流涨憩，即潮水涨到最高、流速最小时刻的流场分布图，从图中可以看出，此时洛阳江流域流速较大，最大可达 0.44 m/s，然后流向秀涂区域；另一处流速较大的位置是石湖，由于该处地形的阻挡，水流绕过该处后，流速变大。

图 3-11 为泉州湾潮流落急，即落潮流流速最快时刻的流场分布图，从图中可以看出，湾内从洛阳江与晋江两支落潮流汇合于白屿附近，后落潮主流分两支，一支沿鞋沙北槽航道向东流出，另一支主流沿石湖航道向东流出。最大流速达 0.84 m/s。

图 3-12 为泉州湾潮流落憩，即落潮水落到最低、流速最小时刻的流场分布图，从图中可以看出，整个区域流速分布比较均匀，最大流速为 0.4 m/s。

图 3-13 为泉州湾潮流涨急，即涨潮流流速最快时刻的流场分布图，从图中可以看出，泉州湾外潮流经大坠岛航道分别沿鞋沙南北槽流向湾内，北槽航道涨潮流大于落潮流，在石湖—鞋沙—秀涂断面上流速较大，通过鞋沙后，潮流沿潮沟分为两支，一支沿洛阳江北上，一支流向晋江。

从模拟期间内最大流速的水平分布来看，北乌礁水道属强流区，洛阳江河道内流速次之，大坠岛和石湖港北侧水道较弱，而湾口开阔水域处流速最弱。通过潮流场潮位、潮流的验证及潮流场分析，说明本模型具有良好的重现性，可以据此进行泥沙淤积的模拟。

3.3 淤积预测结果及分析

为了研究泉州湾泥沙淤积情况，在模拟的水动力条件的基础上，在模型中加入泥沙，将模拟的时间设定为一个月，不同时刻泉州湾淤积情况如图 3-14～图 3-17。

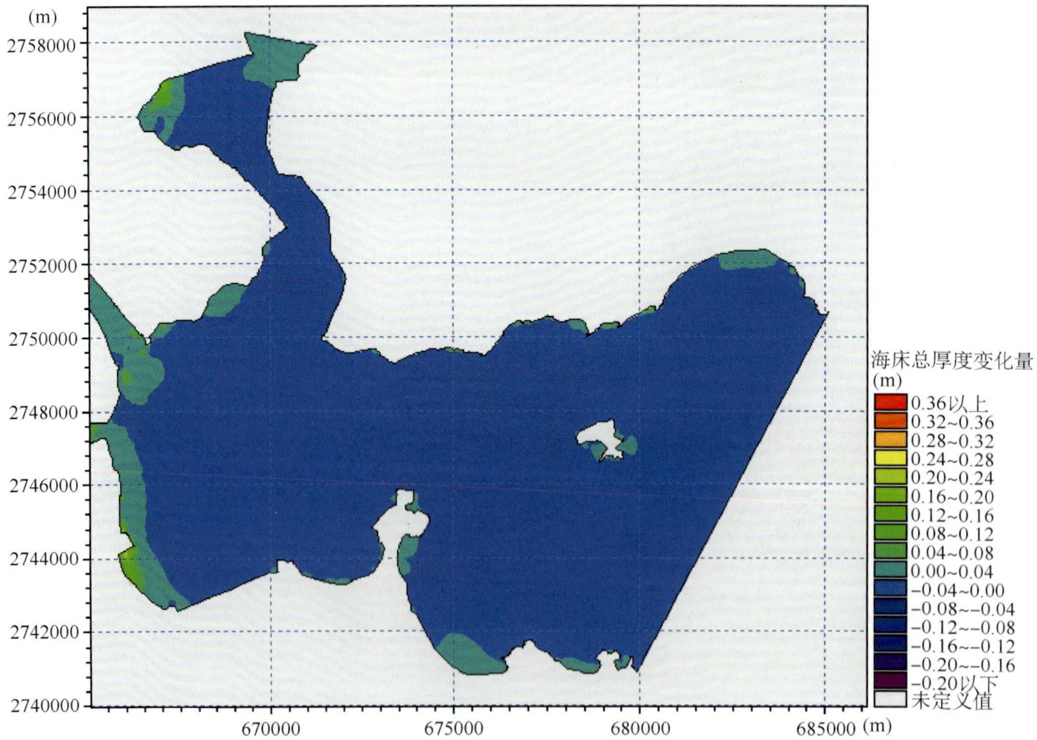

图 3-14　泉州湾海床淤积(1 d)

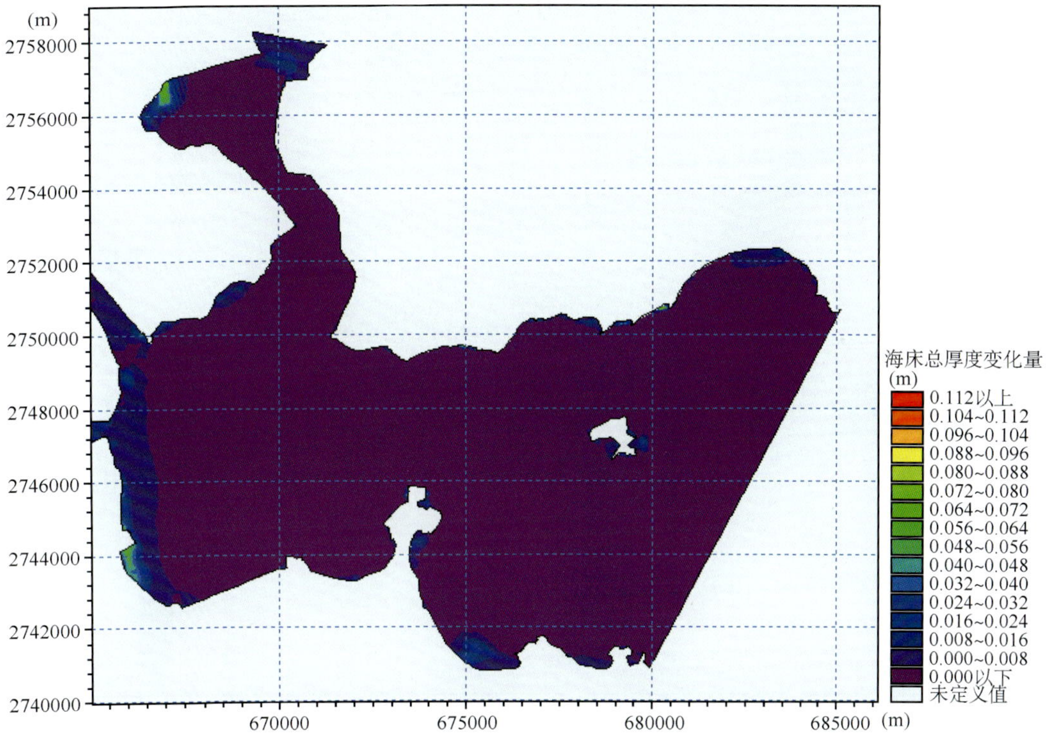

图 3-15　泉州湾海床淤积(10 d)

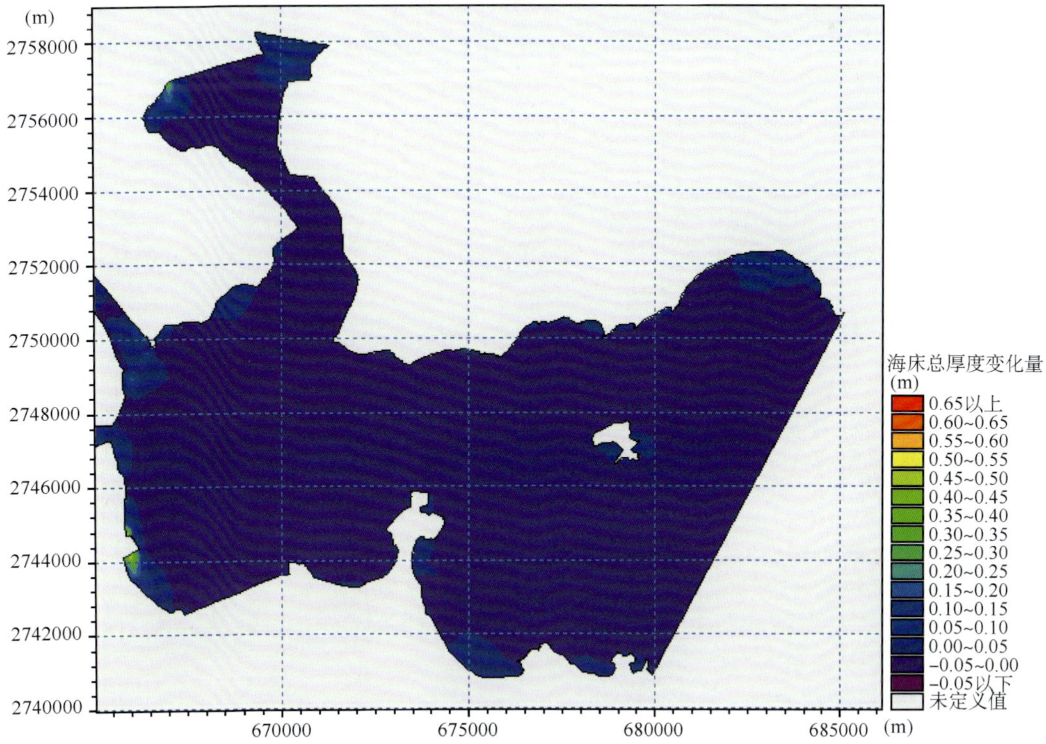

图 3-16　泉州湾海床淤积(20 d)

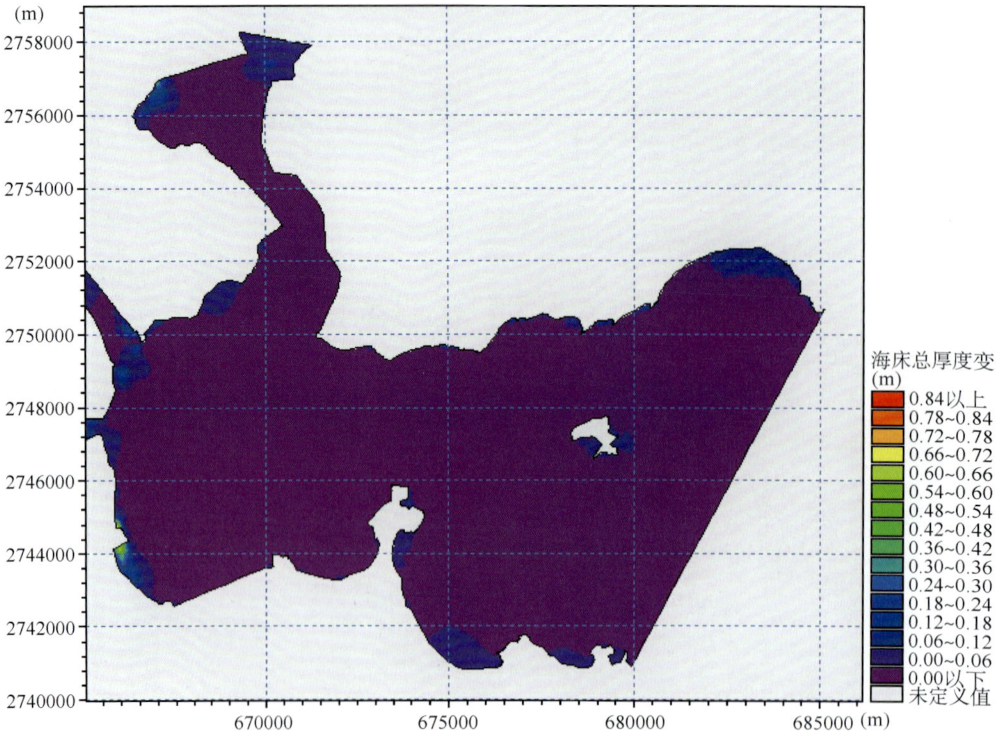

图 3-17 泉州湾海床淤积(30 d)

由图 3-14～图 3-17 可以看出，泉州湾大部分区域处于冲淤平衡的状态，主要淤积区域分布在后渚港、洛阳江流域、滨海公园、晋江入海口、蚶江、石湖、祥芝以及茂林等近海岸线区域。这些主要淤积区域与图 2-41 所显示的淤积区大致相同，说明了模型的可靠性。

由于泉州湾的泥沙主要来自晋江及洛阳江两条河流的携入，所以图中这几个主要的淤积区域的淤积量各有不同。后渚港处平均月淤积量为 0.075 m，滨海公园平均月淤积量为 0.016 m，晋江入海口由于晋江水流中携带大量泥沙，平均月淤积量为 0.12 m，蚶江平均月淤积量为 0.05 m，石湖平均月淤积量为 0.01 m，祥芝平均月淤积量为 0.012 m，茂林平均月淤积量为 0.008 m。

3.4 本章小结

本章在资料收集与现场测试得到的数据基础之上，通过数值模拟的方法进行泉州湾水动力及泥沙淤积的数值计算。通过潮汐水位、潮流的流速和流向，以及整个流场分布的验证，得到了泉州湾水动力模型，并在此基础上预测泉州湾主要淤积区域，并采用不同年份海岸线叠加得到的淤积区域进行验证。

第 4 章　泉州湾典型区域海水入侵过程及其试验研究

海水入侵是指海水经地下到达陆地的过程，是在陆地水充足的情况下由于海水浓度的不同而进行的运动。为了研究目前泉州湾海水入侵典型区域情况，在分析并确定海水入侵判别标准及监测方法后，对泉州湾海水入侵典型区域进行现场测试。同时为了对海水入侵过程进行研究，设计了一套模拟潮汐作用过程中的海水入侵过程的装置，并进行了室内试验。

4.1　海水入侵相关知识

4.1.1　海水入侵基本概念及原理

海水入侵是指由于滨海地区地下水动力条件或水文地质条件发生变化，引起海水或高矿化海水向陆地淡水含水层运移而发生的水体侵入的过程和现象。目前，国内外关于海水入侵的定义还没有取得统一意见，甚至对这一现象的称谓及涵盖的范围都存在着不同认识。国外文献一般称之为盐水入侵(salinity intrusion)，国内文献除称其为海水入侵外，还有海水侵染、海水内侵、海水地下入侵、盐水入侵、咸水侵染、卤水侵染等术语，相比较而言，接受"海水入侵"这一名词的人数更多[51]。

海水入侵是地下淡水与海水之间相互作用、相互制约的复杂的流体动力学过程。在自然状态下，含水层中的咸、淡水保持着平衡，滨海地下含水层一般自陆地向海洋方向倾斜延伸，地下水从陆地流向海洋。二者在这种相对稳定的平衡状态下，密度相对较小的淡水浮托于密度较大的海水水体之上，地下淡水保持较高的水头，即淡水水头高于海水水头，淡水向大海的渗流可以阻止海水向陆地的入侵，两者最终达到一个动态平衡[52]。但入侵的海水不是一个静止的水体，由于淡水水头高于海水水头，在深部海水向内陆入侵的同时，在较浅部一部分海水被向海洋方向的淡水拖拉而回流入海。此外，因咸淡水浓度的差异，溶质会在分子扩散力的作用下向淡水移动，在此过程中由多孔介质不均匀性造成的液体流速不均一性而引起的机械弥散，使咸淡水之间存在一个或宽或窄的咸淡水过渡带。咸淡水过渡带中的海水水头比淡水水头低，这个过渡带界面通常向内陆倾斜，并保持相对稳定，但随着海潮的涨落和海岸带地下水水位的升降，咸淡水分界面也在不断起伏并向内陆侵入与回退[53]。

4.1.2　海水入侵发生的条件及影响因素

发生海水入侵最主要是具备两个基本条件：水动力条件与水文地质条件。所谓水动力条件是指受重力作用影响，在自然状态下水总是从高处流向低处。通常地下淡水位高于海水位，地下水会向海洋流动，海水入侵现象不会发生。所谓水文地质条件是指能促使海水向内陆侵入的通道，这些通道是指具备一定透水性能的第四系松散层、基岩断裂破碎带或岩溶溶隙、溶洞等。就国内已经发生海水入侵的地区来看,此类通道可以归结为两类:一种是以地层相变带、不整合面、风化壳、古河道、断裂破碎带、溶蚀洞穴等为代表的自然形成的通道;另一种是以结构不完善或损坏的水井、未加填塞的钻孔、引水建筑物、海岸采矿活动的洞穴等为代表的人为作用造成的通道[54],当以上两个条件同时具备时,海水入侵就会发生。

当前,由于人类节水意识不强,加上地下水开采管理制度不完善,地下水资源被盲目的不加节制的开采,导致地下水位大幅下降,使原有的水动力平衡条件打破,加上沿海地区多处于地质结构复杂的断层或破碎带上,所以沿海地区海水入侵现象逐年加剧。因此,影响海水入侵发生的主要因素是人为因素,其次,自然因素对海水入侵的发生亦有不可忽视的影响。如海平面上升、风暴潮、海啸引起的巨浪等自然灾害均会加速海水向内陆入侵。

4.2 海水入侵发生的基本理论

4.2.1 海水入侵经典理论模型

通常情况下海水入侵研究模型可分为突变界面模型、过渡带模型两类,其中过渡带模型又可分为均质流体过渡带模型与变密度过渡带模型[12],如图 4-1 所示。

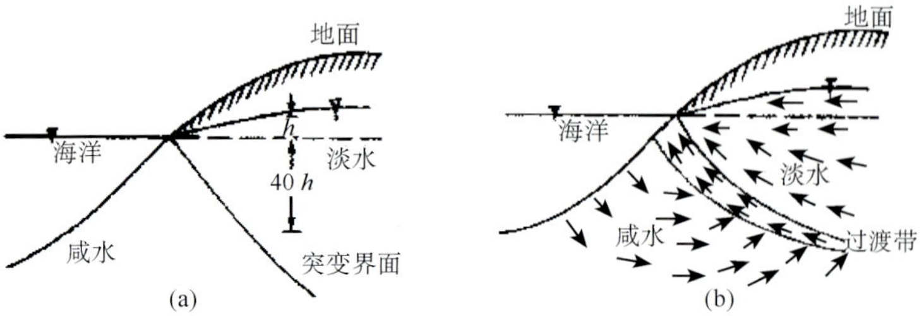

图 4-1 经典理论模型中的突变模型与过渡带模型

对于突变界面模型,Pinder 和 Page、Bear 给予了完整的数学描述。若设海水区(R1)中的水头分布为 h_s,淡水区(R2)中的水头分布为 h_f,则存在下式[55]:

在海水区:

$$S_s \frac{\partial h_s}{\partial t} + \nabla \cdot q_s = 0 \tag{4-1}$$

$$q_s = - K_s \nabla h_s \tag{4-2}$$

在淡水区:

$$S_f \frac{\partial h_f}{\partial t} + \nabla \cdot q_f = 0 \tag{4-3}$$

$$q_f = - K_f \nabla h_f \tag{4-4}$$

式中:S_s,S_f,K_s,K_f,q_s,q_f 分别是海水区和淡水区的比储水系数、水力传导系数和达西流速;而$\nabla = \frac{\partial}{\partial x}i + \frac{\partial}{\partial y}j + \frac{\partial}{\partial z}k$ 为梯度算子;i,j,k 为坐标矢量。

实际应用中,通常将上述模型处理为二维情形,不考虑含水层特性和水位在垂直方向上的变化。通过对式(4-1)~式(4-4)进行垂直方向积分可导出具体的偏微分方程,再结合适当的定解条件即可解出水位分布及界面位置。然而突变界面模型只有当咸淡水界面宽度相对整个研究对象可以忽略时方可使用,适用于近似解的情况,对于更为复杂的研究则需建立过渡带模型。

对于过渡带界面模型，密度场随盐分浓度的改变而变化，这使得流场不断发生变化，并反过来影响盐分的运移，在这种情况下，水流方程和水质方程必须同状态方程合在一起联合求解。对一般的海水入侵问题可由下列方程组求解[55]：

(1)弥散方程

$$\frac{\partial C}{\partial t}=\frac{\partial}{\partial x}\left(D_{xx}\frac{\partial C}{\partial x}+D_{xz}\frac{\partial C}{\partial z}\right)+\frac{\partial}{\partial z}\left(D_{zx}\frac{\partial C}{\partial x}+D_{zz}\frac{\partial C}{\partial z}\right)-\frac{\partial}{\partial x}(V_x C)-\frac{\partial}{\partial z}(V_z C) \tag{4-5}$$

(2)不可压缩流体的连续性方程

$$\frac{\partial(\rho V_x)}{\partial x}+\frac{\partial(\rho V_z)}{\partial z}=0 \tag{4-6}$$

(3)x、z 方向的运动方程(亦可是 x、y 与 y、z 向，只需改变参数即可)

$$V_x=-\frac{k}{\mu n}\frac{\partial p}{\partial x}V_z=-\frac{k}{\mu n}\frac{\partial p}{\partial z}+\rho g \tag{4-7}$$

(4)状态方程

$$\rho=\rho_0+EC \tag{4-8}$$

式中：k 为渗透率；t 为时间；μ 为动力黏滞系数；n 为有效孔隙率；C 为浓度，g/L；E 为浓度梯度；p 为流体压力；ρ 为流体(混合液)密度，kg/m^3；V 为流速，m/s；D 为水动力弥散系数。

关于水动力弥散系数 D，孙讷正[130]研究认为，水动力弥散系数为机械弥散系数 D' 与分子扩散系数 D'' 之和，即：

$$D=D'+D'' \tag{4-9}$$

所谓机械弥散是指因为多孔介质的阻挡作用及流体与多孔介质颗粒之间的黏滞性导致流体在多孔介质中的流动速度出现不均一的现象。而分子扩散是指因浓度差异出现溶质由高浓度溶液向低浓度溶液运移以使溶质浓度趋于均一的现象。根据邵爱军等[131]的研究可进一步得到水动力弥散系数的表达式：

$$D_{sh}=D_0 ae^{b\theta}+\alpha\mid v\mid \tag{4-10}$$

式中：D_{sh} 为水动力弥散系数；D_0 为溶质在自由水体中的扩散系数；a，b 均为经验常数，a 取值在 0.005～0.01 之间，而 b 一般取为 10；θ 为含水率；α 为扩散度，是经验常数；v 为平均流速，m/s。

考虑过渡带情形的可溶混流体对流-弥散模型更详尽客观地描述了海水入侵过程，具有更加广阔的应用前景。

4.2.2 海水入侵基本理论

蔡祖煌、马凤山经过多年对海水入侵的深入研究提出海水入侵理论的发展经历了 4 个阶段：静力学阶段，渗流阶段，渗流与弥散联立阶段，渗流与弥散耦合阶段[68]。

(1)静力学阶段

J. Du. Commun、Badon-Ghyben、Herzberg 三人独立给出海水入侵时咸淡水界面上任一点在海平面下深度 Z 的表达式：

$$Z=\frac{\rho_f}{\rho_s-\rho_f}h_f \tag{4-11}$$

Hubbert 其后又给出海水入侵时咸淡水界面上任一点在比较平面上高度 Z 的表达：

$$Z=\frac{\rho_s}{\rho_s-\rho_f}h_s-\frac{\rho_f}{\rho_s-\rho_f}h_f \tag{4-12}$$

式(4-11)是取海平面为比较平面时式(4-12)的特殊情况，比式(4-12)更为简洁，故更为常用；式(4-12)是式(4-11)的推广，仍属静力学阶段。式(4-11)与(4-12)中各符号意义为：ρ_s 为海水密度(kg/m^3)；ρ_f 为淡水密度(kg/m^3)；h_s 为海水水位(m)；h_f 为淡水水位(m)。

(2)渗流阶段

根据质量守恒的水流连续原理和反映能量守恒和转化的达西定律方程，将式(4-11)中的 $\frac{\rho_s}{\rho_s-\rho_f}$ 代入，因一般而言 $\frac{\rho_s}{\rho_s-\rho_f}$ 为一常数 40，为计算简捷故令其为 δ，即得潜水含水层单宽排泄入海量：

$$q=\frac{KH^2}{2l}\cdot\frac{1+\delta}{\delta}-\frac{Wl}{2} \tag{4-13}$$

而承压含水层单宽排泄入海量为：

$$q=\frac{K}{2\delta l}(M^2-d^2) \tag{4-14}$$

式中：K 为含水层渗透系数；H 为潜水含水层底板在海平面下的深度，m；W 为单位面积潜水含水层上大气降水入渗量，m^3；M 为承压含水层厚度，m；d 为承压含水层顶板在海平面下的深度，m；l 为海水入侵带宽度或入侵距离，m。

(3)渗流与弥散联立阶段

Glover、Cooper、Henry 等研究了荷兰、以色列、美国等地的咸淡水混合带或过渡带，不可混溶流体的对流弥散方程被可混溶流体的锋面表达式替代。他们的主要研究工作均是将弥散视为与渗流并存的现象，从数学上联立求解渗流微分方程和弥散微分方程。这两个微分方程适用于所有地区，其在海水入侵地区的边界条件和初始条件下的解可间接展示海水入侵过程，为此需要对具体研究区不同时刻的求解结果进行追踪对比。这样，海水入侵的特殊规律隐藏在这组微分方程的解之中，普遍适用的方法反而掩盖了特殊规律。

(4)渗流与弥散耦合阶段

这一阶段的研究把弥散视为与渗流对立的因素，从物理上分析渗流与弥散互相抗衡或叠加的关系，两者间平衡的破坏和重建构成海水入侵全过程的本质直接讨论咸淡水过渡带运动的动力和过程，显示海水入侵的特殊规律，使之具有直观的性质，故称为海水入侵的动力学理论。在这一基础上建立了海水入侵的基本理论。

4.2.3 潮汐作用下海水入侵理论

目前，在海岸带含水层海水入侵特性的研究中，关于平衡状态的研究已有很多，且成果大多是在假定 Ghyben-Herzberg 法则成立的基础上得出的，然而海岸带含水层时刻都受潮汐波动的影响，咸淡水界面和天然地下水面伴随着潮汐的波动而不停地变动[56]，所以海水入侵中的平衡状态并不存在。

日本学者岸井内等通过 3 条假定，即：①含水层内的淡水和海水之间被明显的咸淡水界面分开；②自由地下水面比海平面高，且 Ghyben-Herzberg 法则成立；③含水层以下为水平的不透水层，基于此得出伴随着潮汐的波动，咸淡水界面和天然地下水面以相同的振幅和相位变动[56]。国内学者张奇通过室内试验观察了咸淡水界面在海水位作周期性变化情况下的移动规律，即入侵界面随着海水位的周期性变化而来回移动，高水位时向淡水方向移动，低水位时向海水方向退去，在此过程中入侵界面宽度和形态没有明显的变化[96]。唐心强等对不平坦的不透水层的滨海地带天然地下水面、咸淡水界面伴随着潮汐的波动而变化的规律进行了深入研究，得出伴随着潮汐的波动，天然地下水面和咸淡水界面的振动波形与潮汐相似，但波动的幅度随离海岸距离的增加而减小；此外，天然地下水面的水力坡度、含水层的渗透系数、有效孔隙率、不透水层形状及其变动的幅度会影响天然地下水面和咸淡水界面波动的振幅及它们之间的相位差的大小，但相位差的大小与潮汐波动的幅度无关，天然地下水面和咸淡水界面波动振幅与潮汐的振幅成比例增减[132]。阮传侠等根据我国广西北海市的观测数据指出，受海潮影响的滨海含水层地下水位与海潮有相似的波动特征，但波动的幅度明显小于海潮；海潮引起的海岸带地下水位波动幅度随离海岸距离的增加而减小，大体呈负指数衰减[133]。

总之，当前关于潮汐作用下的咸淡水界面变化规律的探讨主要集中在咸淡水界面和地下水位振动特性与潮汐波动特性的差异及波动幅度的衰减规律。关于在潮汐周期作用过程中伴随着海水位的变化，咸淡水入侵界面入侵与回退幅度之间的差异鲜有报道研究。

4.3 海水入侵判别标准及监测方法

4.3.1 判别标准

目前国内外关于海水入侵的判别标准均采用地下水水化学特性，然而选用何种化学指标作为判别海水入侵及评价海水入侵程度则未有相关定论，国内外研究者提出了许多不同的指标体系。

因为海水和淡水最明显的差别为 Cl^- 含量的多少，所以最常用的单因子划分指标为 Cl^-；也有以矿化度(M)2.0 g/L 作为咸淡水的临界值；更加严谨的做法是综合判别指标 Cl^-、M、Br^-、$rHCO_3^-/rCl^-$ 及 SAR(钠吸附比)作为判别海水入侵的标准。同时国内外均有学者采用视电阻率作为判别指标或辅助指标[45-52]。

由于单一的 Cl^- 作为指标在一定程度上已经能够满足本书研究需求，所以本书仍以 Cl^- 作为判别海水入侵的指标，同时以视电阻率作为辅助指标评判海水入侵范围与程度。综合国内外研究的现状，可以将海水入侵程度等级划分为三个等级，具体划分标准见表 4-1。

表 4-1 海水入侵水化学观测指标与入侵程度等级划分

分级指标	Ⅰ	Ⅱ	Ⅲ
氯化物 Cl^-(mg/L)	<250	250～1000	>1000
矿化度 M(g/L)	<1.0	1.0～3.0	>3.0
入侵程度	无入侵	轻度入侵	严重入侵
水质分类范围	淡水	微咸水	咸水

世界卫生组织制定的饮用水质标准中 Cl^- 的适量标准为 200～350 mg/L。就灌溉而言，我国制定的水质标准中，一类水的 Cl^- 含量标准≤250 mg/L[53]。作为判断海水入侵界面的标准，目前国内常根据一类水的标准进行判定，然而由于手册编于 1990 年，所以本书取 200 mg/L 作为判别海水入侵的标准。

4.3.2 海水入侵监测方法的确定

目前国内外对海水入侵的监测方法大致可分为四大类：

(1)地下水资源供需平衡分析及监测,其主要是通过分析水资源的供需平衡关系,从宏观上评判海水入侵的发生与变化。

(2)地下水动态变化与分析,主要通过对特定地区地下水水位的动态变化监测,从而确定该地区海水入侵的速度与规律。

(3)将物探法用于咸淡水界面运移规律的分析及监测,依据海水与淡水视电阻率差异来确定其界面,从而达到监测的目的。

(4)利用水化学元素分析法,分析地下水中各离子的含量,从而确定海水入侵的范围及程度[36]。

为了选出较准确且可操作性强的监测方法,下面根据监测成果及优缺点三个方面对上述各种监测方法进行对比分析,具体分析结果见表 4-2。

表 4-2 几种海水入侵监测方案分析

序号	监测方法	监测原理	监测成果	优点	缺点
1	地下水资源供需平衡分析及监测	分析水资源的供需平衡关系	宏观上评判海水入侵的发生与变化	能够判断较大范围的海水入侵的发生及变化	工程量大,需要多个部门的配合工作
2	地下水动态变化分析及监测	对特定地区地下水水位的动态变化监测	确定海水入侵的速度与规律	能够较为快速判别海水入侵的发生及变化	检测方法较为困难且准确度不够
3	物探法监测	依据海水与淡水电阻率差异来确定其界面	确定海水入侵的范围及程度	较为便捷地确定海水入侵的范围及程度	需要通过电导率与含盐量的关系间接反映海水入侵的规律
4	水化学监测法	对地下水进行水化学元素分析	确定海水入侵的范围及程度	非常准确地确定海水入侵发生的范围及程度	试验操作繁杂,工作量巨大

由上表可以看出,第一种监测方法工作量大,并且需要多个部门配合工作,所以不适合本次室外试验研究。第二种方法虽然能够快速判别某区域是否发生海水入侵,但其监测成果不够精确,所以也排除在外。第四种方法为水化学监测法,虽然其能够准确地确定海水入侵的程度,但由于化学滴定试验太过繁杂且工作量大,所以这里也不采用此种方法。第三种物探法监测是一种较为便捷的监测方法,且其监测成果也比较精确,所以综合对比各种监测方法的优缺点,本次试验决定选择较为便捷且监测准确的物探法作为监测方法。

4.4 泉州湾典型区域海水入侵现场测试

4.4.1 泉州湾典型区域现场取水测试

(1)测试区域

取水井分布及测线图如图 4-2 所示,取水井操作如图 4-3 所示。

图 4-2　泉州湾 3 个现场取水井（Ⅰ—Ⅲ）分布及测线图

图 4-3　现场取水井

（2）测试成果（见表 4-3、表 4-4）

表 4-3　海水入侵测试项目与分析方法汇总

序号	项目	采样/分析方法
1	水位观测	测绳量测
2	矿化度	重量法
3	Cl^- 含量	莫尔法
4	HCO_3^- 和 CO_3^{2-} 含量	酸标准溶液滴定法
5	水硬度（Ca^{2+}、Mg^{2+}）	标定法
6	水样 pH 值	pH 计

表 4-4　水样不同离子含量测定值

水样编号	氯离子浓度(mg/L)	矿化度(g/L)	pH 值	总硬度(mmol/L)	钙硬度(mmol/L)	镁硬度(mmol/L)	碳酸氢根浓度(mol/L)
1-1	222.45	0.603	7.22	2.310	1.733	0.578	3.974096
1-2	230.48	0.714	7.05	2.291	1.669	0.621	3.87436
2-1	112.80	0.537	6.75	1.454	1.011	0.443	2.45504
2-2	118.73	0.487	6.84	1.545	1.052	0.493	2.554776
3-1	88.70	0.403	6.3	1.873	1.276	0.597	3.314304
3-2	85.56	0.243	6.49	1.934	1.505	0.429	2.792608
4-1	434.77	1.381	7.01	4.760	2.967	1.793	4.13329
4-2	448.74	1.261	7.18	4.988	4.210	0.778	4.633888
5-1	104.76	4.526	7.01	0.673	0.576	0.097	1.576596
5-3	104.76	5.243	6.53	0.864	0.471	0.394	1.473024
6-1	90.45	0.08	7.1	3.212	2.740	0.473	4.223436
6-2	85.56	0.468	7.17	3.181	2.666	0.514	4.465104
7-1	560.49	1.292	7.34	4.015	2.255	1.760	5.838392
7-2	2241.94	4.818	7.16	10.527	3.535	6.992	4.913916
8-1	55.87	0.159	5.61	0.611	0.453	0.158	0.78638

由上表测试结果可得：洛江区和蟳埔区的 Cl^- 含量较高，说明此区域海水入侵现象比较严重，其中蟳埔区井水的矿化度较大，说明其区域虽然没有发生明显的海水入侵，但水质也受到一定程度的污染。其中入侵严重的区域如图 4-4 所示。

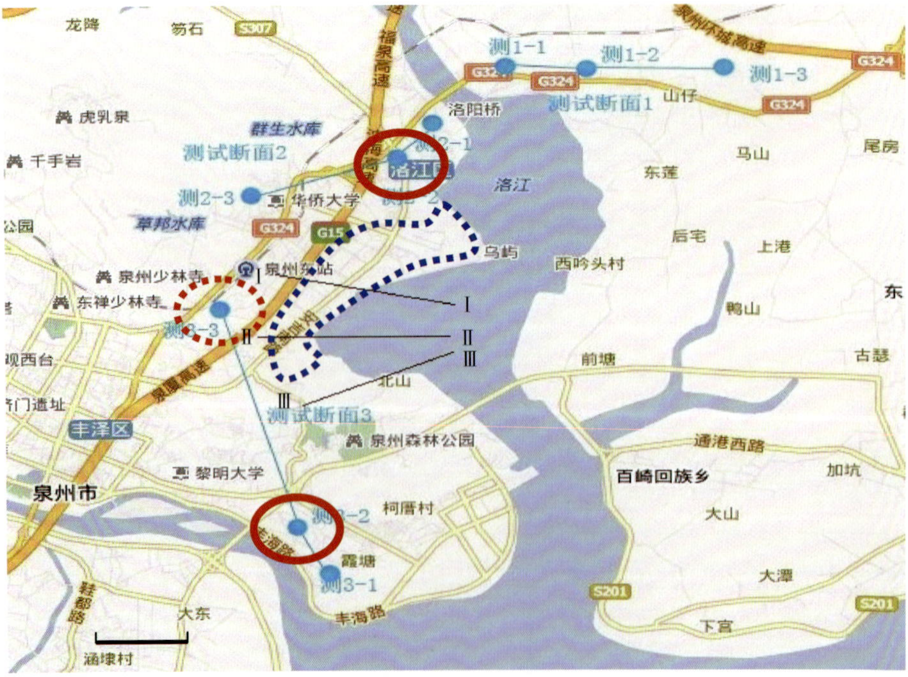

图 4-4　泉州湾海水入侵严重区域

4.4.2 基于电导率法的泉州湾典型区域现场取水测试

(1)研究原理

滨海地区发生海水入侵灾害的直接原因均为人为的超量开采地下水,使得滨海地区形成地下水负值区,而负值区一旦形成,海水就会乘虚而入,使地下水的矿化度随含水层中氯离子的增加而变大,其地层电阻率亦相应降低。地层电阻率的变化与地层的岩性、内部结构及其含水、含盐状况有关。电阻率为电导率的倒数,所以电导率可以直接反映水中含盐量的多少,含盐量越少,电导率越小,其与盐度成正相关关系。

由于海水含盐量较高从而使其具有较高的电导率,通过测定滨海地区的地下水电导率并和该地区地下水标准电导率进行对比,可判断海水入侵范围及程度。地下水与海水相比,含盐量较低所以其电导率值也较低,因此水的电导率值可以作为判断海水入侵的重要参数,它不但有助于查清海水入侵的范围,而且可以判别海水入侵的程度。

(2)研究目的

测试研究泉州湾典型区域海水入侵状况,研究潮汐及台风作用对海水入侵规律的影响。

(3)仪器简介

检测仪器:本次测试所采用的测量仪器为上海 BANTE 公司生产的 BANTE 540 便携型电导率/TDS/盐度计。BANTE 540 便携型电导率仪可同时测定井水的电导率、TDS(溶解性固体总量)、盐度。虽然本试验仪器可以直接测试井水的含盐量,但是由于井水中含盐量较低,一般盐度值在 0.05%,本仪器测量盐度的精度为±0.05%,所以直接测量盐度的方法不可行,但该仪器的电导率精度为±0.5%,而普通地下的电导率测量值都在 500 μS 左右,精度完全能够满足试验要求,鉴于某些地区井水受到生活用水的污染,所以本试验以测量电导率为主,TDS 和盐度作为辅助因素,从而排除受到生活用水污染而导致的电导率过大等因素的干扰。

取水工具:由于井水浮力较大,普通取水容器并不能取到不同深度的井水,为了满足试验的要求,自制了一个能取不同深度井水的取水容器。容器由带盖的塑料桶、绳子以及加重器组成。首先将干净的加重器放入桶内,密封盖子;再将绳子缠绕塑料桶一周,保证桶不会脱落;用钻孔器将桶盖钻孔,使得井水能够顺利进入。测量尺一把。

(4)测试内容

①测量电导率与井水中 Cl^- 浓度的关系;

②监测试验区域各个水井的电导率;

③重点监测典型井水海水入侵与潮汐作用的关系;

④监测台风对海水入侵的影响。

(5)电导率与井水中 NaCl 浓度的关系试验研究

在室外试验开始之前,为验证电导率与海水混合度之间的关系,进行了一次标准溶液的混合模拟试验。选择自制标准盐水与自然状态下井水进行混合试验。试验步骤如下:

①制作不同浓度的标准溶液,首先取 16 组标准井水溶液备用。

②向 16 组标准溶液中加入不同量的食盐,将标准溶液分别制成以下浓度的溶液,并将其标号,详情见表 4-5。

表 4-5 标准溶液浓度

序号	1	2	3	4	5	6	7	8
浓度×10⁻²g/L	0	2.5	5	7.5	10	12.5	15	20
序号	9	10	11	12	13	14	15	16
浓度×10⁻²g/L	25	30	35	40	45	50	55	60

③用电导率仪测定每组溶液的电导率及 TDS,测试结果见表 4-6。

表 4-6 标准溶液电导率及 TDS

序号	1	2	3	4	5	6	7	8
TDS(ppm)	119	185	326	403	638	867	1093	1315
电导率(μS)	104	280	482	601	952	1290	1632	1962
序号	9	10	11	12	13	14	15	16
TDS(ppm)	1542	1680	2050	2180	2510	2780	3150	3360
电导率(μS)	2290	2500	3070	3260	3750	4170	4660	5020

试验结果分析:根据表 4-5 及表 4-6 的监测结果,分别绘制出电导率与浓度和 TDS 与浓度的关系曲线,如图 4-5、4-6 所示。

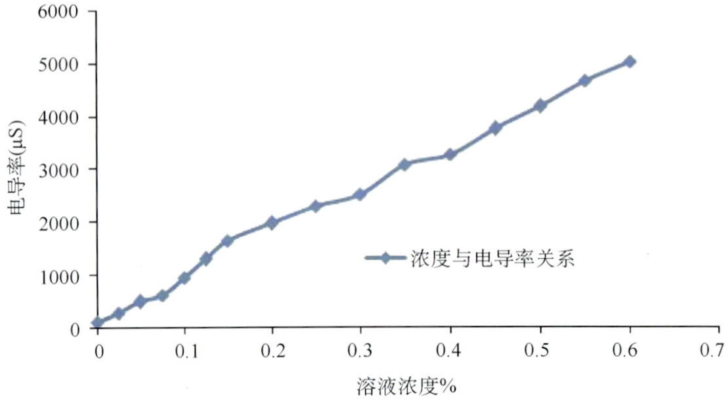

图 4-5 电导率与溶液 Cl^- 浓度的关系曲线

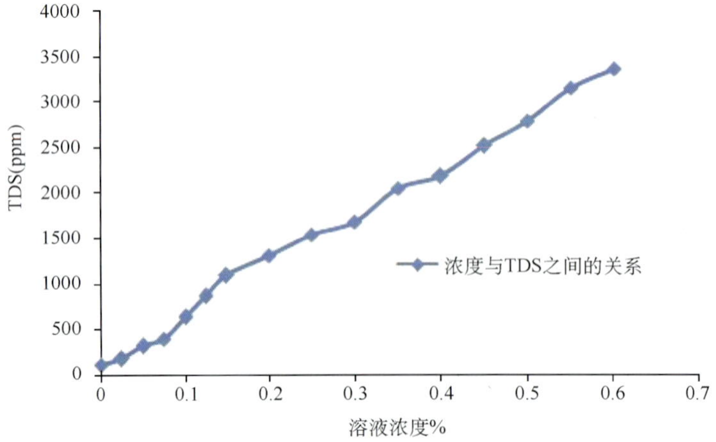

图 4-6 TDS 与溶液 Cl^- 浓度关系曲线

通过图 4-5 可以看出，咸水与淡水混合之后，溶液的电导率值与溶液 Cl^- 浓度之间具有极好的线性相关性，相关方程为 $y=8512x+160.7$，相关系数为 0.9973。其相关性受溶液浓度的影响，随着溶液浓度的升高，电导率也呈相应的升高趋势。说明溶液 Cl^- 浓度在一定范围内时，电导率可以作为反映浓度的一个指标。

图 4-6 为溶液 TDS 与溶液中 Cl^- 浓度的关系曲线图，由于自然井水中的杂质较少，所以其 TDS 也较低，加入食盐之后，溶液的 TDS 主要是食盐中的 NaCl，所以由监测数据及图 4-6 可以看出标准溶液的 Cl^- 浓度与 TDS 之间也存在线性相关性，其相关方程为 $y=5413x+116.6$，其相关系数为 0.9971。随着溶液中 NaCl 量的增加，其 TDS 也呈相应的增加趋势。

通过上述试验可以得出以下结果：

①天然井水溶液的电导率及 TDS 与 NaCl 的浓度呈极度吻合的线性相关性。

②若测得井水的电导率与 NaCl 呈线性关系，而其 TDS 与其不呈线性相关，可以说明井水是受到其他来源的污染而并不是受到了海水入侵的影响。

③由于本书选取海水入侵的标准为 Cl^- 浓度为 200 mg/L，与此相对应的电导率为 1702.4 μS，TDS 为 1199 ppm。若溶液的电导率和 TDS 均超标，可以说明此区域发生了海水入侵现象。

(6)海水电导率监测

室外共检测 65 个海水水样，所测的数据如表 4-7 所示。

表 4-7 泉州湾典型区域海水水样的盐度及电导率

水样编号	坐标		TDS(ppt)	盐度(%)	电导率(mS)
1	24.851160	118.648680	19.46	1.47	25800.00
2	24.850010	118.650220	16.29	1.37	24300.00
3	24.850170	118.653550	15.59	1.31	23200.00
4	24.850130	118.656320	14.68	1.23	21900.00
5	24.850348	118.659474	15.99	1.31	23900.00
6	24.851003	118.663711	15.60	1.31	23300.00
7	24.851290	118.667956	16.60	1.39	24600.00
8	24.851411	118.670855	20.20	1.73	30100.00
9	24.852162	118.674381	23.20	1.96	34600.00
10	24.852823	118.676678	20.90	1.83	31900.00
11	24.853791	118.678732	23.90	2.08	35800.00
12	24.855092	118.681425	26.70	2.34	39900.00
13	24.857040	118.683718	27.30	2.39	40700.00
14	24.858278	118.684780	27.10	2.38	40700.00
15	24.860230	118.686084	27.30	2.39	40700.00
16	24.862456	118.687186	27.30	2.39	40700.00
17	24.864239	118.687614	26.70	2.34	39900.00
18	24.866068	188.688250	22.80	1.98	34000.00
19	24.867888	118.688716	26.70	2.34	39900.00
20	24.870330	118.689472	26.70	2.34	39900.00

续表

水样编号	坐标		TDS(ppt)	盐度(%)	电导率(mS)
21	24.877318	118.690167	23.60	2.05	35300.00
22	24.881427	118.689331	23.30	2.03	34800.00
23	24.884593	118.688205	21.50	1.85	32100.00
24	24.886903	118.687069	20.80	1.78	31000.00
25	24.888952	118.685743	22.00	1.90	32900.00
26	24.891197	118.683873	16.28	1.41	24200.00
27	24.894880	118.681236	17.11	1.45	26500.00
28	24.897572	118.680268	17.50	1.48	26000.00
29	24.900443	118.679346	13.00	2.00	34400.00
30	24.902526	118.679048	22.50	1.91	33000.00
31	24.904497	118.678752	22.20	1.92	33200.00
32	24.907426	118.678573	20.50	1.76	30600.00
33	24.909606	118.678825	18.82	1.60	28000.00
34	24.917906	118.681156	18.81	1.60	28000.00
35	24.920819	118.681999	17.56	1.49	26100.00
36	24.923208	118.682548	17.35	1.47	25800.00
37	24.926088	118.683037	17.13	1.45	25500.00
38	24.928945	118.683207	15.99	1.35	23800.00
39	24.931932	118.683062	15.87	1.33	23600.00
40	24.933941	118.682574	15.05	1.26	22400.00
41	24.939691	118.681525	14.65	1.22	21600.00
42	24.943722	118.680297	14.79	1.23	22000.00
43	24.946317	118.678427	14.94	1.25	22300.00
44	24.948130	118.677586	14.97	1.25	22300.00
45	24.949839	118.677422	13.20	1.09	19620.00
46	24.951655	118.676078	13.96	1.16	20800.00
47	24.952964	118.675652	11.70	0.95	14460.00
48	24.919298	118.680321	14.97	1.25	22300.00
49	24.916415	118.677124	13.39	1.11	19970.00
50	24.914161	118.675605	16.57	1.39	24600.00
51	24.911884	118.674476	14.22	1.18	21200.00
52	24.911548	118.671073	16.69	1.36	24800.00
53	24.906898	118.671046	16.08	1.35	24000.00
54	24.902876	118.672951	15.03	1.26	22400.00
55	24.897392	118.675565	15.26	1.28	22700.00
56	24.891916	118.679213	16.27	1.37	24300.00
57	24.881459	118.687630	18.67	1.59	27800.00
58	24.877394	118.688483	19.32	1.65	29100.00
59	24.872107	118.688363	19.55	1.68	29200.00
60	24.867034	118.686759	21.10	1.82	31600.00

续表

水样编号	坐标		TDS(ppt)	盐度(%)	电导率(mS)
61	24.857655	118.685050	21.80	1.92	32600.00
62	24.855642	118.670848	19.64	1.67	29200.00
63	24.855413	118.663997	12.89	1.07	19280.00
64	24.852670	118.648946	6.48	0.50	9480.00
65	24.855113	118.646844	5.87	0.45	8810.00

根据上述表格数据得出海水盐度与电导率的关系曲线，随着盐度的增大，电导率也逐渐增大，基本呈线性趋势，其关系式为 $y=17395x$。其中 y 轴代表海水电导率，其单位为 ms；x 轴代表海水盐度，近似为 Cl^- 的浓度。其关系式如图 4-7 所示。

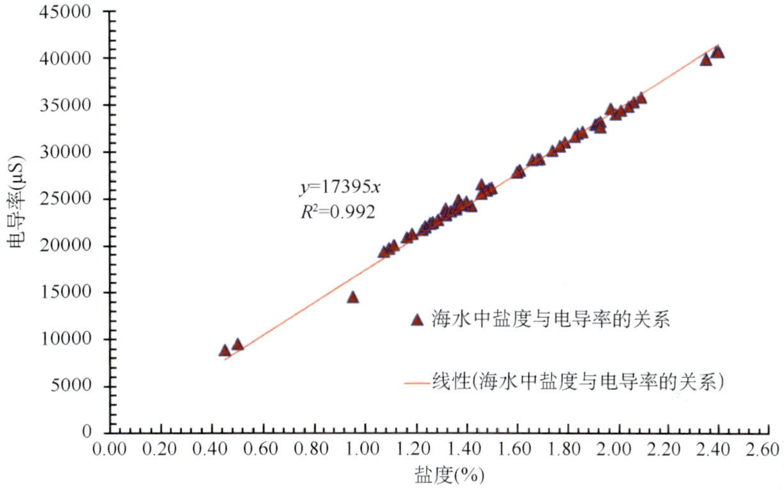

图 4-7 海水中盐度与电导率的关系

4.4.3 潮汐作用对海水入侵的影响现场测试

泉州湾潮汐规律：根据走访调查及资料显示可知泉州湾为一日两次潮，每月阴历初一和十五均为大潮，本次室外试验选取研究区典型水井作为监测对象，监测一天 12 小时时间段内井水电导率随时间变化的规律。选取井号为 2 号井。监测当天早上 8 点开始涨潮，所以监测时间从早上 8 点开始，每隔一小时监测一次，并记录数据。根据监测结果绘制此井水电导率随时间变化图 4-8。

由上图曲线可知：①潮汐作用对海水入侵的影响非常明显，在涨潮时候开始发生海水入侵，落潮时开始发生回退现象。②涨潮开始阶段，海水入侵发生比较缓慢，随着涨潮时间的增加，海水入侵速度逐渐加快，这是由于此时海水水面远远高于地下淡水水面；同理，落潮时，随着时间的增加，入侵速度逐渐变缓。③不同深度海水入侵的量也不同，浅层水受到海水入侵的影响小于深层水。

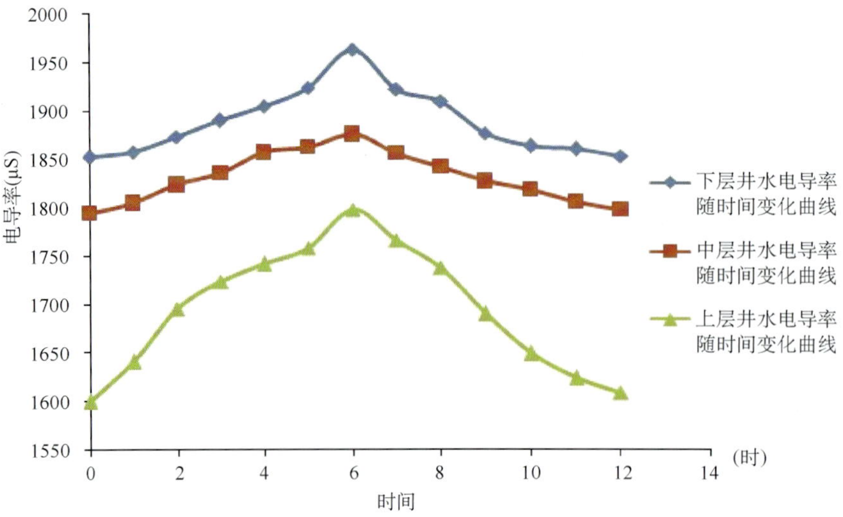

图 4-8　井水电导率随潮汐变化规律

4.4.4　泉州湾典型区域海水入侵现状及分析

(1)研究区域选取

由于泉州湾范围较广,如果将环泉州湾所有区域都进行测试,则工作量太大,所以本次进行了选择性测试,根据以下原则选择了泉州湾典型区域进行研究。本次监测区域选定原则为:

①人口密度较大的区域优先监测;

②近海的村落优先监测;

③按走访调查结果,选定入侵较严重的区域进行监测。

按照上述选取原则,本次监测区域主要选择洛阳桥两岸的村落以及蟳埔社区。

(2)测试结果与分析

围绕所选取的区域进行取水测量,根据水井的深度取上、中、下三层深度不同的水样,共检测了 33 口井 89 个水样。测点位置布局如图 4-9 所示。

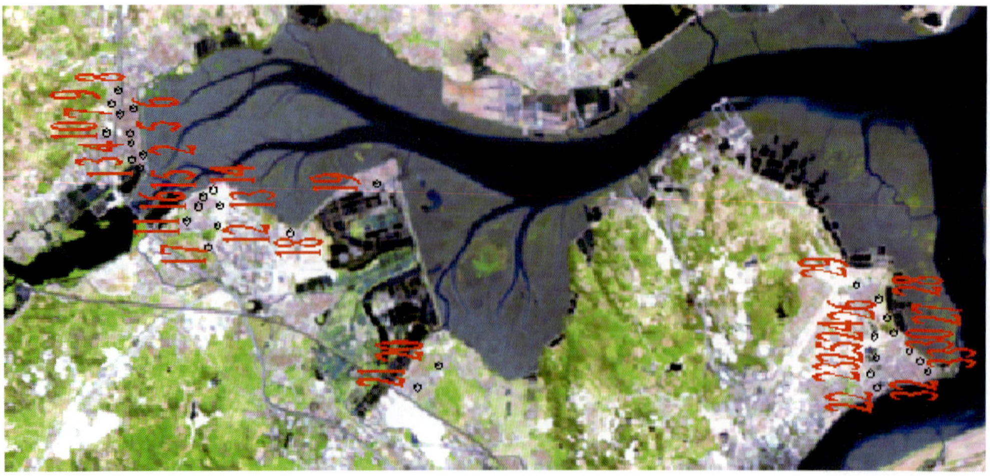

图 4-9　现场测试点编号图

利用电导率计对所取试样水进行逐一测量，测量结果如表 4-8 所示。

表 4-8　泉州湾典型区域井水水样的盐度及电导率

水样编号	坐标		井深(m)	TDS(ppm)		盐度(%)		电导率(μS)	
	°N	°E							
1	24.957464	118.678511	3.5	893	882	0.06	0.05	1217	1268
			2.8	789	692	0.06	0.05	1122	1108
2	24.957783	118.679558	4.6	551	478	0.03	0.03	739	711
			3.5	452	478	0.03	0.03	674	565
			2.4	421	366	0.03	0.03	628	547
3	24.957797	118.678966	8.5	643	570	0.04	0.04	962	849
			5.5	687	685	0.04	0.04	1021	1023
			2.4	665	480	0.03	0.05	996	771
4	24.959414	118.682153	7.9	799	757	0.06	0.05	1189	1130
			5	790	685	0.06	0.05	1179	1043
			2.6	590	463	0.04	0.03	887	707
5	24.959556	118.682421	8.7	777	662	0.06	0.05	990	1158
			5.6	617	605	0.04	0.04	921	903
			2.6	647	652	0.05	0.05	996	972
6	24.959961	118.686249	7	670	749	0.05	0.05	1000	1118
			4.4	750	746	0.05	0.05	1120	1114
			1.8	729	753	0.05	0.05	1088	1124
7	24.960243	118.686166	4.4	440	445	0.03	0.03	626	664
			0.5	442	442	0.03	0.03	660	640
8	24.961398	118.688411	7.7	297	285	0.02	0.02	444	425
			5.9	263	274	0.02	0.02	393	402
9	24.960728	118.687666	4.8	395	392	0.03	0.03	593	585
			2.3	371	388	0.02	0.03	553	579
10	24.961825	118.683147	9	396	250	0.03	0.02	591	377
			6.4	224	348	0.01	0.02	336	520
11	24.949921	118.672144	8	1408	1355	0.1	0.1	2010	2100
			7.2	1400	1498	0.1	0.11	2100	2200
12	24.949635	118.672598	6.5	821	834	0.06	0.06	1280	1245
			5.3	848	848	0.06	0.06	1266	1266
13	24.949261	118.673243	9.2	860	850	0.06	0.06	1284	1268
			8.1	761	775	0.05	0.06	1122	1156
			7	753	714	0.05	0.06	1128	1150
14	24.949825	118.674206	10.5	399	431	0.03	0.03	595	644
			9.2	430	430	0.03	0.03	642	642
15	24.949306	118.673690	10.8	523	523	0.04	0.04	778	780
			9.5	520	520	0.04	0.04	776	776
			8.3	519	523	0.04	0.04	774	780

续表

水样编号	坐标		井深(m)	TDS(ppm)		盐度(%)		电导率(μS)	
	°N	°E							
16	24.951110	118.673262	6.5	536	527	0.04	0.04	794	784
			3.9	540	529	0.04	0.04	804	790
			1.3	533	529	0.04	0.04	773	790
17	24.951190	118.672734	2.6	723	732	0.05	0.05	1079	7092
			0.8	696	707	0.05	0.05	1039	1055
18	24.938693	118.668367	11.8	126	126	0.01	0.01	189.1	189.1
			5.1	125.6	125.6	0.01	0.01	187.1	187.5
19	24.927216	118.677068	6.5	689	687	0.05	0.05	1029	1025
			4	687	685	0.05	0.05	1025	1023
			2.5	987	928	0.05	0.04	1025	942
20	24.920644	118.648746	5.8	677	665	0.05	0.05	1002	992
			3	679	670	0.05	0.05	968	1000
21	24.922541	118.646172	4.6	1185	1463	0.11	0.1	2180	1962
			3.1	675	663	0.05	0.05	1009	963
22	24.862742	118.649930	5.2	567	541	0.04	0.04	840	808
			3.1	535	543	0.04	0.04	798	810
			1.1	483	492	0.03	0.03	721	735
23	24.862784	118.649864	7.7	556	551	0.04	0.04	830	822
			1.1	549	547	0.04	0.04	820	818
24	24.863086	118.649995	8	609	629	0.04	0.04	909	912
25	24.862742	118.649930	7.2	602	605	0.04	0.04	901	921
			1.5	604	607	0.04	0.04	901	922
26	24.859268	118.651734	10.2	1845	1840	0.14	0.14	2750	2740
			5.9	1841	1843	0.14	0.14	2740	2730
27	24.859148	118.651542	7	1369	1456	0.1	0.11	2040	2170
			1.3	1369	1456	0.11	0.11	2180	2160
28	24.859186	118.651095	3	605	609	0.04	0.04	903	909
			0.8	710	696	0.05	0.05	1059	1039
29	24.859418	118.650891	4.9	973	953	0.07	0.07	1452	1422
			0.7	959	963	0.07	0.07	1432	1438
30	24.859089	118.650581	5.4	940	938	0.07	0.07	1403	1400
			1	908	901	0.07	0.07	1438	1432
31	24.858203	118.950121	10.5	536	535	0.04	0.04	800	798
			2.8	532	504	0.04	0.03	794	788
32	24.856622	118.649172	10.6	703	661	0.04	0.05	1049	1000
			5.1	670	653	0.05	0.05	1000	974
33	24.857013	118.649272	5.2	366	365	0.02	0.02	543	545
			3.8	360	361	0.02	0.02	539	543

本次检测选择使用电导率作为判别海水入侵的天然指标，由室内标准电导率试验结果可知电导率大于 1700 μS 的水井为发生轻微海水入侵。电导率值大于 8512 μS 的水井为严重海水入侵。根据上述原则，确定发生轻微海水入侵的水井编号为 1、2、11、21、26、27、29、30 共 8 口水井，没有发生严重海水入侵的水井。其余水井也都有不同海水入侵情况发生，经现场监测时尝试可知井水都有不同程度的咸味，且此井已不作为日常饮用水的水源。

由表 4-8 可知 11 号水井 TDS 较大，所以该井受到了生活用水的污染，并不能判别是否为真正海水入侵。

根据上述监测结果可以得出：

①由发生海水入侵水井的位置可知，越靠近海岸线的地区，发生海水入侵越严重。海水入侵的程度随着距海岸线的距离越远而越轻微。

②地下水海水入侵的程度与其地底岩层有关，如 18 号水井虽然距离海岸线很近，但其地底岩层为基岩，所以不容易发生海水入侵，其井水仍可饮用。

③水井的深度对其受海水入侵也有一定程度的影响，在含水层范围内，随着水井的深度增加其发生海水入侵的程度变大。

④同一口水井不同深度的电导率也不相同，一般表现为底层电导率较大，而浅层水电导率较小。

根据所记录的每一口水井的测量结果，绘制出测试区的海水入侵现状图，如图 4-10 所示。

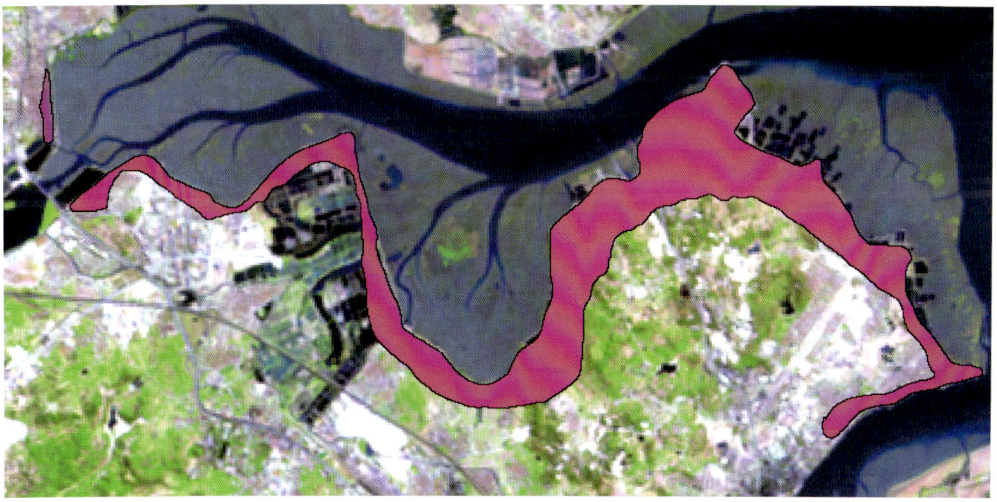

图 4-10 泉州湾典型区域海水入侵现状图

图 4-10 中红色填充部分为发生海水入侵的区域，由图可得泉州湾典型区域海水入侵状况为：洛阳桥附近村落发生海水入侵灾害较轻，其中桥南村落海水入侵较桥北的万安村严重；顺着洛阳江向南，海水入侵现象逐渐加剧，其中，后渚地区海水入侵灾害最为严重，沿海流域一大部分均有海水入侵发生；最南边的金崎村海水入侵灾害有所减轻。总之，沿江流域均有不同程度的海水入侵灾害发生，其灾害程度呈由北向南逐渐加剧趋势。

4.5 海水入侵过程试验模型研制

之前人们所使用的试验装置均分为三个部分，即咸、淡水室及水流介质室，且均由有机玻璃制成，而事实上有机玻璃材质较软且易变形，很难承受试验过程中介质及水对其周边的压力。此外，有些前人们使用过的装置[34]不便于安装且对整个试验的操作精度并没有多大改善。本书的室内试验过程中需要将水与水流介质隔开，采用前人试验装置中的隔网是达不到要求的。所以根据试验需要——模拟潮汐作用过程中的海水入侵机理与过程，为寻求简单及易操作，华侨大学岩土工程研究中心基于海水入侵发生的机制及其发展规律，开发了一套模拟海水入侵试验模型。

4.5.1 试验装置

海水入侵试验模型尺寸大小为：长 2000 mm，宽 200 mm，高 500 mm。装置简图如图 4-11 所示。模型的水槽材质是普通玻璃，用来隔离水流介质与水的办法是在玻璃挡板上打孔，试验开始前先将这些孔用透明胶带或软塞（根据试验条件选取）堵实。为了防止介质颗粒进入咸、淡水中，玻璃挡板的水流介质一侧需要覆盖一块土工布，采用塑料软管将淡水室与自来水龙头相连、咸水室与储存海水的容器（塑料桶）相连的方式向咸、淡水室中加水，而采用排水阀门排水，运用此方式来改变咸、淡水水位。

试验材料：中砂 300 kg，塑料软管 3 根，塑料水桶（容积 19 L）5 个，海盐若干袋，卷尺 1 把，土工布（500 mm×180 mm）2 片，红色染色剂 6 瓶，秒表，剪刀 1 把，透明胶带 2 卷，彩色记号笔 2 支，数码相机 1 部，刷子 2 把，小铲 2 把，钢碗 2 个，小木槌 1 把，木凳 2 把。

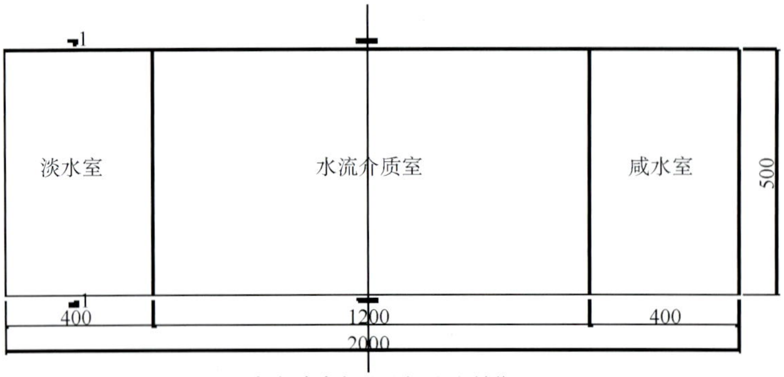

室内试验容器正立面图(单位：mm)

(a)

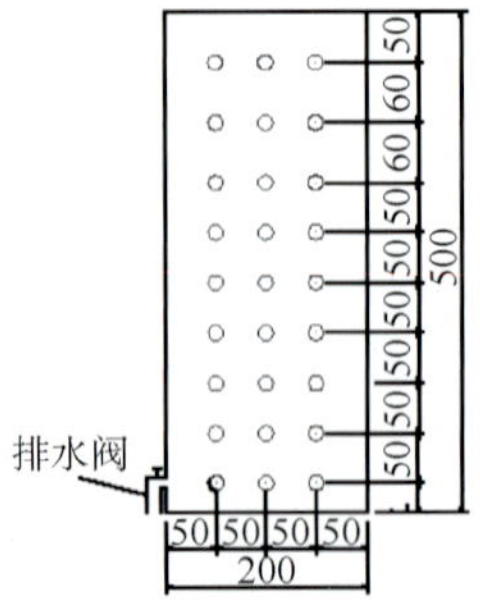

1—1 剖面图(单位：mm)

注：图中连通孔直径为10 mm

(b)

图 4-11 试验装置简图

4.5.2 试验步骤

4.5.2.1 试验开始前的准备

(1)将海盐加入淡水中配制好密度为1025 g/L的海水并加入红色染色剂搅拌均匀；

(2)对粗砂进行筛分,去除树叶等杂质；

(3)取一桶配好的海水置于位于咸水室一侧的木凳上,并用塑料软管将其与咸水室连接,在淡水室一侧亦布置同样的一套装置；

(4)用透明胶带把玻璃容器两边水室与水流介质室联系的多孔玻璃挡板上的孔堵严实；

(5)向水流介质室中加入50 mm深的淡水；

(6)向水流介质室中加入经筛分颗粒级配良好的粗砂,并用小铲搅匀整平,用小木槌夯实,若夯实过程中粗砂表面再无水泌出,则应补充加水；

(7)重复步骤5、6直至将粗砂加至410 mm高度；

(8)向淡水室中加入淡水至300 mm刻度；

(9)向咸水室中加入调配好、已经红色染色剂染色的海水亦至300 mm。

4.5.2.2 试验过程

(1)撕下粘贴在两片多孔玻璃挡板上的透明胶带,待透明胶带完全撕下后启动秒表,观察咸淡水入侵界面的移动情况；

(2)5 min时暂停秒表并归零,迅速向咸水室加入海水至330 mm刻度,启动秒表,再次观察咸淡水入侵界面的移动情况；

(3)将淡水室的排水阀门打开,同时向咸水室中持续加入海水,使得淡水室水位维持在300 mm,而咸水室海水位维持在330 mm；

(4)5 min时暂停秒表并归零,迅速向咸水室加入海水至360 mm刻度,启动秒表,再次观察咸淡水入侵界面移动情况,海水位维持在360 mm；

(5)5 min时暂停秒表并归零,迅速向咸水室加入海水至390 mm刻度,启动秒表,再次观察咸淡水入侵界面移动情况,海水位维持在390 mm；

(6)10 min时暂停秒表并归零,迅速用彩色记号笔描绘出此时咸淡水入侵界面锋面的曲线形状；

(7)迅速抽取咸水室海水使其水位降至360 mm刻度,启动秒表,再次观察咸淡水入侵界面移动情况,海水位应维持在360 mm；

(8)5 min时暂停秒表并归零,再次抽取咸水室海水使其水位降至330 mm刻度,启动秒表,再次观察咸淡水入侵界面移动情况,海水位应维持在330 mm；

(9)5 min时暂停秒表并归零,再次抽取咸水室海水,使海水位降至300 mm刻度,将淡水室排水阀门关闭,且停止向咸水室加水,启动秒表,再次观察咸淡水入侵界面移动情况；

(10)5 min时暂停秒表并归零,迅速用彩色记号笔描绘出此时咸淡水入侵界面锋面的曲线形状；

(11)迅速抽取咸水室的海水使其降至270 mm刻度,保持淡水位300 mm不变,打开咸水室的排水阀门,同时向淡水室持续加水,使两边水室水位保持稳定；

(12)启动秒表,再次观察咸淡水入侵界面移动情况;

(13)5 min 时暂停秒表并归零,迅速抽取咸水室海水使其降至 240 mm 刻度,维持淡水位于 300 mm,启动秒表,再次观察咸淡水入侵界面移动情况;

(14)5 min 时暂停秒表并归零,迅速抽取咸水室海水使其降至 210 mm 刻度,维持淡水位于 300 mm,启动秒表,再次观察咸淡水入侵界面移动情况;

(15)10 min 时暂停秒表并归零,迅速用彩色记号笔描绘出此时咸淡水入侵界面锋面的曲线形状;

(16)迅速向海水室加海水使其升至 240 mm 刻度,维持淡水位于 300 mm,启动秒表,再次观察咸淡水入侵界面移动情况;

(17)5 min 时暂停秒表并归零,再次迅速向咸水室加海水使其升至 270 mm 刻度,维持淡水位于 300 mm,启动秒表,再次观察咸淡水入侵界面移动情况;

(18)5 min 时暂停秒表并归零,迅速用彩色记号笔描绘出此时咸淡水入侵界面锋面的曲线形状,并对该曲线编号,最后用相机拍照记录;

(19)关闭咸水室排水阀门,停止向淡水室加入淡水;

(20)重复步骤 11～18,直至完成三个潮汐周期作用,并用相机记录最终咸淡水入侵界面锋面的位置;

(21)将砂土洗净留待以后继续使用。

注:本次室内试验是观察淡水水位为 300 mm 时咸淡水入侵界面变化情况,至于淡水水位为 210 mm 与 390 mm 这两种情况,试验方案与 300 mm 时类似,故不赘述。

4.6 海水入侵规律试验研究

4.6.1 试验准备与方案

试验首先采用海水素配置海水,根据海水密度(1.025 g/cm^3)将适量海水素添加到一定体积的自来水中,然后加入红色染色剂搅拌均匀;中砂取自泉州湾沿海海滩,并进行筛分,去除树叶等杂质;将水槽上的连通孔用胶带密封,向水槽中间的水流介质室分层加入均质中砂,并进行压实,直至 300 mm 高度,并加入淡水进行饱和;试验时在淡水室和咸水室分别加入适量淡水和海水,并迅速揭去密封胶带,观测海水的扩散过程,试验期间不断加入适量水使得海水和淡水水位维持在某一高度处。本次试验的前提是不考虑自然灾害和水流速度的影响,仅研究在潮汐作用下海水入侵的规律。

试验所用土体为中砂和花岗岩风化残积土,分别采用长水头和变水头试验测试其渗透系数,得到中砂的渗透系数为 2.3×10^{-3} cm/s,花岗岩风化残积黏性土的渗透系数为 4.2×10^{-5} cm/s。试验测试淡水和海水水位在 210～390 mm 高度之间变化时的海水入侵情况,试验分为 5 个方案:

(1)淡水水位维持在 300 mm 不变,海水水位维持在 390 mm 位置处,观测海水随时间的扩散过程;

(2)淡水水位维持在 300 mm 不变,海水水位由低到高,然后再变低,具体为:300 mm→330 mm→390 mm→360 mm→270 mm→210 mm,海水水位维持在 300 mm 时,观测 0.5 h 时

的扩散曲线，其余每隔 10 min 观测一次；

(3)海水水位维持在 300 mm，观测淡水水位由 300 mm 提高到 390 mm 时的扩散状况，初次观测为 0.5 h，变化水位时的观测间隔 10 min；

(4)海水水位维持在 300 mm，观测淡水水位由 270 mm 下降到 210 mm 时的扩散状况，同样初次观测为 0.5 h，变化水位时的观测间隔 10 min；

(5)改变试验材料，观测成层土体海水入侵的扩散情况，根据泉州湾沿岸的地层情况，许多地区沉积有一层黏性土，黏性土下部为砂土层，因此，在水槽里，上部铺设 15 cm 砂土，中间铺设 10 cm 花岗岩风化残积黏性土，底部铺设 10 cm 砂土，分层压实并进行充分饱和。淡水水位维持在 300 mm，海水水位维持在 390 mm，每隔 10 min 观测一次扩散曲线情况。

4.6.2　试验过程

试验首先将淡水位和咸水位均保持在 300 mm 上，观测入侵界面随时间的移动状况；然后保持淡水位为 300 mm 不变，咸水位在 210～390 mm 高度之间变化，观测入侵界面移动状况；咸水位保持在 300 mm 不变，淡水位在 210～390 mm 高度之间变化，观测入侵界面移动状况。

4.6.3　粗砂介质试验结果与分析

试验过程中，海水入侵曲线随时间的变化过程如图 4-12、4-13 所示，可以看出，海水入侵程度随着时间的持续而逐渐加剧，扩散初期，扩散速度较快，约 6 min 时，扩散已占 1 h 时的一半区域；扩散速度逐渐减慢，0.5 h 至 1.0 h 时，扩散仅发生了较小的距离。

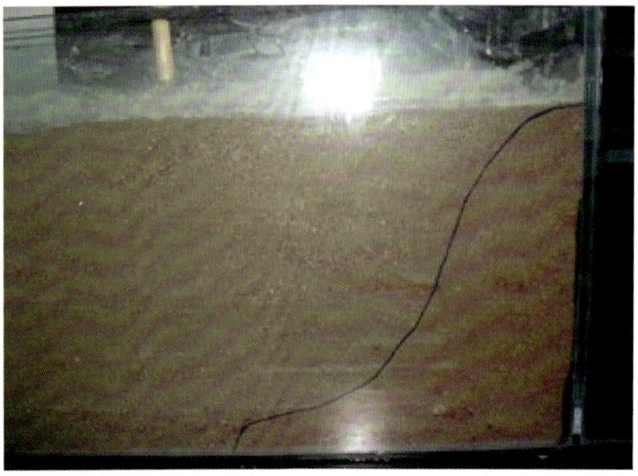

图 4-12　海水入侵典型扩散曲线

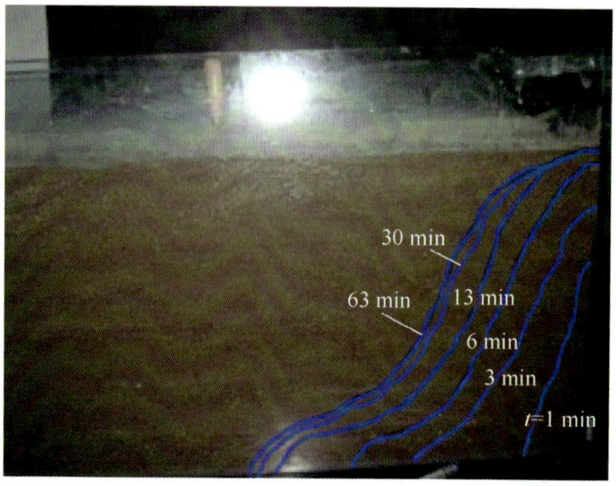

图 4-13　海水入侵扩散曲线随时间变化规律

淡水水位维持在 300 mm，海水水位变化时的扩散曲线如图 4-14 所示。可以看出，海水入侵范围随海水的变化而变化，海水水位由 300 mm 逐渐增大到 390 mm 时，海水逐渐向陆地方向扩散，而当海水水位降低时，扩散曲线向海洋方向移动，表面入侵区域逐渐减小。由此可以推断，风暴潮引起的海水增水能够加剧海水入侵向陆地方向的扩散，而当处于极端低水位时，入侵区域会逐渐减小。

海水水位维持在 300 mm，淡水水位逐渐提高时，发现海水入侵区域逐渐减小，扩散曲线向海水方向移动，如图 4-15 所示。由此可以推断，当陆地淡水水位由于降雨等原因升高时，海水入侵将减轻。

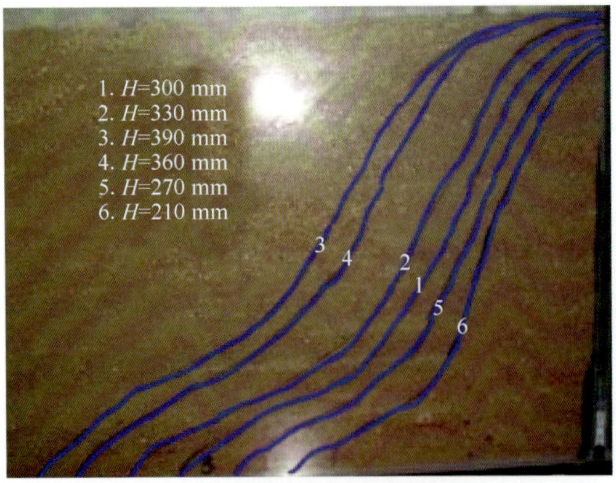

图 4-14 海水入侵形成的扩散曲线随海水水位升降时的变化情况

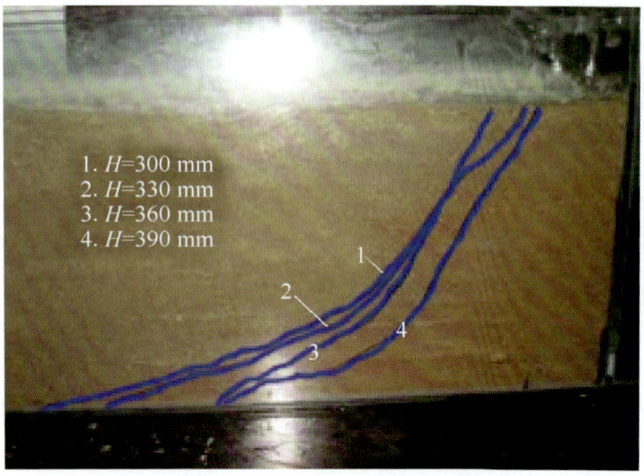

图 4-15 海水入侵形成的扩散曲线随淡水水位提高时的变化情况

海水水位维持在 300 mm，淡水水位从 270 mm 下降到 210 mm 时的扩散曲线如图 4-16 所示，由此可推断当由于过度抽取地下水等原因造成地下淡水水位降低时，海水水位向陆地方向扩散，海水入侵程度加剧。

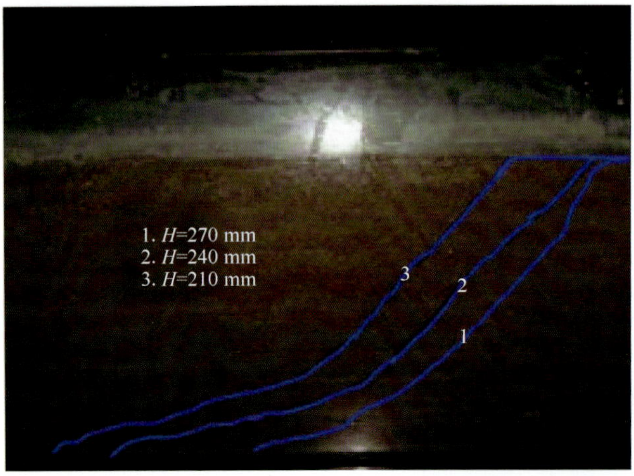

图 4-16 海水入侵形成的扩散曲线随淡水水位下降时的变化情况

4.6.4 砂-黏土-砂互层介质试验结果与分析

对于成层土体，海水入侵形成的扩散曲线如图 4-17 所示，可以看出，海水入侵均发生在砂土层里，黏性土层里的入侵量几乎可以忽略，这是因为砂土层的渗透系数远大于黏性土的，短时间内黏土层里难以渗透进海水。表层砂土的扩散曲线与底层砂土的不同，表层曲线呈半圆形，而底部曲线呈 1/4 个圆，并且与均质砂土的扩散曲线不同。

通过海水入侵的水槽模拟试验模拟能够得到以下结论：

(1)海水入侵形成的扩散曲线存在三个拐点，第一个拐点和第三个拐点分别接近砂土的顶面和底面，第二个拐点位于砂层的偏下方，其中第一个拐点和第三个拐点是由于砂层表面和水槽底部的阻力造成的；

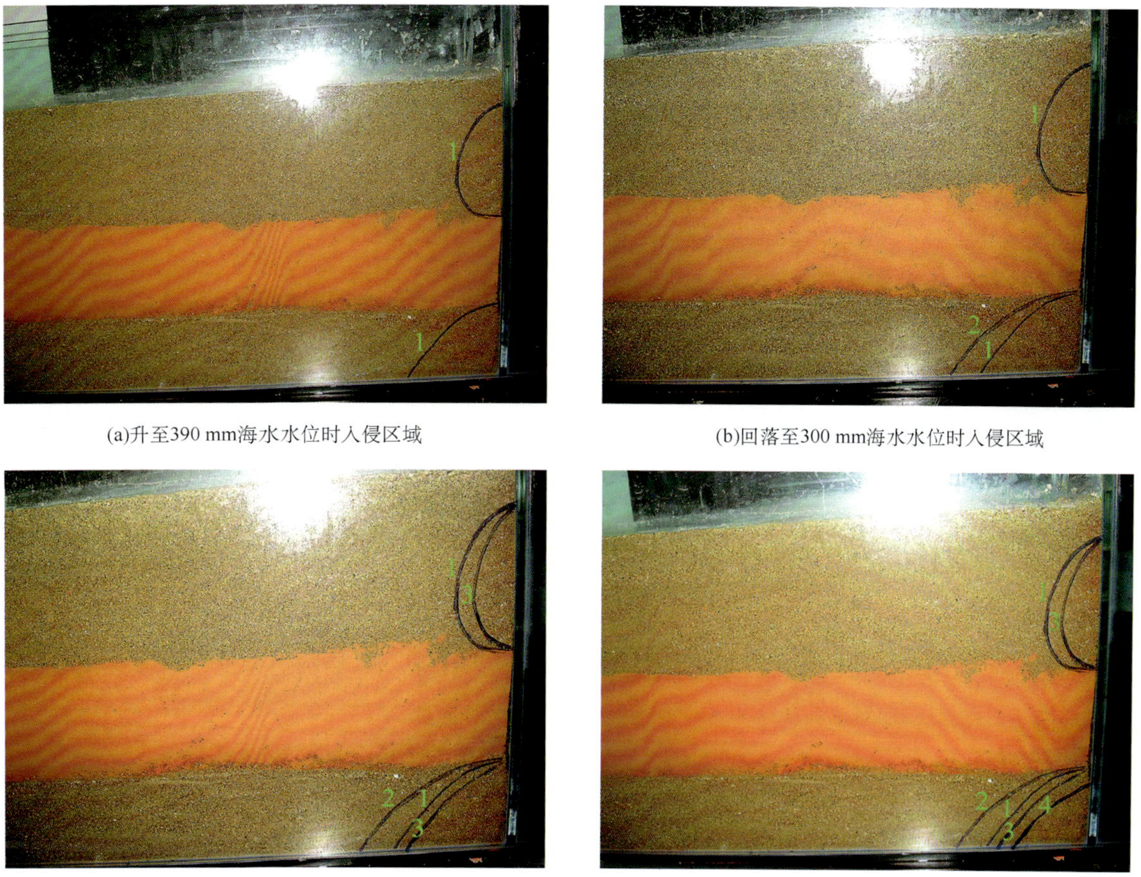

(a)升至390 mm海水水位时入侵区域

(b)回落至300 mm海水水位时入侵区域

(c)回落至210 mm海水水位时入侵区域

(d)升至300 mm海水水位时入侵区域

图 4-17　试验结果典型图像

(2)海水入侵程度随着时间的持续而逐渐加剧，扩散初期，扩散速度较快，随着时间的持续扩散速度逐渐减慢，最终趋于稳定；

(3)海水入侵范围随海水水位的变化而变化，海水水位增大时，海水逐渐向陆地方向扩散，而当海水水位降低时，扩散曲线向海洋方向移动，表明入侵区域逐渐减小；

(4)淡水水位逐渐提高时，发现海水入侵区域逐渐较小，扩散曲线向海水方向移动；

(5)淡水水位下降时，海水入侵程度加剧；

(6)成层土体，海水入侵均发生在砂土层里，黏性土层里的入侵量几乎可以忽略，表层砂土的扩散曲线与底层砂土的不同，表层曲线呈半圆形，而底部曲线呈 1/4 个圆，并且与均质砂土的扩散曲线不同。

4.7 基于电法砂-黏土-砂互层介质海水入侵规律试验研究

4.7.1 试验目的、仪器装置及原理

(1)试验目的：利用电法定量检测完整潮汐作用下海水入侵的规律。

(2)试验仪器及装置：本试验使用 DUK-2A 高密度电法测量系统进行数据采集，测量方式

为温纳装置，使用30道电极。如图4-18、图4-19所示。

图4-18　试验装置图

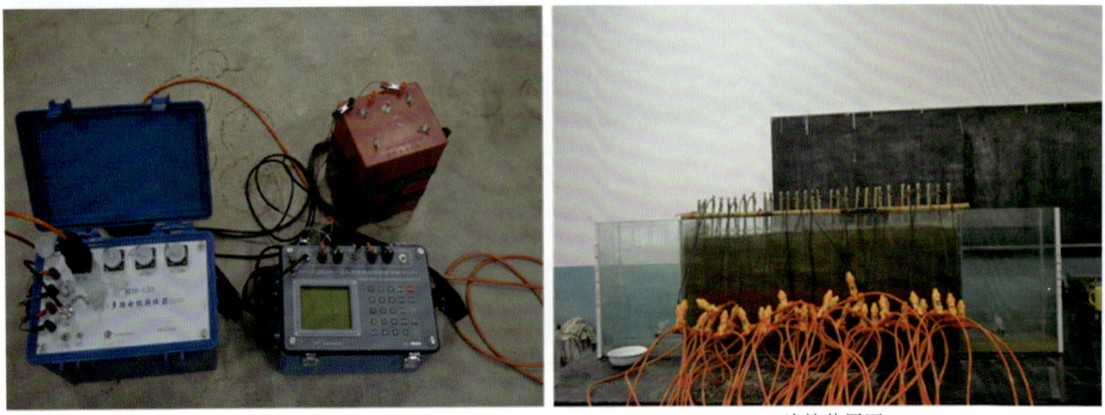

试验仪器图　　　　连接装置图

图4-19　电法仪器及连接图

(3)DUK-2A高密度电法测量系统工作原理，如图4-20、图4-21所示。

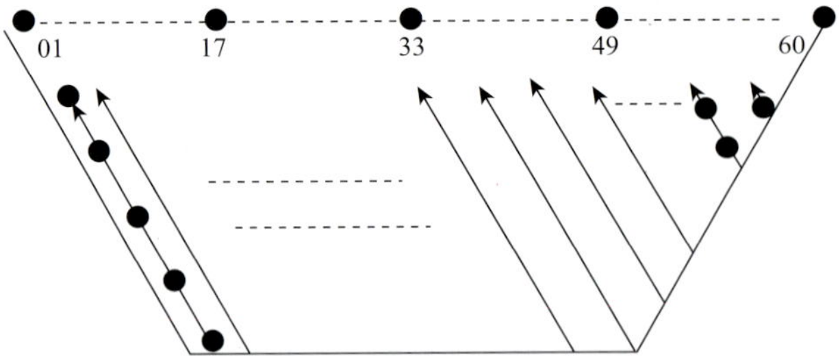

图4-20　温纳装置跑极方式

8 16 24 32 40 48 55 62 69 75 81 87 92 97 102 106 110 114 117 120 123 125 127 129 130 131 132
7 15 23 31 39 47 54 61 68 74 80 86 91 96 101 105 109 113 116 119 122 124 126 128
6 14 22 30 38 46 53 60 67 73 79 85 90 95 100 104 108 112 115 118 121
5 13 21 29 37 45 52 59 66 72 78 84 89 94 99 103 107 111
4 12 20 28 36 44 51 58 65 71 77 83 88 93 98
3 11 19 27 35 43 50 57 64 70 76 82
2 10 18 26 34 42 49 56 63
1 9 17 25 33 41

图4-21　数据点编号

（4）试验原理：土的电阻率与其孔隙比、颗粒大小、含水率等因素有关。在保持土的各项物理性质不变的情况下，土的视电阻率随着孔隙中水的含盐量改变而改变。可以利用电阻率来反映海水入侵的程度。

4.7.2　试验步骤

（1）将介质装进试验槽内，从上到下依次为砂土—黏土—砂土。

（2）同时向海水和淡水池内加入海水和淡水至 300 mm 处。

（3）每隔一小时改变海水水位，并监测其电阻率。海水水位随时间变化如表 4-9 所示。

表 4-9　海水水位随时间变化表

时间(h)	0	1	2	3	4	5	6	7	8	9	10	11	12
海水水位(mm)	300	330	360	390	360	330	300	270	240	210	240	270	300
时间(h)	13	14	15	16	17	18	19	20	21	22	23	24	
海水水位(mm)	330	360	390	360	330	300	270	240	210	240	270	300	

试验全过程如图 4-22 所示。

图 4-22　试验过程全图

4.7.3　海水入侵过程图像分析

各时间节点试验结果典型图像如图 4-23 所示。

分析图 4-23 可得：

（1）海水入侵程度随着时间的持续而逐渐加剧，扩散初期，扩散速度较快，随着时间扩散速度逐渐减慢，最终趋于稳定。

（2）海水入侵范围随海水的水位变化而变化，海水水位增大时，海水逐渐向陆地方向扩散，而当海水水位降低时，扩散曲线向海洋方向移动，表明入侵区域逐渐减小；说明发生了回退现象。

（3）海水入侵主要发生在砂土层里，黏性土层里的入侵量无法直接观察出来，需要进一步分析其视电阻率的变化情况。

（4）表层砂土的扩散曲线与底层砂土的不同，表层曲线呈半圆形，而底部曲线呈 1/4 个圆，并且与均质砂土的扩散曲线不同。

(a)3 h后海水入侵曲线

(b)6 h后海水入侵曲线

(c)12 h后海水入侵曲线

(d)15 h后海水入侵曲线

(e)18 h后海水入侵曲线

(f)24 h后海水入侵曲线

图 4-23　试验结果典型图像(a～f,每隔 3 h)

4.7.4　海水入侵过程试验云图分析

图 4-24 为电法监测的海水入侵试验的云图。

从图 4-24 可得出：

(1)随着时间的增加,云图的颜色依次按浅—深—浅—深—浅变化。说明视电阻率先减小再增大再减小再增大。

(2)不同时刻同一位置的云图颜色也不同,说明其视电阻率也不相同。

(3)中间段颜色变化趋势较慢,说明黏土视电阻率的改变量小于砂土的改变量。

(4)同一时间段的两次潮汐试验视电阻率相比可得第二次潮汐试验视电阻率小于第一次

潮汐试验，说明海水入侵具有叠加效应。

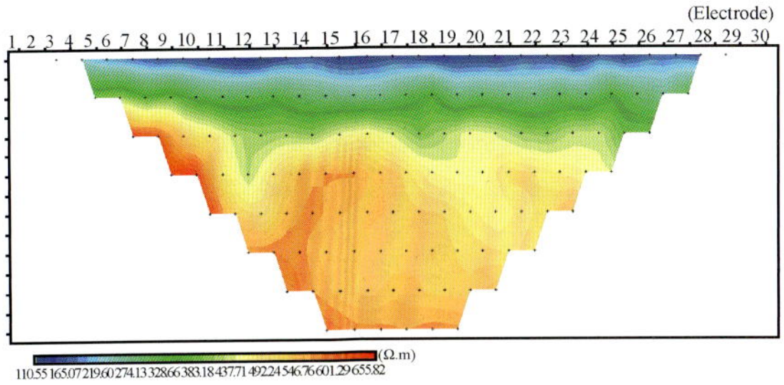

初始位置时视电阻率云图

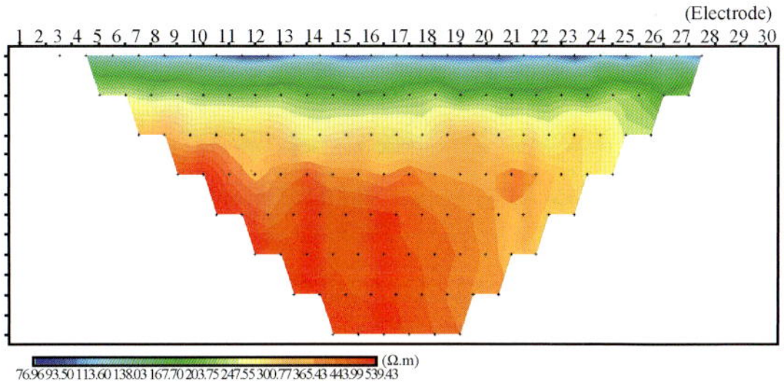

1 h后视电阻率云图

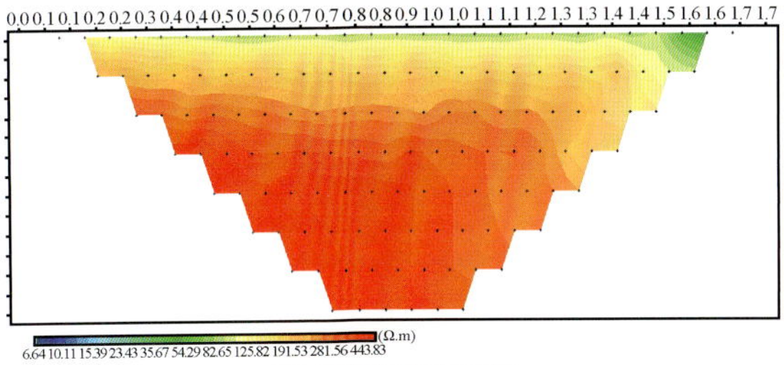

2 h后视电阻率云图

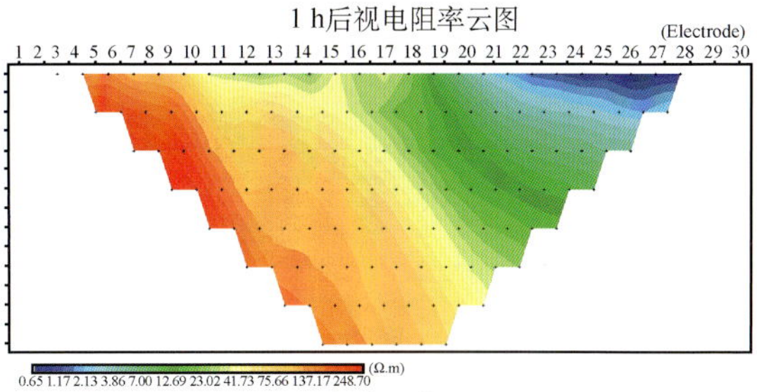

3 h后视电阻率云图

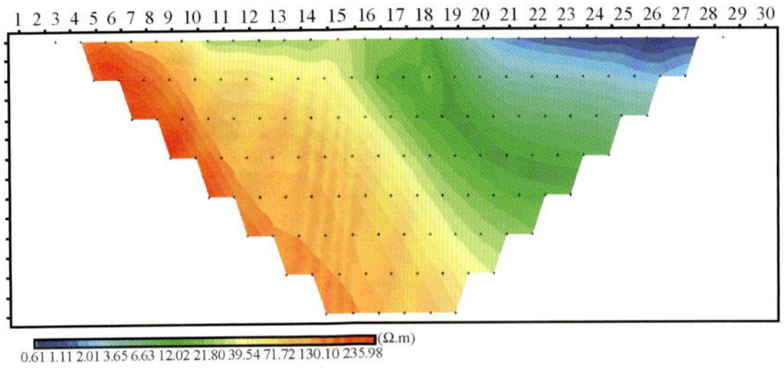

4 h后视电阻率云图

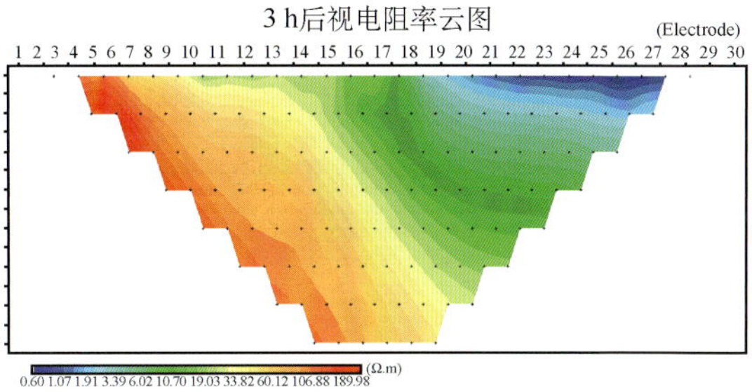

5 h后视电阻率云图

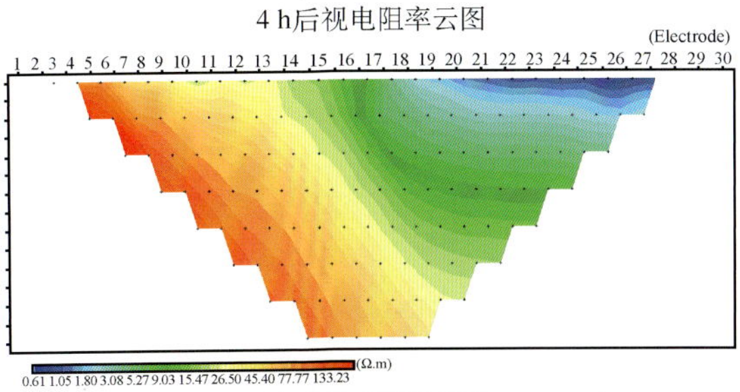

6 h后视电阻率云图

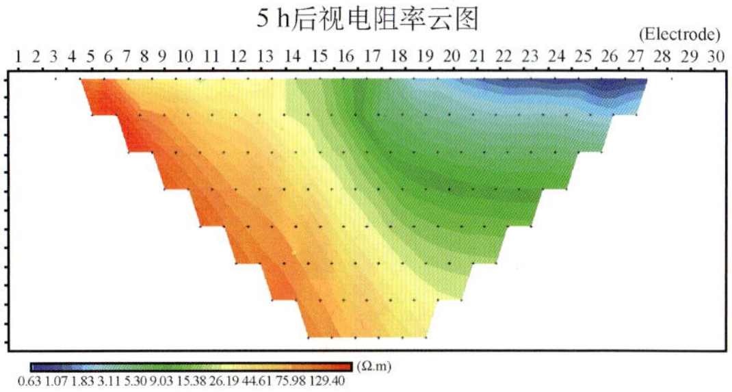

7 h后视电阻率云图

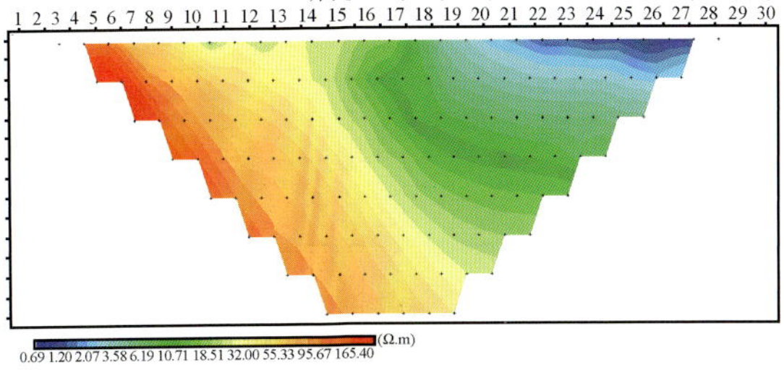

8 h后视电阻率云图

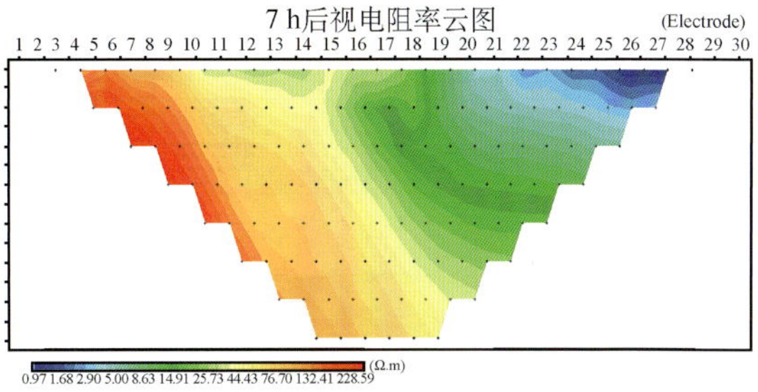

9 h后视电阻率云图

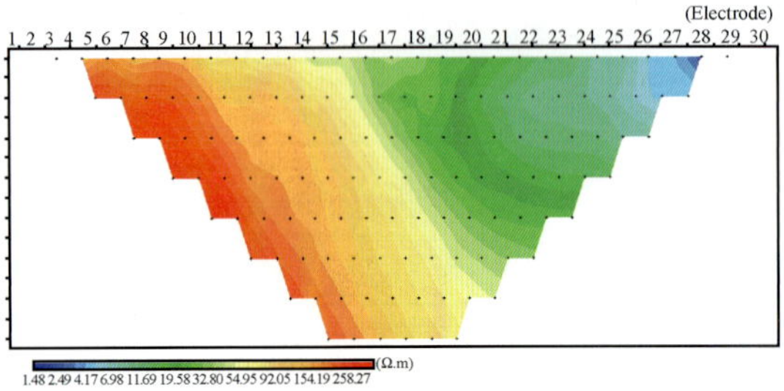

10 h后视电阻率云图

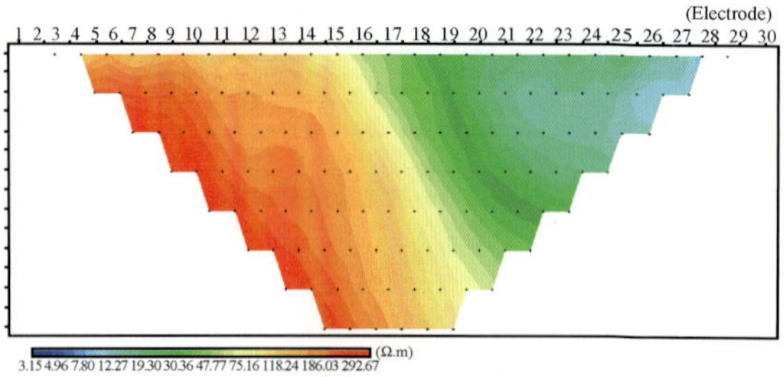

11 h后视电阻率云图

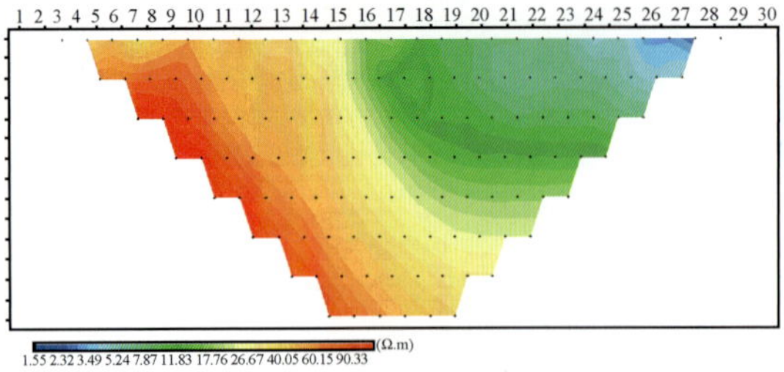

12 h后视电阻率云图

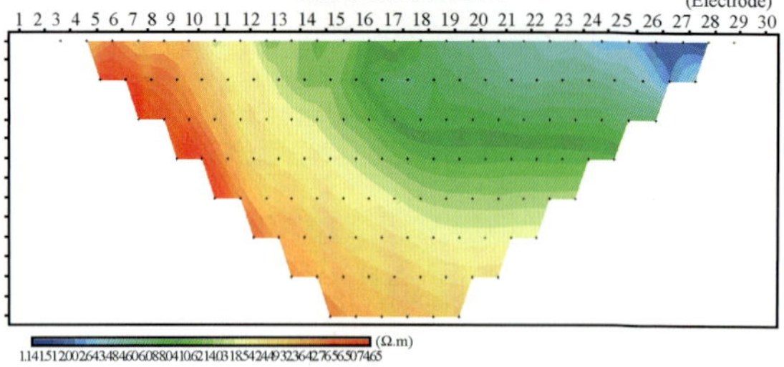

13 h后视电阻率云图

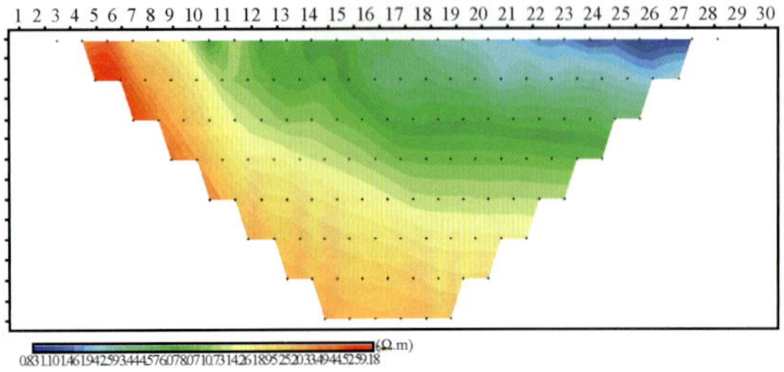

14 h后视电阻率云图

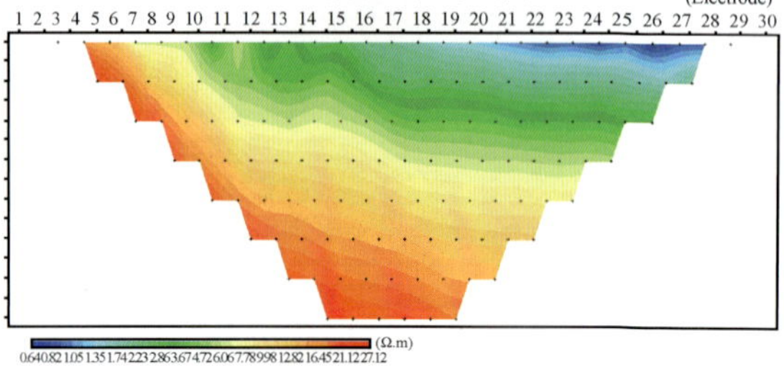

15 h后视电阻率云图

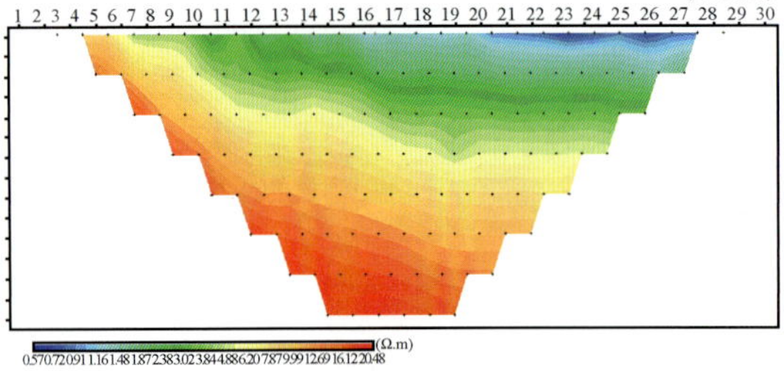

16 h后视电阻率云图

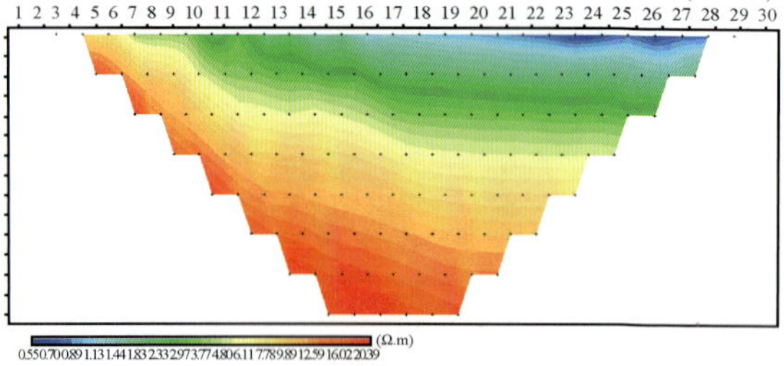

17 h后视电阻率云图

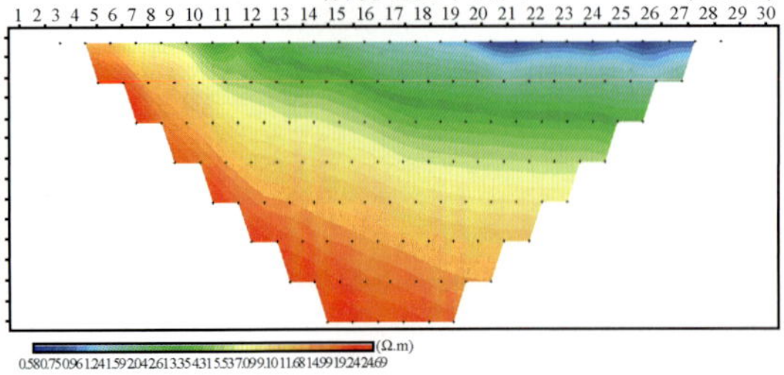

18 h后视电阻率云图

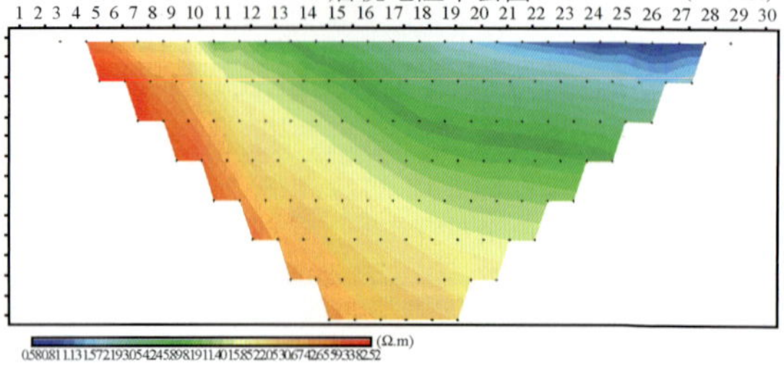

19 h后视电阻率云图

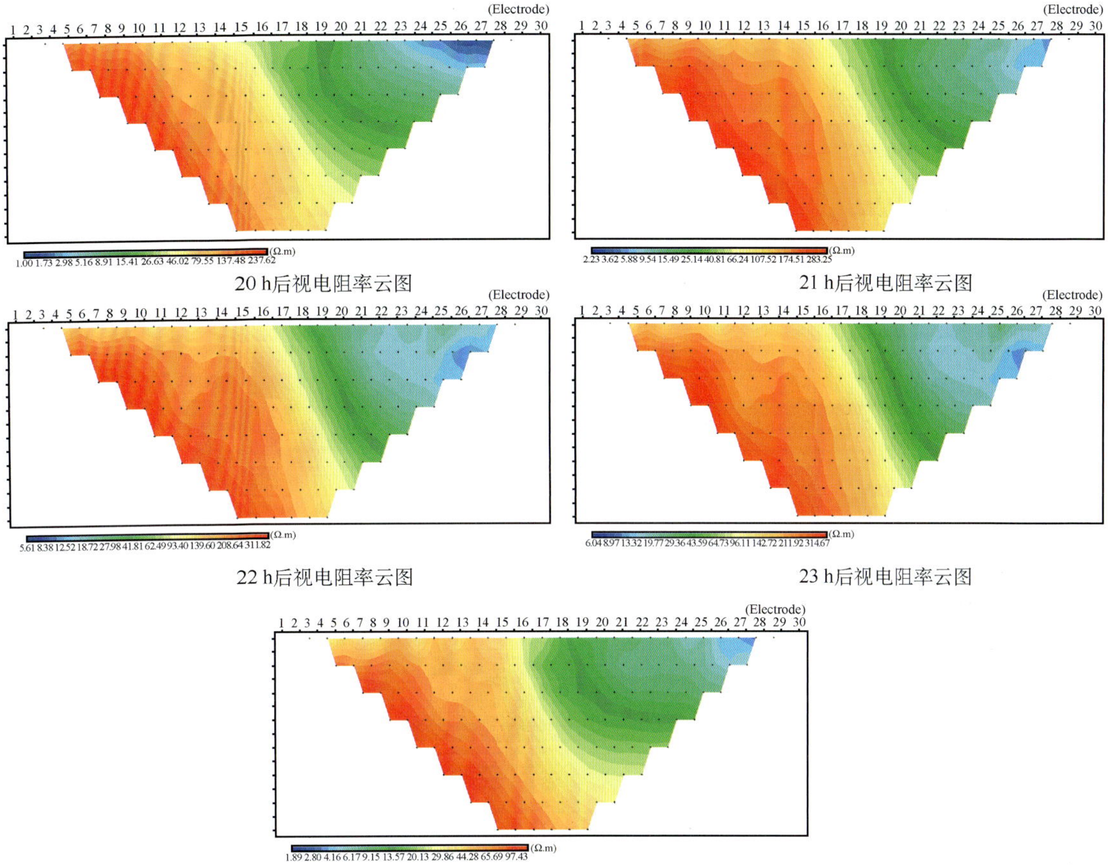

20 h后视电阻率云图　21 h后视电阻率云图

22 h后视电阻率云图　23 h后视电阻率云图

24 h后视电阻率云图

图 4-24　视电阻率云图(每隔 1 h)

4.7.5　海水入侵过程视电阻率结果分析

(1)同一断面各点视电阻率随时间变化规律

图 4-25 为选取的某一剖面各点视电阻率随时间变化规律，所选剖面离海水池距离为 480 mm；84 号点位于黏土层中，距池底距离为 200 mm，101 号点为上层砂土的点，距池底距离为 300 mm，41、64 号点处于下层砂土，距池底距离分别为 100 mm 和 50 mm。

图中 0 时刻为各点视电阻率的初始值，由图可知，四点视电阻率大小关系为 $\rho_{101}>\rho_{41}>\rho_{64}>\rho_{84}$，由于土体视电阻率受土层性质的影响，不同土层的视电阻率值并不相同，砂土层的视电阻率大于黏土层的视电阻率；同一土层的视电阻率值受测点深度的影响，底层土体视电阻率小于上层土体的视电阻率，但差别不大。由图 4-25 可看出，各个监测点视电阻率均随时间变化而变化，受潮汐作用的影响，一个周期内变化规律为先减小再增大，0～6 h 是涨潮时间，所以海水开始入侵，土体 Cl^- 含量增大，各监测点视电阻率减小，6 h 时刻各点视电阻率变为最小值，此时海水入侵达到最大；6～12 h 为退潮时间，受退潮的影响，淡水水位高于海水水位，土体中 Cl^- 开始回退，含量减小，各监测点的视电阻率也随之增大，12 h 时刻各点视电阻率升到峰值，此时海水回退结束；由于海水入侵有一定的累积作用，所以图中任一点各时刻的视电阻率均为 $\rho_0>\rho_{12}>\rho_{24}$；伴着落潮的结束，海水回退也同时结束，但土体中仍然含有部分 Cl^-，导致第二次潮汐各监测点同一时刻的视电阻率均小于第一次潮汐。

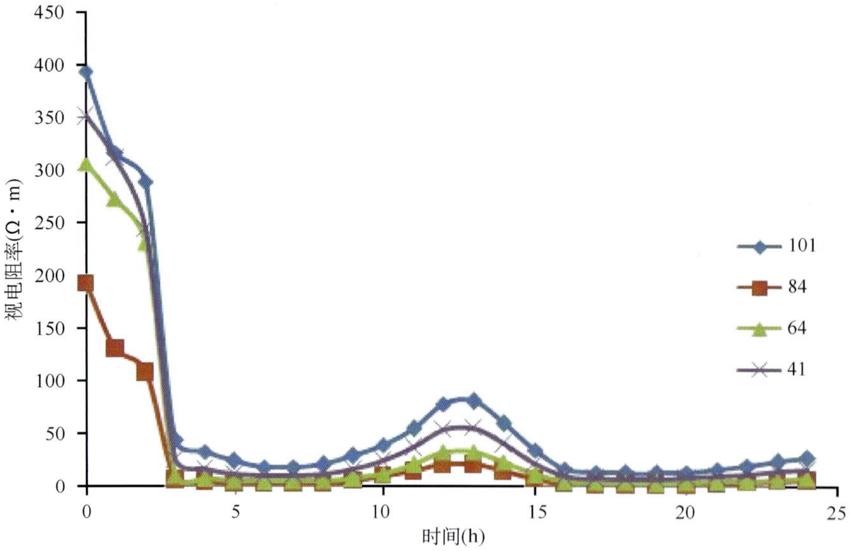

图 4-25 某一剖面各点视电阻率随时间变化规律

由各曲线的变化率可以看出：

①0～3 h 内海水视电阻率变化迅速，且变化率逐步加大。

②在 0～2 h 内曲线变化率较大，是由于海水入侵的初期，Cl^- 进入土体，成为影响视电阻率的主要因素，所以导致土体的视电阻率迅速减小。

③2～3 h 之间曲线变化率变大，是由于此时海水水位为 360 mm，水位差大，海水入侵加剧，土体视电阻率开始迅速减小。

④3～4 h 之间虽然海水水位升到最大，但由于土层中的 Cl^- 含量已经很大，其改变量对土层视电阻率的变化影响已经不大，所以导致最高水位时的曲线变化率小于 360 mm 时的变化率。3 h 之后虽然海水入侵仍在发生，Cl^- 的改变对视电阻率的影响已经不太明显。

⑤6～10 h 之间曲线呈缓慢上升趋势，由于海水水位逐渐下降，海水入侵发生回退，其曲线变化率较慢是由于此时水位差较小且 Cl^- 仍不是影响土体视电阻率变化的主要因素。

⑥10～12 h 内曲线变化率开始变大，是由于水位差的变大导致海水回退速度明显，且 Cl^- 重新成为影响土体视电阻率变化的主要因素。

对比点 41 与 101 两点的视电阻率变化曲线可知，各个时刻均为 $\rho_{101} > \rho_{41}$，由于受水位差的影响，同种土体深度越深海水入侵的速度越大，导致其 Cl^- 的含量高，视电阻率小。由 41 与 84 两点的视电阻率对比可知，虽然 $h_{84} > h_{41}$，但 $\rho_{41} > \rho_{84}$，说明海水入侵同时受距池底的高度、水位差和土体性质的影响，虽然点 84 处于位置较深，其入侵速度快，Cl^- 含量高，但由于受土体性质的影响，所以其视电阻率仍大于处于黏土层中的 41 号点。

(2)各个土层不同点视电阻率随时间变化规律

图 4-26 为选取的某一测线各监测点视电阻率随时间变化规律，其距底部距离分别为0.35 m。

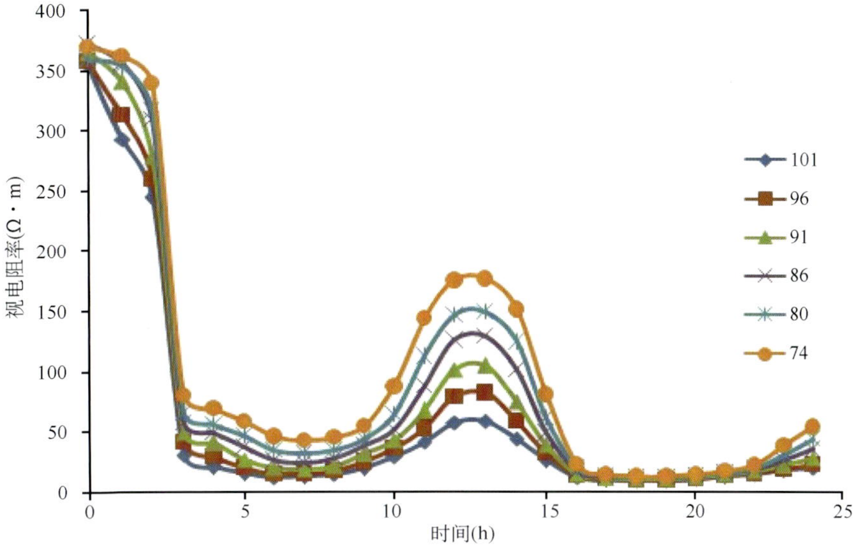

图 4-26　某一测线各点视电阻率随时间变化规律

由图 4-26 可知，同一层土体的视电阻率变化规律基本相同，即海水入侵的规律相同。对比各点的视电阻率可知，距离海水池越近，其视电阻率越小，说明海水入侵受距离的影响，距离海水越近的土体越容易发生海水入侵。由前 3 h 各点曲线变化率可得，距海水池较近的 101 号点的视电阻率变化迅速，而 74 号点视电阻率变化较为缓慢，由于受距离的影响，101 号点在试验开始时即发生海水入侵，而 74 号点在开始的 3 h 之内视电阻率没有较大的变化。

3～4 h 之间，101 号点和 74 号点的视电阻率都同时迅速下降，由于海水水位升至 360 mm 之后，海水加快入侵速度，两点同时发生大规模的海水入侵现象，土体中 Cl^- 含量升高，成为影响视电阻率的主要因素，之后，同样受到 Cl^- 浓度的影响，各点视电阻率开始缓慢变化。16～22 h 之内，同层土体各点视电阻率基本相同，且都小于 20 Ω·m，由于此时土体中 Cl^- 含量已经基本饱和，其改变对视电阻率已无影响，但伴随着潮汐作用，海水仍存在入侵和回退现象。22 h 之后，各曲线开始分离，说明各点的视电阻率值开始发生变化，由于海水回退量达到一定的程度，土中的 Cl^- 含量减少，重新成为影响视电阻率的因素。

(3)各个时刻海水入侵界面

由上面分析可知，海水入侵在试验开始阶段便缓慢发生，在潮汐刚开始阶段，海水入侵缓慢发生，在海水水位达到一定高度时，入侵速度加剧，土层 Cl^- 含量增加，成为影响土体视电阻率的主要因素。0～2 h 内虽然有发生入侵现象，但各监测点的视电阻率仍大于 50 Ω·m，所以并未达到入侵的标准，由于此时水位差较小，海水入侵速度缓慢。在 2～3 h 之后各点视电阻率发生突变，说明海水入侵现象加剧，由于海水水位上升，6 h 视电阻率达到最小值，为入侵严重时刻，12、24 h 为一次潮汐结束之后最终视电阻率的稳定时刻，即海水入侵的最终时刻，所以绘制 3、6、12、24 h 四个典型时刻海水入侵的界面。根据之前所述，本次室内试验，砂土层视电阻率以 50 Ω·m，黏土层以 30 Ω·m 作为海水入侵的界限值，由各监测点试验数据绘制出各个时刻海水入侵的界面如图 4-27～图 4-30 所示，分别为 3、6、12、24 h 时刻海水入侵界面。

由图 4-27 可知，在 3 h 之后距离底部 400 mm 上层砂土入侵达到 495 mm 处，距底部

250 mm 的上层砂土入侵界面为 500 mm；中部黏土层的入侵主要是由分子弥散作用造成的，砂土中的 Cl^- 通过接触面进入黏土层中，其入侵面积为 17342 mm^2；下部砂土层上下表面的入侵距离分别为 584 mm 和 658 mm，入侵界面的不同说明海水入侵与土层和深度有关，深度越深，则水压力越大，入侵速度越快；黏土的渗透系数小于砂土，所以其入侵速度也小于砂土。

图 4-28 为 6 h 后各土层海水入侵区域，各土层的入侵距离随时间向前推移，入侵面积增大；上层黏土的上下两个界面分别向前移动了 425 mm 和 362 mm，入侵面积增加至 162367 mm^2。中层黏土的入侵距离随着上下层砂土的入侵距离变化而变化，其入侵面积变为 43286 mm^2。下层砂土上下边界入侵距离分别达到了 1130 mm 和 1150 mm，入侵面积为 137009 mm^2。与 3 h 时入侵界面相比，各个土层的入侵距离都有明显的变化，由于此时间段内海水和淡水的水位差仍然存在，所以导致海水一直向淡水池方向入侵。

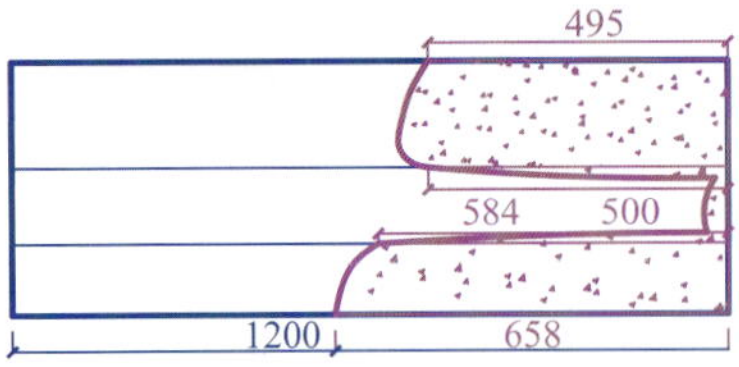

图 4-27　3 h 后海水入侵区域

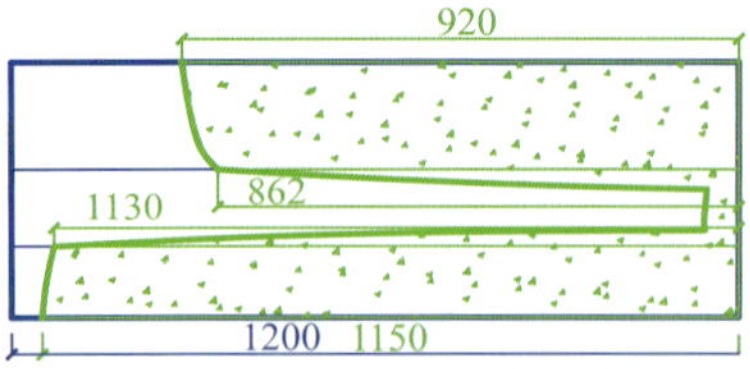

图 4-28　6 h 后海水入侵区域

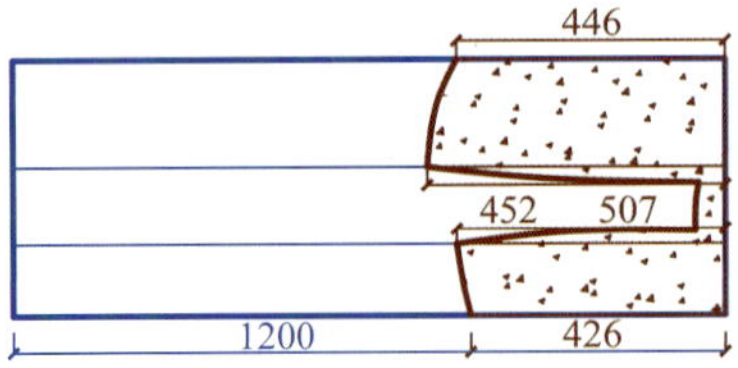

图 4-29　12 h 后海水入侵区域

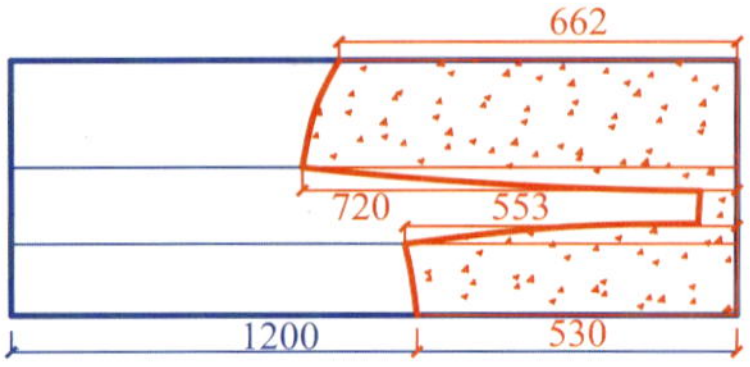

图 4-30　24 h 后海水入侵区域

图 4-29 为 12 h 后海水入侵的界面，与图 4-28 相比可得，上层砂土顶部与底部入侵距离分别回退了 474 mm 和 355 mm，此时入侵面积为 162368 mm^2。中层黏土的入侵面积回退至 21479 mm^2。下层砂土底部入侵距离则回退了 724 mm，入侵面积为 52722 mm^2。因为 6 h 之后海水水位开始下降，淡水水位高于海水水位，淡水开始流向海水方向，出现了海水回退现象。由上下部砂层相比可知，下部砂层回退速度大于上部砂层，由于下部砂层一直处于水流当中，而当海水落至 300 mm 以下时，上部砂土只有一小部分处于水流之中，所以其回退速度较慢。黏土层虽然没有水流通过，但受上下层砂土回退的影响，其入侵面积也逐渐变小。

图 4-30 为 24 h 之后海水入侵的界面，即第二次潮汐结束之后海水入侵的界面，与图 4-29 相比可以看出，上层砂土上下边界入侵距离向前推移了 216 mm 和 213 mm，入侵面积增加了 38497 mm^2；中层黏土上下部入侵面积增加了 14733 mm^2。下层砂土底部入侵距离分别达到 553 mm 和 530 mm 处，入侵面积为 64635 mm^2。由于海水入侵具有叠加效应且 Cl^- 进入土层长时间之后会与土中的某些元素发生化学反应，使其不能完全回退，这便导致了两次潮汐入侵界面的差别。

通过计算得出典型时刻各土层的海水入侵面积。如表 4-10 所示。

表 4-10　不同土层各个时刻海水入侵的面积

土层 \ 入侵面积(mm^2) \ 时间(h)	3	6	12	24
上层砂土	96076	162367	86977	125473
中层黏土	17342	43286	21479	36212
下层砂土	76243	137009	52723	64635

由同时刻不同土层的入侵面积可以看出，中层黏土的入侵面积远小于砂土层的入侵面积，由于黏土层的渗透系数远小于砂土，使得水流均从砂土中通过，所以导致黏土层的入侵距离远小于砂土。对比不同时刻下层砂土的入侵面积可得，第一个潮汐 0～3 h 内，海水入侵面积最大为 76243 mm^2，3～6 h 入侵面积为 60766 mm^2，说明在试验开始的 3 h 内，海水迅速入侵，成为影响电阻率的主要因素。3～6 h 内处于相同的水流下的入侵面积小于 0～3 h，由于砂土中的 Cl^- 随时间不断向黏土中扩散。6～12 h 为海水回退时间，回退量达到 84286 mm^2，一个周期之后仍有一部分砂土处于海水入侵状态，因为海水入侵具有累积效应，Cl^- 进入土体后并不能完全回退。12～24 h 内海水入侵的面积为 11912 mm^2，由两次潮汐的入侵面积对比可知，第二次潮汐比第一次潮汐的入侵面积大，经过长时间的扩散作用，Cl^- 逐步向淡水池方向和黏土中移动，导致相同时间内第二次潮汐的入侵面积较大。且第二次潮汐后，土体各部分含有的 Cl^- 浓度均有所增加，靠近海水池方向的土体虽未达到海水入侵的界限，但仍有部分 Cl^- 存在。

4.8　本章小结

(1)总结了各种监测方法的优缺点，依据分析的结果，选择了电法作为本书室外测试的监测方法。

(2)通过标准溶液试验研究了电导率与 NaCl 浓度的关系；天然井水溶液的电导率及 TDS 与 NaCl 的浓度呈极度吻合的线性相关性。选取 Cl^- 浓度 1700 μS 作为判别海水入侵的标准。

(3)泉州湾典型区域海水入侵的现状为：沿江流域均有不同程度的海水入侵灾害发生，其灾害程度呈由北向南逐渐加剧趋势。即洛阳桥附近村落发生海水入侵灾害较轻，其中桥南村落海水入侵较桥北的万安村严重；顺着洛阳江向南，海水入侵现象逐渐加剧，其中，后渚地区海水入侵灾害最为严重，沿海流域一大部分均有海水入侵发生；最南边的金崎村海水入侵灾害有所减轻。

(4)潮汐作用对海水入侵的影响为伴随着涨潮，海水发生入侵，落潮时发生海水回退。经测试，台风对海水入侵的影响较小。

(5)室内试验结果表明：不同的介质中，发生海水入侵的程度不尽相同，并且入侵的规律也有一定的差别。当海水水位高于 300 mm 时，土层会发生海水入侵现象，当低于 300 mm 时，土层将发生回退现象，这是一个动态平衡的过程；砂土层的入侵速度与面积均大于黏土层。相同介质不同深度的海水入侵规律也不相同，随着砂层深度的加深，海水入侵和回退的速度均增大。咸淡水水位差对海水入侵的速度也有一定的影响，咸淡水水位差的绝对值越大，其发生海水入侵或海水回退的速度越大。处于水位线以下的土体发生海水入侵和回退的速度也大于水位线以上的土体。海水入侵具有积累效应，每次潮汐过后，进入土体中的 Cl^- 并不能完全回退，第二次潮汐的入侵距离和入侵面积都大于第一次潮汐。

第5章 泉州湾海水入侵过程数值模拟研究

为了进一步研究海水入侵过程，并与室内试验结果进行验证，采用数值模拟的方法进行研究。同时对泉州湾典型区域内实际地层海水入侵进行了数值模拟，并分析研究不同土体参数对海水入侵距离的影响关系。

5.1 计算原理

由于海水入侵是集渗流、弥散和扩散问题于一体的复杂过程，需要考虑咸淡水密度变化影响的水流方程以及对流-弥散的溶质运移方程，因此，海水入侵的数学模型不同于一般的水流和溶质运移模型。

在一般均质流体运移模型中，流体中溶质的浓度较小，可以忽略浓度变化对水头和流速的影响。但海水入侵过程中，海水与淡水的浓度差别很大；且海水与淡水的密度也存在一定的差异。所以必须考虑浓度和密度对物质运移的影响。其理论基础如下：

(1)Darcy 定律

渗透定律的基础是以通过饱和与非饱和土的 Darcy 定律为主，Darcy 定律的表达式为：

$$q = ki \tag{5-1}$$

式中：q 为流速；k 为渗透系数；i 为渗透坡降。

最初，Darcy 定律是从饱和土中得来的，后来研究证明它也适用于非饱和土中。唯一不同的是非饱和渗流条件下渗透系数不是常量，直接随水的容量而变化，间接随孔隙水压力变化。

(2)渗流基本方程

渗流的计算方程为：

$$\frac{\partial}{\partial x}\left(k_x \frac{\partial H}{\partial x}\right)+\frac{\partial}{\partial y}\left(k_y \frac{\partial H}{\partial y}\right)+Q=\frac{\partial \theta}{\partial t} \tag{5-2}$$

式中：H 为总水头；k_x 为 x 方向的渗透系数；k_y 为 y 方向的渗透系数；Q 为边界流量；θ 为体积含水量；t 为时间。

在稳定流条件下，任何时刻单元水流入和流出的体积是相等的。因此方程右边等于零，上式变为：

$$\frac{\partial}{\partial x}\left(k_x \frac{\partial H}{\partial x}\right)+\frac{\partial}{\partial y}\left(k_y \frac{\partial H}{\partial y}\right)+Q=0 \tag{5-3}$$

体积含水量与应力的变化和土的性质有关。假设一：总应力为常量，也就是认为土中没有加载也没有卸载过程。假设二：孔隙空气压力在非稳定流中也是常量，所以其对体积含水量变化没有影响。因此体积含水量仅仅是孔隙水压力的函数，表述为：

$$\partial\theta = m\partial\mu_w \tag{5-4}$$

式中：m 为土-水关系函数的斜率；μ_w 为孔隙水压力。

动力总水头为：

$$H = \frac{\mu_w}{\gamma_w} + y \tag{5-5}$$

式中：μ_w 为孔隙水压力；γ_w 为水的容重；y 为高度。

式(5-5)也可以改写为：

$$\mu_w = \gamma_w (H - y) \tag{5-6}$$

把式(5-6)代入式(5-4)可得：

$$\partial\theta = m\gamma_w \partial (H - y) \tag{5-7}$$

将上式代入式(5-2)得：

$$\frac{\partial}{\partial x}\left(k_x \frac{\partial H}{\partial x}\right) + \frac{\partial}{\partial y}\left(k_y \frac{\partial H}{\partial y}\right) + Q = m\gamma_w \partial \frac{(H - y)}{\partial t} \tag{5-8}$$

由于 y 是常量，所以上式可化为：

$$\frac{\partial}{\partial x}\left(k_x \frac{\partial H}{\partial x}\right) + \frac{\partial}{\partial y}\left(k_y \frac{\partial H}{\partial y}\right) + Q = m\gamma_w \partial \frac{H}{\partial t} \tag{5-9}$$

上述方程即渗流基本方程。

(3)溶质运移方程

为描述盐分运移，可以利用一下对流-弥散方程：

$$\frac{\partial}{\partial i}\left(D_{ij} \frac{\partial c}{\partial j}\right) - V_i \frac{\partial c}{\partial x_i} = \Phi \frac{\partial c}{\partial t} + q(c - c^*) \tag{5-10}$$

式中：$D_{ij} = \Phi \overline{D_{ij}}$，$\overline{D_{ij}}$ 为弥散张量；V_i 为 Darcy 流速向量；c 为流体的原始溶质浓度；c^* 为注入或开采流体的溶质浓度。

上式为溶质运移的基本方程。

5.2 数值模型

为了与室内试验结果形成对比研究，按照室内试验的装置建立 1∶1 的数值模型进行数值模拟研究。

5.2.1 模型尺寸及单元划分

由于本次模拟涉及 seep 和 ctran 两个模块，所以需对两个模块分别进行设定。首先利用 seep 模块绘制出 1∶1 的数值模型，并划分好单元格，本次单元模拟是用四边形单元进行划分，共 768 个单元，每个单元边长为 0.0025 m。具体几何模型如图 5-1 所示。

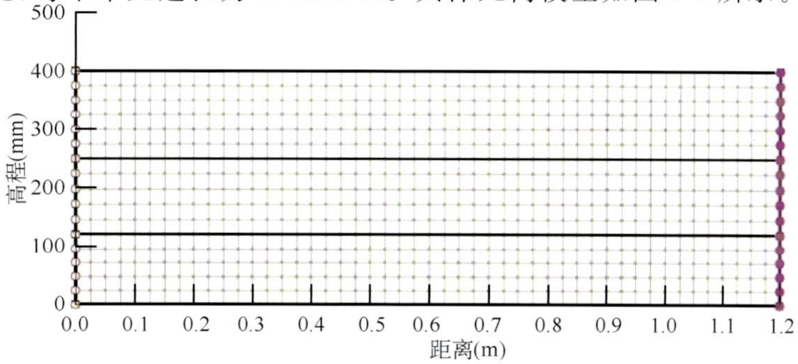

图 5-1　数值模拟几何图形

5.2.2 材料基本属性及边界条件

模拟材料分三层，由上至下分别为砂土、黏土、砂土。先进入 seep 模块定义材料的饱和导水率、饱和体积含水率，定义完成之后，再定义边界条件，其中左边界为淡水水头，保持不变，右边界为海水水头，同室内试验一样随时间变化，此处便不再列出；下边界设为不透水边界，由于土体均饱和，所以水位线设在上边界处。seep 模块完成之后再转化为 ctran 模块进行设定，主要设定土体的扩散函数，横、纵向弥散系数和计算时间表，每 5 min 计算一次，各层材料具体参数如表 5-1 所示，为了计算之后进行定量分析，选取 $A \sim J$ 共 10 个点作为分析点。各点坐标如表 5-2 所列，设定之后模型如图 5-2 所示。

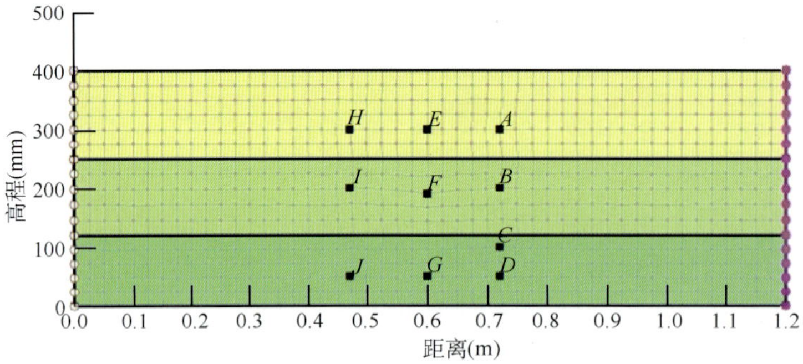

图 5-2 各分析点的位置及编号

表 5-1 各土层材料参数

参数名称 / 材料名称	渗透系数 (m/s)	饱和体积含水率	分子扩散系数 (m^2/s)	纵向扩散度 (m)	横向扩散度 (m)
砂土	3.72×10^{-4}	0.36	2.56×10^{-7}	0.0065	0.0013
黏土	5.73×10^{-8}	0.243	2.16×10^{-9}	2.98×10^{-6}	1.8×10^{-6}

表 5-2 各分析点坐标

	A	*B*	*C*	*D*	*E*	*F*	*G*	*H*	*I*	*J*
x(m)	0.72	0.72	0.72	0.72	0.6	0.6	0.6	0.47	0.47	0.47
y(m)	0.3	0.2	0.1	0.05	0.3	0.2	0.05	0.3	0.2	0.15

5.2.3 模型检查及运算

利用 Tools-Verify 工具分别对两个模块进行检查，检查无误后，开始计算求解，两个模块的求解过程同时进行，ctran 模块的计算要依据 seep 模块计算结果中的流速、流量等结果。

5.3 粗砂介质海水入侵过程数值模拟研究

为了进一步研究室内试验所获得的规律，对室内试验进行数值模拟研究，如图 5-3 所示。

由图 5-4～图 5-6 数值模拟结果图像可知，海水入侵有累积效应，即每次入侵的量并不会在潮落的时候完全回退，有一定的残留量，等下次涨潮时，入侵量将会累加。

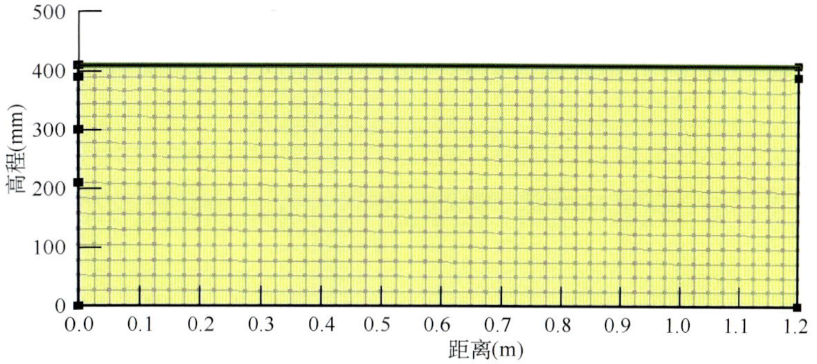

图 5-3　粗砂数值模拟模型图

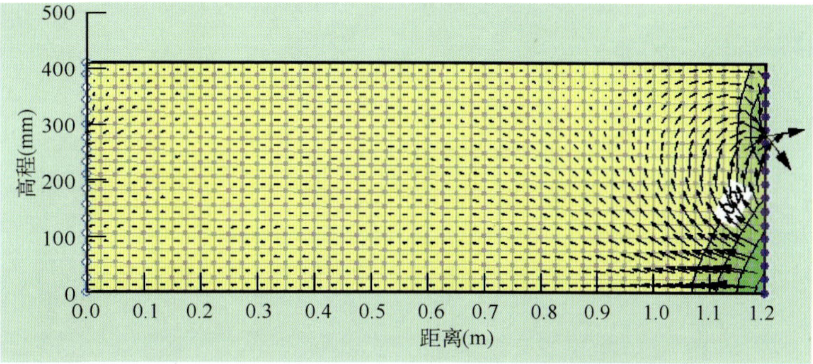

图 5-4　第一次潮汐周期作用后咸淡水入侵界面数值模拟图

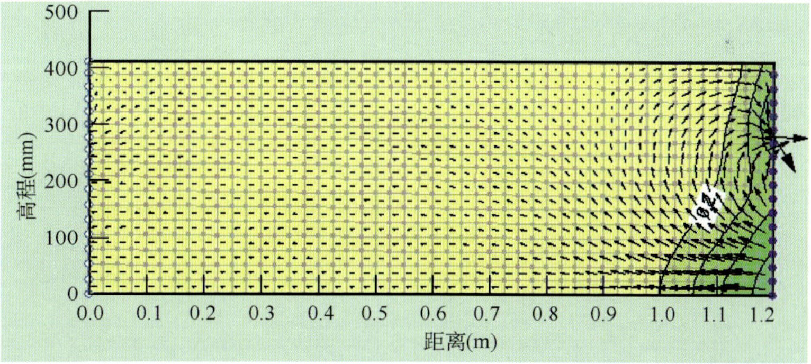

图 5-5　第二次潮汐周期作用后咸淡水入侵界面数值模拟图

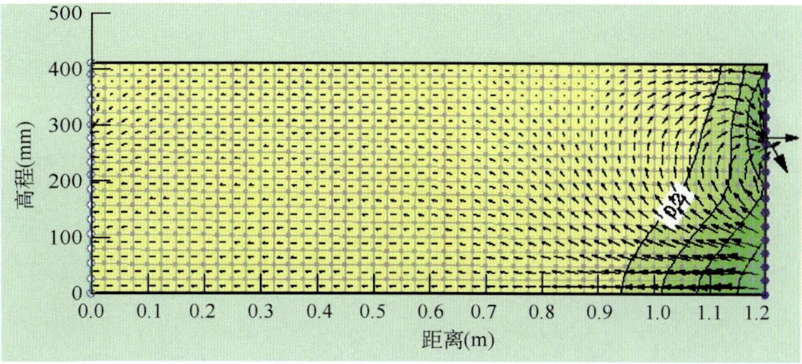

图 5-6　第三次潮汐周期作用后咸淡水入侵界面数值模拟图

注:图中横坐标为距离,纵坐标为粗砂厚度;曲线为浓度轮廓线,轮廓线上的数值表示该曲线的浓度值,黑色带有箭头的图形表示该点的水流速度大小,箭头越大,该点的水流速度亦越大。

5.4 砂-黏土-砂多层介质下海水入侵过程数值模拟研究

5.4.1 典型时刻海水入侵界面

图 5-7～图 5-10 分别为选取的 6 h、12 h、18 h 和 24 h 时刻海水入侵界面图。由图可知,在一个潮汐作用下砂土中海水入侵的距离先增大后减小,黏土层中海水入侵的距离一直在增加,由于黏土中没有水流通过,完全依靠分子弥散作用发生海水入侵。

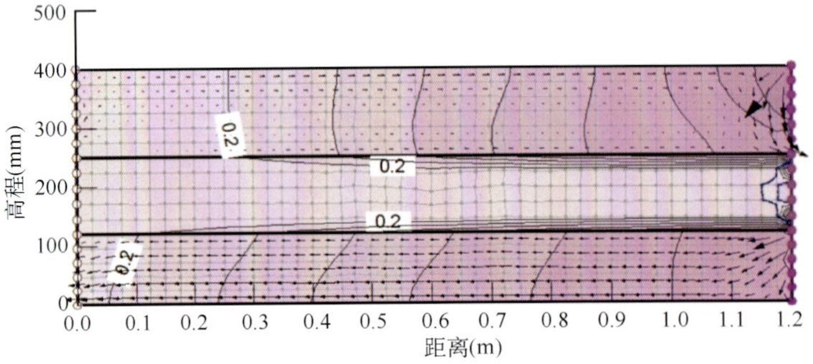

图 5-7　6 h 时刻海水入侵界面

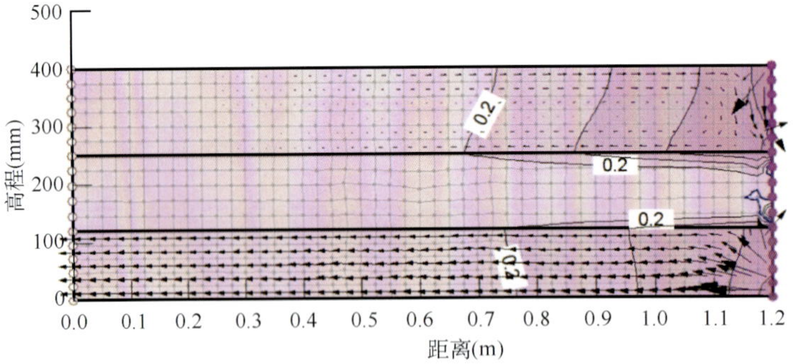

图 5-8　12 h 时刻海水入侵界面

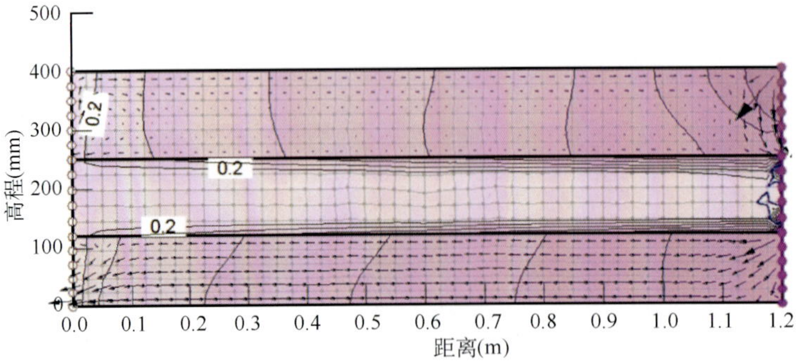

图 5-9　18 h 时刻海水入侵界面

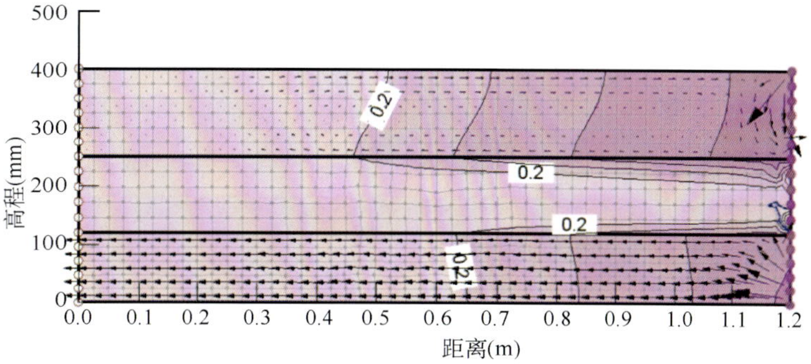

图 5-10　24 h 时刻海水入侵界面

图 5-7 为第一次涨潮结束之后海水入侵的界面，上下边界入侵的距离分别为 0.94 m 和 11.95 m。由图 5-7 可知，下层砂土入侵的距离大于上层砂土入侵的距离，由于下层砂土的水位差大于上层砂土，海水入侵的速度较快。黏土层中入侵区域主要为砂-黏土接触面部分，并没有直接从咸水池方向直接渗流过来，由于黏土的渗透系数远小于砂土，所以水流不从黏土中流过，其入侵区域主要是由于分子弥散横向作用，使得砂土层中的 Cl^- 通过分子弥散进入黏土层中。

图 5-8 为第一次潮汐结束之后海水最终入侵的界面，由图 5-8 可得，潮汐结束之后，土体中的 Cl^- 并没有完全回退，而是残留在土体之中。潮汐结束之后上下界面入侵距离分别为 0.47 m 和 0.42 m，即 $L_{上}>L_{下}$，上下界面入侵距离差值 L_1 差为 0.05 m，由于海水回退之时，下层砂土中水流处于快速流动状态，而上层砂土由于没有受水位差变化影响，所以回退速度相对较慢。

图 5-9 为第二次涨潮结束之后海水入侵的界面，对比图 5-7 和 5-9 可得，同一时长内第二次潮汐入侵的距离大于第一次潮汐，由于海水入侵具有累积作用，每次潮汐结束后，Cl^- 并不能完全回退，如图 5-7 所示。

图 5-10 为第二次潮汐结束之后海水入侵的界面，上下边界入侵距离分别为 0.68 m 和 0.55 m，其差值为 L_2 差为 0.13 m。对比第一次潮汐，两界面入侵距离均有增加，再一次说明海水入侵具有累积作用。

5.4.2　同种土体不同深度各点 Cl^- 浓度随时间变化规律

图 5-11 为不同深度砂土中各点 Cl^- 浓度随时间变化规律。

其中 A 点位于上层砂土，B、C 两点位于下层砂土中。由图可得，三点浓度均随时间变化而变化，在一个潮汐内其变化趋势为先增大后减小。第一个潮汐作用下 A 点浓度在 5 h 时达到最大值，为 0.829 g/m^3，而 C、D 两点浓度达到最大值的时刻为 6 h，分别为 0.904 g/m^3 和 0.943 g/m^3。A 点与 C、D 两点浓度最大值出现时刻不同，由于当咸水水位在 300 mm 时，下部砂层仍以入侵为主，但上部砂层因分子弥散作用水流开始出现旋转扩散，A 点 Cl^- 向各个方向扩散，其浓度开始降低。在 0～6 h 内三点浓度都在增加且 $C_B>C_C>C_A$，由于此时间段内仅发生海水入侵，同种介质，深度越深，其水位差越大，所以入侵量越大。6～12 h 内，各点浓度开始逐渐降低，此时发生海水回退现象，且在 8 h 时刻 B、C 两曲线有交叉，说明此时两点浓度相同，由于 $H_B>H_C$，所以 B 点回退速度大于 C 点回退速度；虽然此时 B、C 两点的回退速度均

大于 A 点，但由于两点入侵量较大，所以导致 B、C 两曲线与 A 曲线的交叉点时刻为 9 h 时刻。9～12 h 内，各点浓度大小为 $C_A>C_C>C_D$。12 h 之后第二次潮汐开始，各点浓度的变化规律与第一次潮汐相同，便不再赘述。图中各曲线均有两个波谷和波峰，其中 A 点四个时刻的浓度分别为 C_{A1} 为 0.829 g/m³，C_{A2} 为 0.220 g/m³，C_{A3} 为 0.897 g/m³，C_{A4} 为 0.476 g/m³，对比两个波峰和波谷值可得 $C_{A1}<C_{A3}$，$C_{A2}<C_{A4}$，由于海水入侵具有积累效应，当海水回退之后，进入土体中的 Cl^- 不能完全随水流回退。

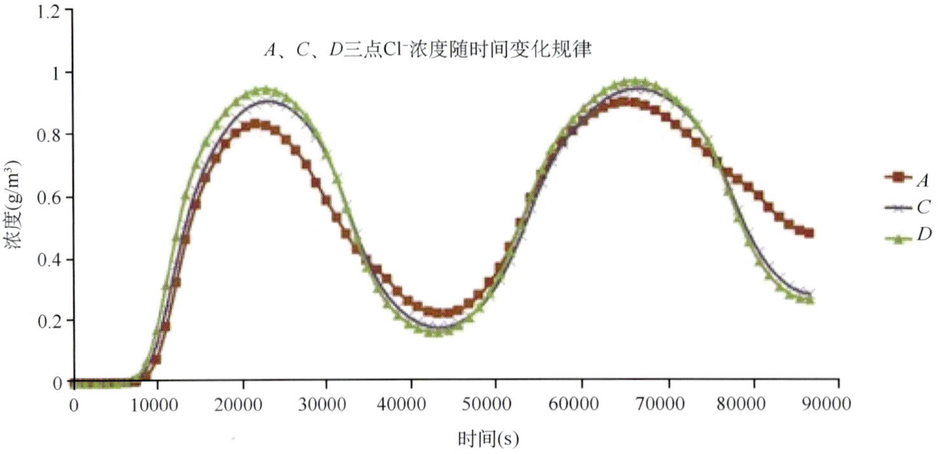

图 5-11 同一土体不同深度各点 Cl^- 浓度随时间变化规律

5.4.3 同一土层各点 Cl^- 浓度随时间变化规律

图 5-12 和图 5-13 分别为上下层砂土中同一高度处各点 Cl^- 浓度随时间变化规律。

由图可得，在 0～5 h 之间，黏土层的 Cl^- 浓度几乎无变化，5 h 之后，其浓度一直升高，24 h 达到最大值，B、F、I 三点浓度分别为 0.033 g/m³、0.015 g/m³、0.016 g/m³，其各点浓度比砂土中各点的浓度小得多，因为黏土层的渗透系数极小，海水入侵以分子弥散作用为主；当海水回退时，淡水进入黏土层的量极少，无法影响到咸水池一边，并且此过程仍有弥散作用，黏土层继续发生入侵。

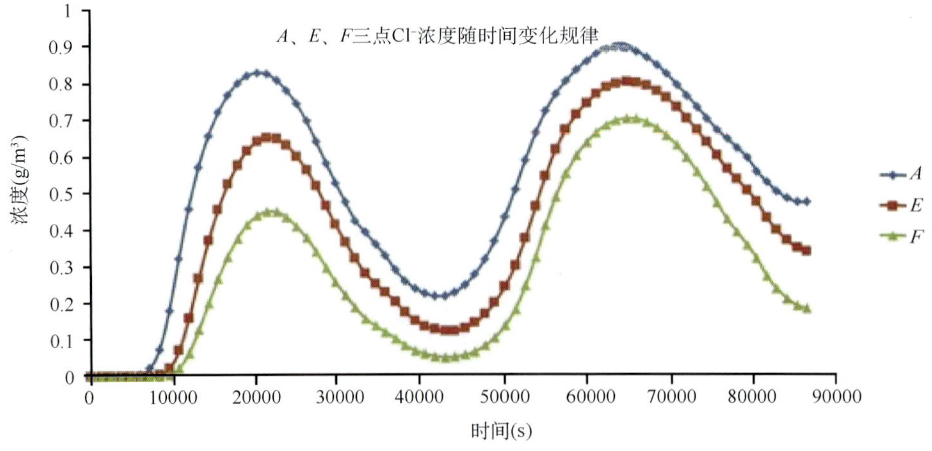

图 5-12 上层砂土各点 Cl^- 浓度随时间变化规律

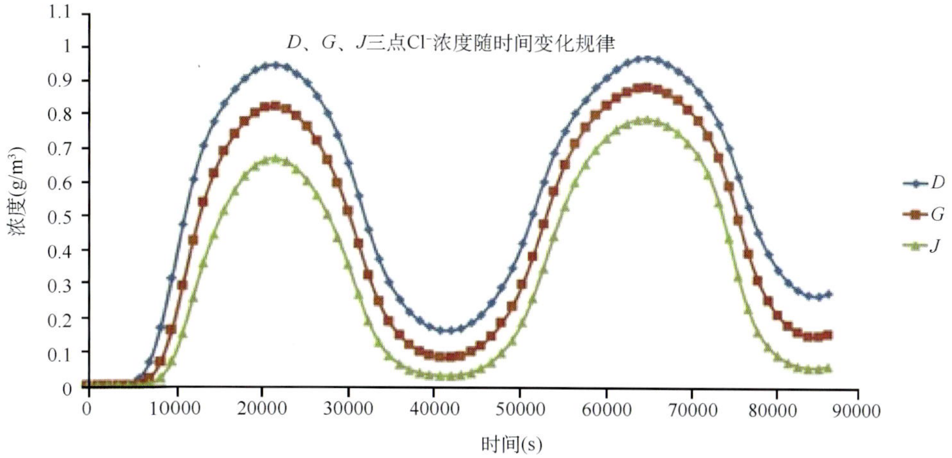

图 5-13　下层砂土各点 Cl^- 浓度随时间变化规律

图 5-14 为黏土中各点 Cl^- 浓度随时间变化规律。

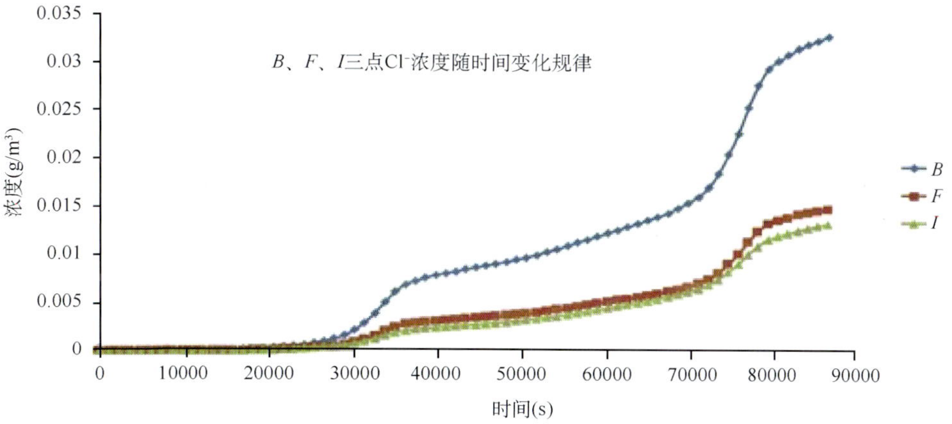

图 5-14　黏土层中各点 Cl^- 浓度随时间变化规律

5.5　土体参数对海水入侵距离(范围)的影响探讨

为了保证模拟的准确性,并充分了解各因素对海水入侵距离的影响。下面使用单一介质对本次模拟需要使用的各个土体参数进行探讨,过程为改变单一因素,其他量不变,逐一探讨各个因素的影响。由于本试验所使用土体均为饱和材料,所以只对饱和材料的各种属性进行探讨,建立同室内试验规格相同的模型,划分为 768 个单元,如图 5-15 所示。

5.5.1　土体饱和导水率

土体初始饱和导水率设为 1.28×10^{-4} m/s,以此为基数,逐步加倍改变土体的饱和导水率,观察土体的入侵界面,模拟结果如图 5-16～图 5-18 所示。

将不同导水率下发生海水入侵的距离列入表 5-3 进行对比分析。

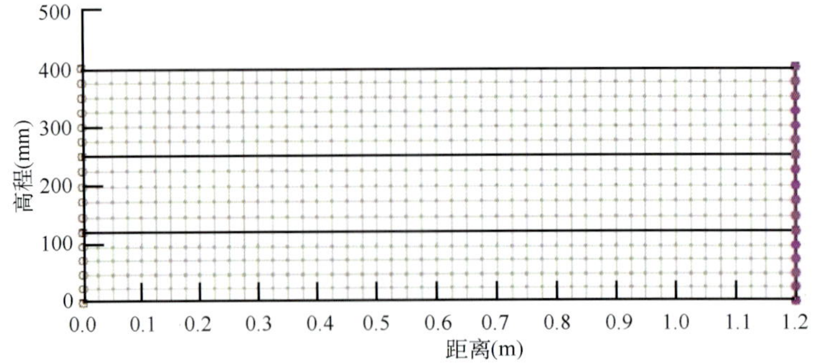

图 5-15　数值模拟几何图形

表 5-3　不同导水率下海水入侵距离

饱和导水率(10^{-4} m/s)	上边界入侵距离(m)	下边界入侵距离(m)
1.28	0.275	0.322
2.56	0.334	0.417
3.84	0.396	0.506

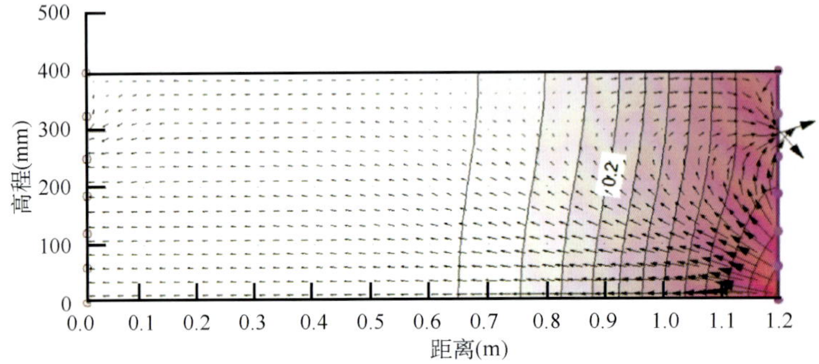

图 5-16　导水率为 1.28×10^{-4} m/s 时海水入侵的界面

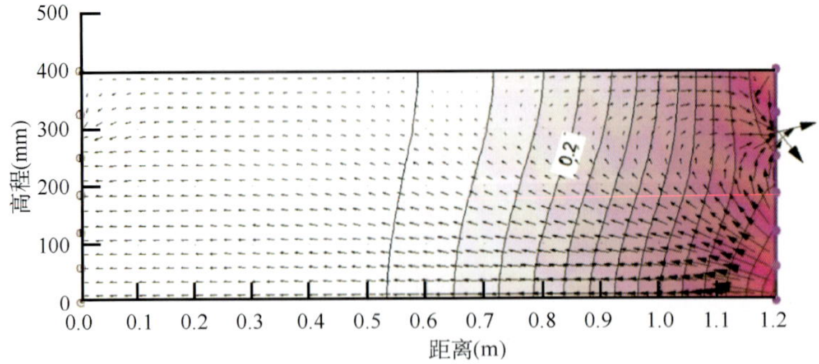

图 5-17　导水率为 2.56×10^{-4} m/s 时海水入侵的界面

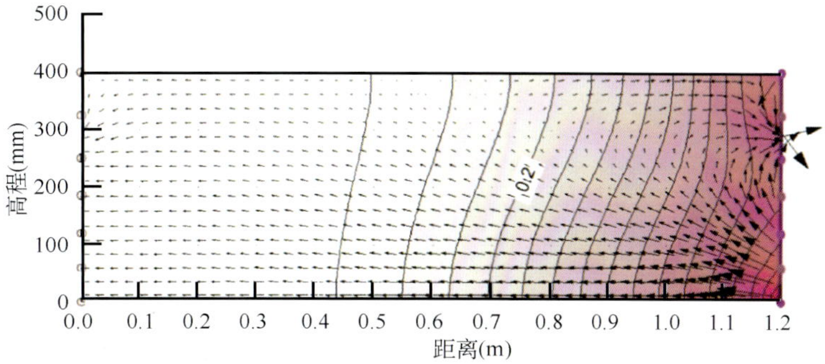

图 5-18　导水率为 3.84×10⁻⁴ m/s 时海水入侵的界面

由表 5-3 和图 5-16～图 5-18 可得：饱和土体导水率对海水入侵界面的影响非常明显，随着土体的饱和导水率增加，其入侵距离随之变大，入侵面积也增加。当饱和导水率为 1.28×10^{-4} m/s 时，上下边界入侵距离分别为 0.275 m 和 0.322 m；增大其导水率至 2.56×10^{-4} m/s，其上下边界入侵距离增大至 0.334 m 和 0.417 m；继续增大导水率为 3.84×10^{-4} m/s，上下边界入侵距离变为 0.396 m 和 0.506 m。由于导水率越大，盐水进入土体内越多，所以导致入侵距离越大。下层边界入侵距离对饱和导水率的敏感性系数 K 为 480%，下边界入侵距离对饱和导水率的敏感性系数为 720%，由此可见，在一定范围内，饱和土体导水率对入侵距离有较大的影响。

5.5.2　土体饱和体积含水率

土体初始饱和体积含水率设为 60%，逐步改变，每次减少 20%进行比较，模拟结果如图 5-19～图 5-21 所示。

同样将不同饱和体积含水率下入侵距离列入表 5-4 进行对比分析。

表 5-4　不同饱和体积含水率下海水入侵距离

饱和体积含水率(%)	上边界入侵距离(m)	下边界入侵距离(m)
70	0.396	0.506
50	0.450	0.575
30	0.366	0.534

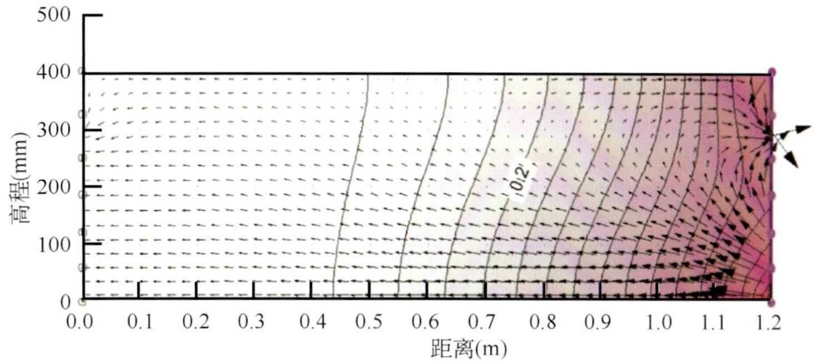

图 5-19　饱和体积含水率为 70%时海水入侵的界面

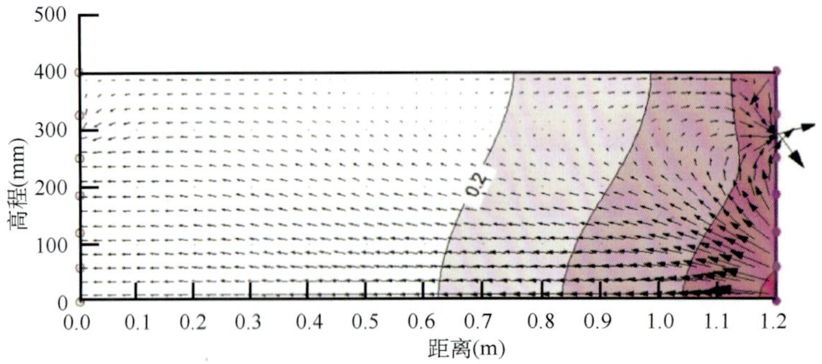

图 5-20 饱和体积含水率为 50%时海水入侵的界面

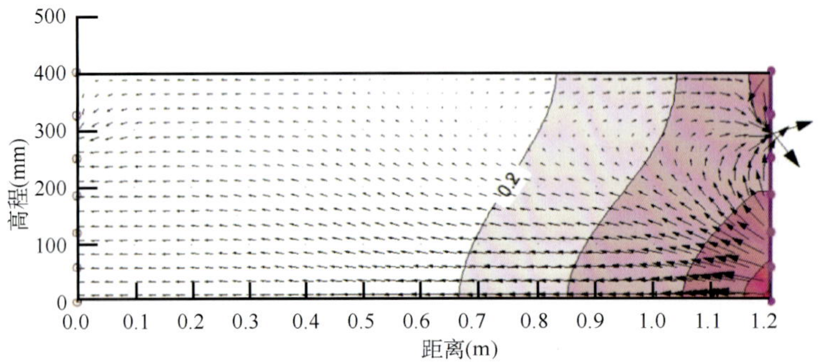

图 5-21 饱和体积含水率为 30%时海水入侵的界面

由上表和图可以看出，土体的饱和体积含水率对入侵距离有明显的影响；在 30%至 70%的范围内，随着含水率的增加，入侵距离先增大后减小。当含水率为 30%时，上下边界入侵距离分别为 0.366 m 和 0.534 m；当含水率增大至 50%时，上下边界入侵距离也增加至 0.45 m 和 0.575 m；之后，继续增加含水率至 70%时，入侵距离开始减小，分别减小为 0.396 m 和 0.506 m。含水率在 30%～50%时，随着含水率的增加，海水入侵更容易发生，入侵距离变大；当含水率在 50%～70%变化时，虽然海水入侵变得容易，但回退同样变得容易，这时土体干密度较小，吸附 Cl^- 的量也较少，所以导致海水入侵距离反而减小。上下边界入侵距离对饱和体积含水率的敏感系数分别为 34.5%和 22.6%，由此可得土体的饱和体积含水率对入侵距离有一定的影响。

5.5.3 土体弥散系数

初始弥散系数设为 6.5×10^{-3}，逐步增加，第二次与第三次模拟分别设为 3.6×10^{-2} 和 6.5×10^{-2}，模拟结果如图 5-22～图 5-24 所示。

将不同弥散系数下海水入侵距离列入表 5-5 进行对比分析。

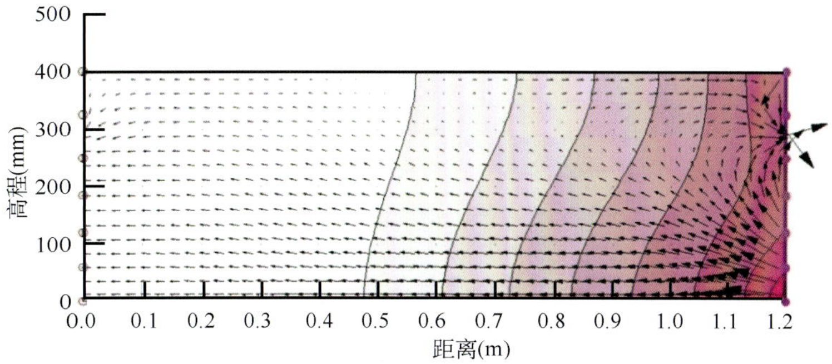

图 5-22　弥散系数为 6.5×10^{-3} 时海水入侵的界面

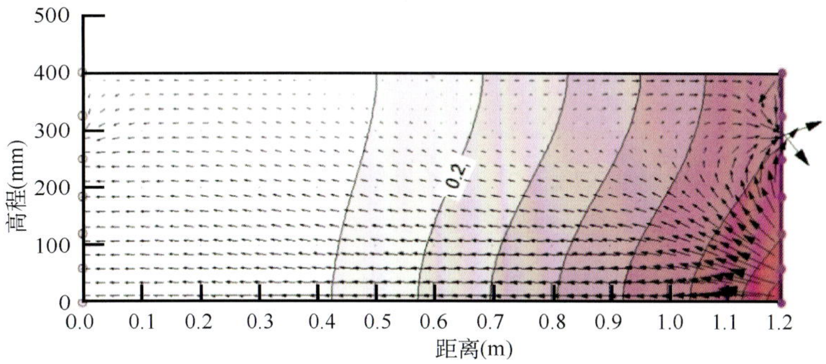

图 5-23　弥散系数为 3.6×10^{-2} 时海水入侵的界面

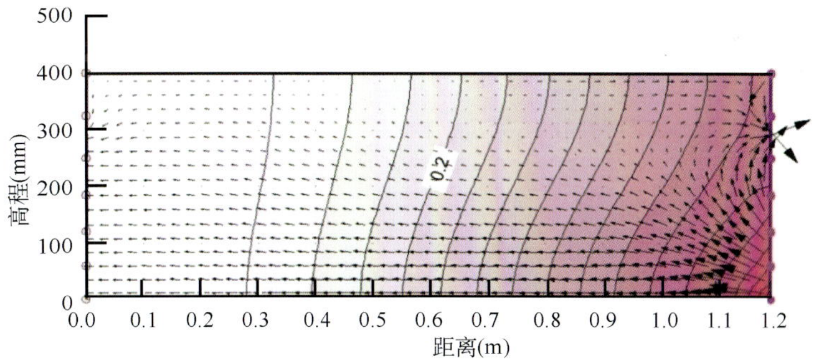

图 5-24　弥散系数为 6.5×10^{-2} 时海水入侵的界面

表 5-5　不同弥散系数下海水入侵距离

弥散系数	上边界入侵距离(m)	下边界入侵距离(m)
0.0065	0.467	0.590
0.036	0.520	0.630
0.065	0.547	0.649

由上表和图可以得知，土体的弥散系数同样对入侵距离有一定影响；在 0.0065 至 0.065 的范围内，随着弥散系数的增加，入侵距离先逐渐增大。当弥散系数为 0.0065 时，上下边界入侵距离分别为 0.467 m 和 0.59 m；当弥散系数增大至 0.036 时，上下边界入侵距离也增加至 0.52 m 和 0.63 m；之后，继续增大弥散系数至 0.065 时，入侵距离分别增大至 0.547 m 和

0.649 m。弥散系数直接影响 Cl^- 在土体中的迁移过程，随着弥散系数的增加，Cl^- 更容易在土体中流动，所以导致入侵距离也变大。上下边界入侵距离对弥散系数的敏感系数分别为 132%和 102%，由此可得土体的弥散系数在一定范围内变化时对入侵距离也有较大的影响。

5.5.4 土体扩散系数

初始扩散系数设为 4.25×10^{-7}，逐步改变，第二次与第三次模拟分别设为 3.25×10^{-7} 和 2.25×10^{-7}，模拟结果如图 5-25～图 5-27 所示。

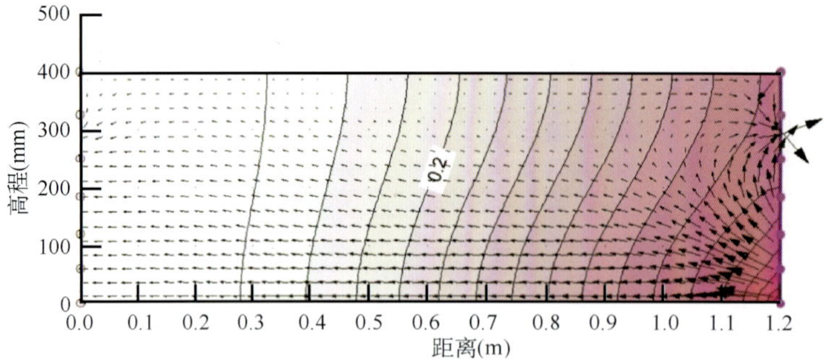

图 5-25 扩散系数为 4.25×10^{-7} 时海水入侵的界面

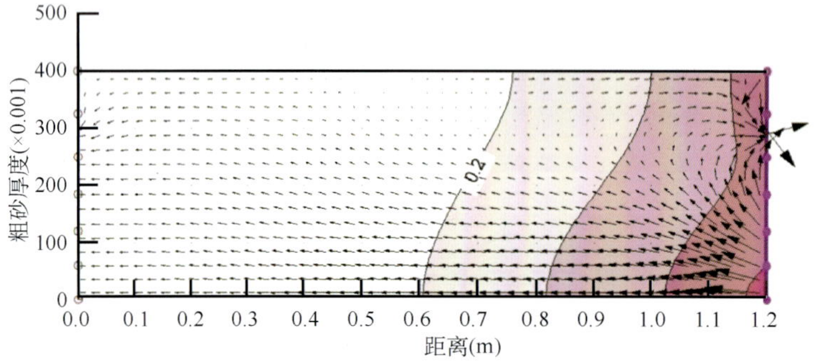

图 5-26 扩散系数为 3.25×10^{-7} 时海水入侵的界面

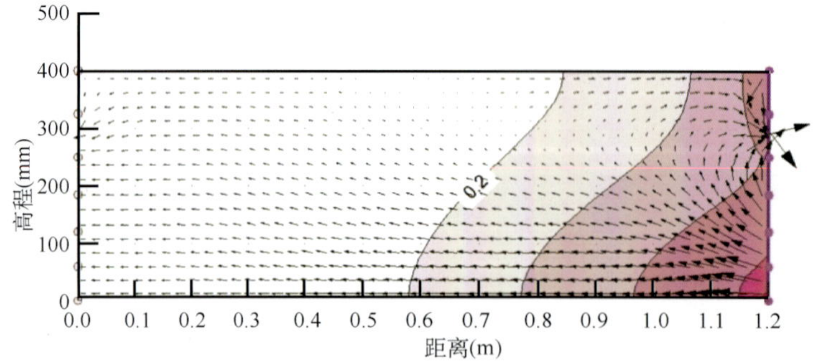

图 5-27 扩散系数为 2.25×10^{-7} 时海水入侵的界面

将不同扩散系数下海水入侵距离列入表 5-6 分析。

表 5-6　不同扩散系数下海水入侵距离

扩散系数	上边界入侵距离(m)	下边界入侵距离(m)
4.25×10^{-7}	0.547	0.649
3.25×10^{-7}	0.440	0.590
2.25×10^{-7}	0.358	0.620

由表 5-6 和图 5-25～图 5-27 可以得出：土体的扩散系数对入侵距离也有明显影响；在 4.25×10^{-7} 至 2.25×10^{-7} 的范围内，随着扩散系数的减小，下层入侵距离先减小后增大。扩散系数在 4.25×10^{-7}～3.25×10^{-7} 范围内减小时，砂土入侵距离变小，入侵速度小于回退速度；当扩散系数在 3.25×10^{-7}～2.25×10^{-7} 范围内减小时，虽然砂土的入侵距离也在减小，但其入侵时的速度大于回退速度，所以导致总的入侵距离增大。上层入侵距离一直在减小，扩散系数在这一范围内变化时，其入侵时的速度一直小于回退时的速度，所以导致总的入侵距离一直在减小。当扩散系数为 4.25×10^{-7} 时，上下边界入侵距离分别为 0.547 m 和 0.649 m；当扩散系数减小至 3.25×10^{-7} 时，上下边界入侵距离也减小至 0.44 m 和 0.59 m；减小扩散系数至 2.25×10^{-7} 时，其入侵距离分别为 0.358 m 和 0.62 m。由此可见，当扩散系数轻微变化时，其入侵距离也将随之改变。

综上分析可得，土体饱和导水率、饱和体积含水率、弥散系数和扩散系数均对海水入侵距离产生影响。其中扩散系数是影响入侵距离的最主要因素，而饱和导水率和弥散系数为影响入侵的重要因素，相对于其他因素而言，土体饱和体积含水率对入侵距离的影响较小，不属于主要因素。

5.6　泉州湾典型区域实际地层海水入侵过程数值模拟

为了预测未来三年内泉州湾典型区域海水入侵的程度，下面对两个真实钻孔中的地层信息进行数值模拟，为海水入侵的防治提供指导。

5.6.1　实际地层一海水入侵过程

(1)模型建立及参数设置

模型仍取矩形截面进行模拟，横向取 1 km，竖向取 25 m，其几何图形如图 5-28 所示，将模型划分为 2398 个单元，单元边长为 1 m，共 2521 个点。各层土体参数根据工程经验值进行选取。

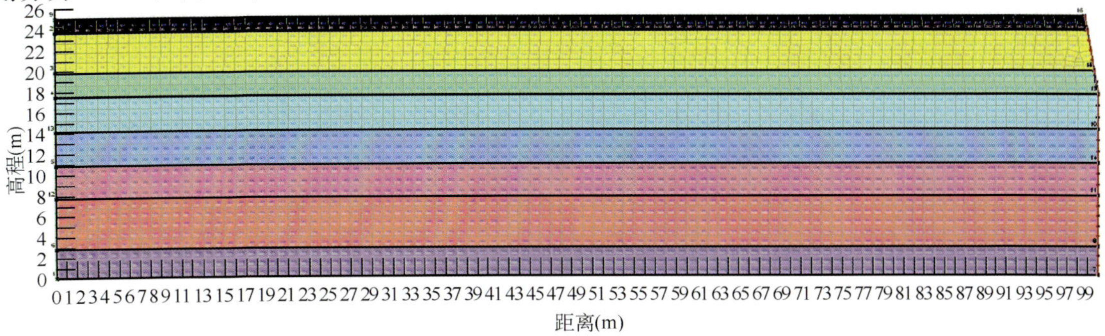

图 5-28　测线一几何模型图

(2)模拟结果分析

图5-29～图5-31为模拟结果图。由图可知，在没有外界因素的影响下，该测线海水入侵的距离随着时间的增加而增加。

图5-29为该实际地层一年之后海水入侵图，其中第二层和第三层土体发生海水入侵的距离最大，为16 m左右；其次为第五层土体，其海水入侵的距离为4 m；第八层土体最大入侵距离为3.6 m；其他各层土体均有不同程度的入侵。

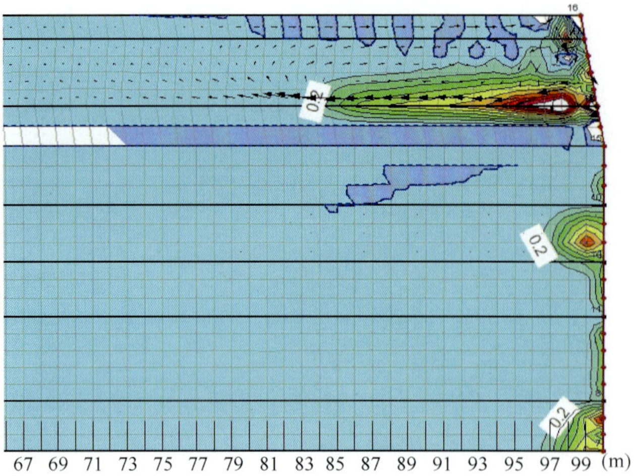

图5-29 一年后海水入侵界面

图5-30为两年之后海水入侵图。其各层入侵规律与第一年相似，但各层的入侵距离均有所增加，第二层从原有的16 m增加至25 m，增加量达9 m；第五层在原来入侵的基础上又新增2 m，入侵量为6 m左右。第八层土体入侵距离也同样达到6 m；其余各层都有不同程度的增加。

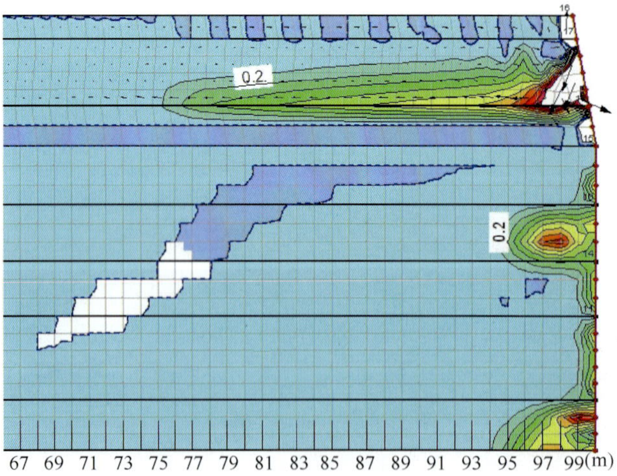

图5-30 两年后海水入侵界面

图 5-31 为三年之后海水入侵图。

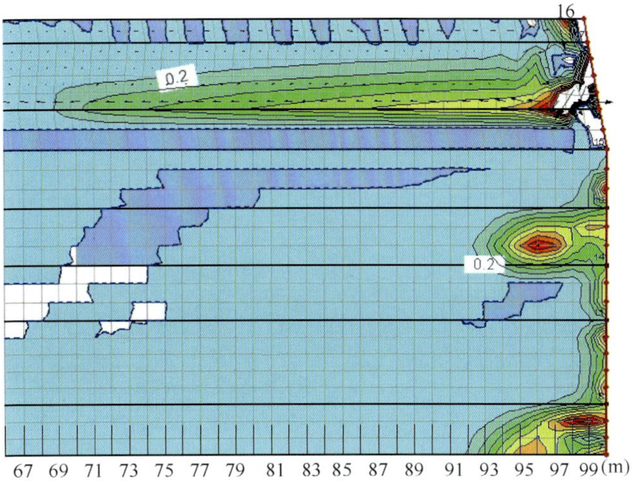

图 5-31 三年后海水入侵界面

对比图 5-29 和图 5-30 可以看出，各层入侵距离均在增加，第二层入侵距离达到 30.5 m；第五层和第八层分别 7.8 m 和 8.1 m。对比图 5-29～图 5-31 可知，海水入侵在初始阶段为扩散系数大的土层先入侵，随着时间的推移，各层土体均呈现入侵，由于土体的纵向弥散作用，先入侵土层中的 Cl^- 将逐渐向其他未入侵的土层扩散，在三年后，海水入侵区域由点状变为带状，随着时间的增加，海水入侵带将更加明显。

表 5-7～表 5-9 分别为第二、五、八层土体每年的入侵距离及变化量。

表 5-7 第二层土体三年内海水入侵距离及变化量

年份	第一年	第二年	第三年
入侵距离(m)	16	25	30.5
增加量(m)	16	9	5.5

表 5-8 第五层土体三年内海水入侵距离及变化量

年份	第一年	第二年	第三年
入侵距离(m)	4	6	7.8
增加量(m)	4	2	1.8

表 5-9 第八层土体三年内海水入侵距离及变化量

年份	第一年	第二年	第三年
入侵距离(m)	3.6	6	8.1
增加量(m)	3.6	2.4	2.1

由上表对比可得，各层土体海水入侵的量逐年增加，但入侵速度越来越缓慢，由于距离海水越远的地方，Cl^- 越难到达，所以海水入侵的速度逐渐变缓，但已入侵的区域，Cl^- 浓度将越来越大。其中第二层土体入侵的速度最快，由于第二层土体为中细砂，其扩散系数相对较大。

由上面分析可知，该断面海水入侵现象比较严重，在没有自然和人为因素影响下，其入侵仍呈现逐年递增趋势。

5.6.2 实际地层二海水入侵过程

(1)模型建立与参数设置

本次仍取矩形截面进行模拟,横向取 1km,竖向取 25 m,具体几何图形如图 5-32 所示,将模型划分为 2398 个单元,单元边长为 1 m,共 2521 个点。各层土体参数同样根据工程经验值进行选取。

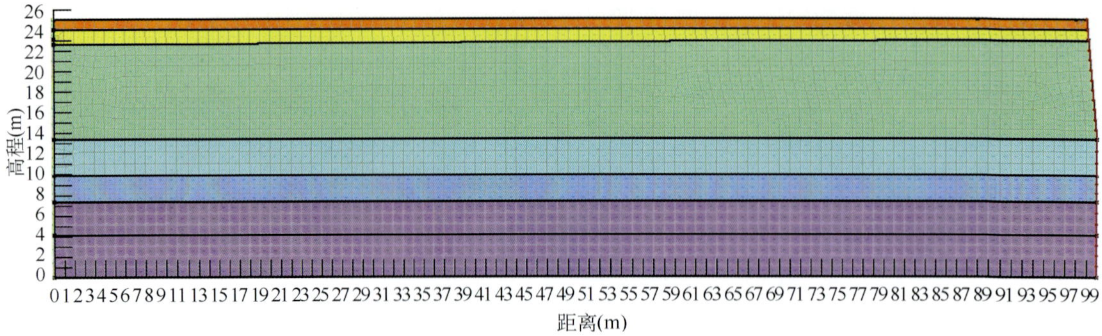

图 5-32 实际地层二几何模型图

(2)模拟结果

实际地层二各个时间段海水入侵的模拟结果如图 5-33～图 5-35 所示。

由图 5-33～图 5-35 可知,实际地层二各土层海水入侵的距离相差不大,入侵主要发生在第四至七层,前三层土体并未发生入侵,由于其处于地下水位以上且海水水位未达到其高度。一年之后第四至七层入侵距离均在 4～7 m 之间。两年后第五层与第六层土体入侵距离增加至 12 m,第四和第七层土体入侵距离为 7 m。三年后第四至七层土体入侵规律与前两年无差异,仅入侵距离增加。表 5-10、5-11 为各层土体入侵距离及年变化量,由于第一至三层基本无变化,且第四至六层入侵距离差别不大,所以仅列出第五和第七层土体的入侵距离进行分析。

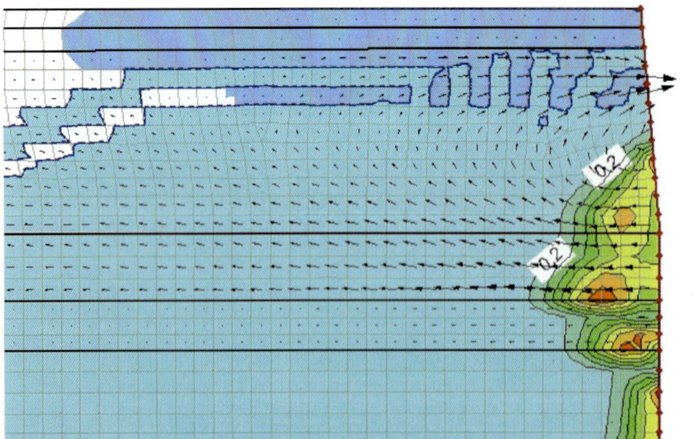

图 5-33 一年后海水入侵界面

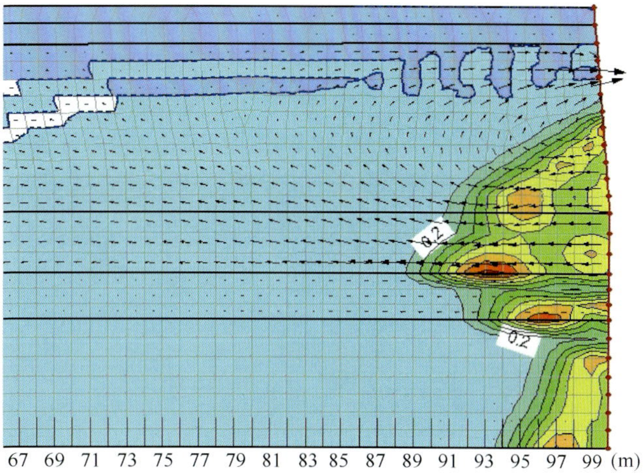

图 5-34　两年后海水入侵界面

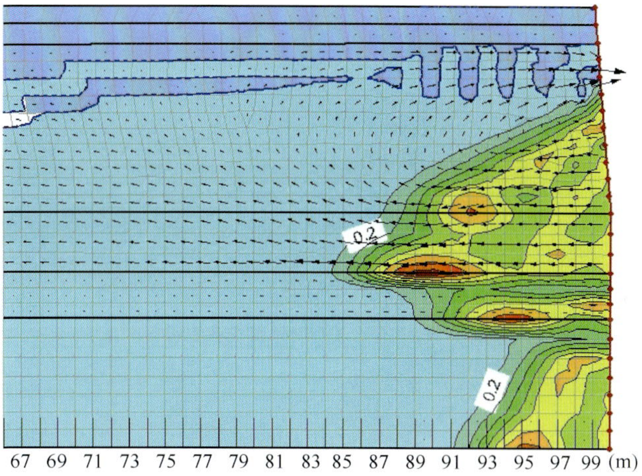

图 5-35　三年后海水入侵界面

由表 5-10 及表 5-11 可以看出，本实际地层海水入侵现象并不严重，三年之后入侵距离仍在 15 m 左右，且每年入侵速度在逐年减小，其原理同上。

表 5-10　第五层土体三年内海水入侵距离及变化量

年份	第一年	第二年	第三年
入侵距离(m)	7	12	16
增加量(m)	7	5	4

表 5-11　第七层土体三年内海水入侵距离及变化量

年份	第一年	第二年	第三年
入侵距离(m)	4	7	9
增加量(m)	4	3	2

对比两条实际地层的模拟结果可得:实际地层一各土层入侵距离差别较大,实际地层二入侵距离差别小,由于实际地层一相邻两土层的土体性质差别较大,而实际地层二相邻土层的土体性质差别较小。实际地层一整体入侵距离大于实际地层二,虽然两条实际地层的底部土层有相似之处,但实际地层一的上面几层以砂土为主,所以其入侵距离较大,由于土体的纵向弥散作用,从而导致其下面几层土体的入侵距离也相对较大,而实际地层二上层主要由淤泥和黏土层构成,所以其入侵距离相对较小,从而导致下部土体的入侵距离也随之减小。

5.7 本章小结

(1)真实地层中各层土体海水入侵程度逐年加重,但入侵速度越来越缓慢,不同地层海水入侵的距离也不相同。

(2)在没有人为因素影响下,泉州湾典型区域海水入侵仍呈现逐年递增趋势。

(3)土体饱和导水率、饱和体积含水率、弥散系数和扩散系数均对海水入侵距离产生影响。其中扩散系数是影响入侵距离的最主要因素,而饱和导水率和弥散系数次之。相对于其他因素而言,土体饱和体积含水率对入侵距离的影响较小。

(4)海水入侵的距离受各层土体共同影响,总体来看,三年之后实际地层一的入侵距离大于实际地层二的入侵距离。

第 6 章　泉州湾海岸带地质灾害与城市发展关系

海岸带是海洋与大陆的交汇地带，是海洋灾害袭击的前沿，同时又是河流携带物质的聚集区。泉州市地处我国东南沿海，是我国海岸带环境地质灾害最为严重的地区之一。其中海水入侵、海湾淤积和海岸污染等灾害突出，严重影响泉州市的城市发展。本章通过模糊评价原理的方法对泉州湾海水入侵典型区域风险评价进行了研究，并提出泉州湾海岸带地质灾害对城市建设的相关建议，最后基于 ASR 技术，结合泉州市水文地质条件及气候气象条件，给出泉州市海水入侵的防治措施构想及实施步骤。

6.1　泉州湾海水入侵典型区域风险评价研究

近年来由于过量开采地下水和温室效应导致海平面上升，造成了海水入侵程度不断加剧。对海水入侵的研究，必然要对其入侵的程度进行评价。但是海水入侵造成的影响后果很多，所以采用何种指标和方法才能较为可靠地评价海水入侵程度，是一个难点。海水入侵的评价方法虽多，但迄今为止，还没有哪一种海水入侵评价模型被广泛接受或采用。海水体中存在着多种化学物质，评价其水质类别的边界是模糊的，用原始的单一指标来衡量和分级的方法，其精度较差，存在着一定的偏差。模糊数学综合评价法对模糊边界的划定和评价误差的控制问题有较好的解决效果。本项研究区域主要为泉州湾沿海地带，重点在洛阳江流域，其取样井点布置如图 6-1 所示。

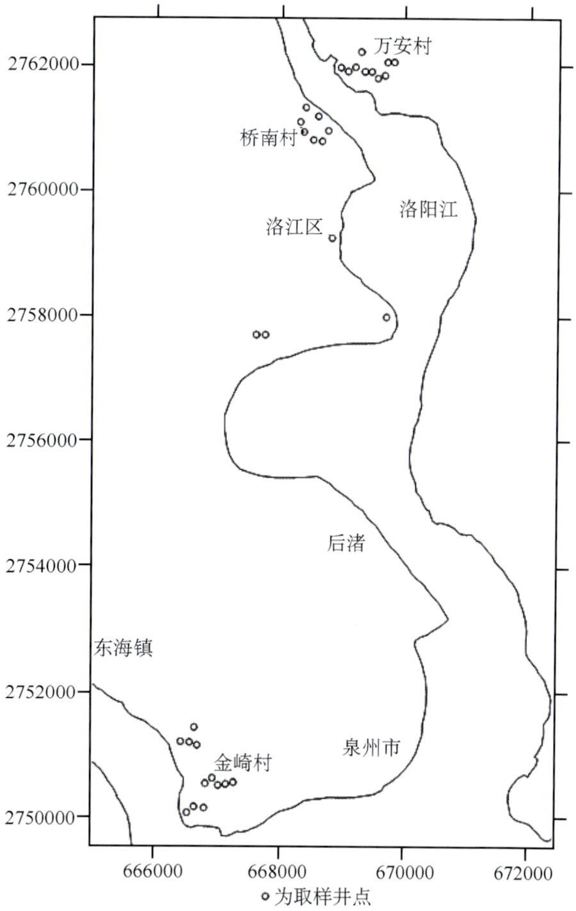

图 6-1　研究区范围及井点分布图

6.1.1　模糊评价原理

将模糊数学应用到判别事物和系统优劣领域，根据评价标准和实测值，经过模糊变换后对事物或系统做出综合评价的方法称为模糊综合评价法。该方法步骤如下：

(1)确定评价因子集

对评价对象有影响的 n 个因素 u_i 组成一个集合,$U=\{u_1,u_2,\cdots,u_n\}$。

(2)建立评语集

评价者对评价对象可能做出的各种评价的 m 个评价结果所组成的集合,$V=\{v_1,v_2,\cdots,v_m\}$。

(3)确立隶属关系并获得模糊评价矩阵

根据客观情况,寻找因素集中各个元素对评语集中各个元素的隶属关系,建立隶属函数,确定隶属度,从而得到模糊评价矩阵 $\boldsymbol{R}=(r_{ij})_{n\times m}$,它表示评价集中各元素 v_j 对因素集中因素 u_i 的隶属度。r_{ij} 表示第 i 种因素属于第 j 类评价标准的隶属度。

(4)确定评价因子权重矩阵

为了建立评价因子间的模糊关系,故而需确定评价因子的权重集,$A=\{a_1,a_2,\cdots,a_n\}$。

(5)模糊综合评价

将模糊评价矩阵与评价因子的权重集进行模糊运算并进行归一化,从而得到模糊综合评价的结果,$B=A\cdot\boldsymbol{R}=\{b_1,b_2,\cdots,b_m\}$。最后根据最大隶属度原则,在$\{b_1,b_2,\cdots,b_m\}$中取其最大值,该值所对应 V 评语集中的级别即为本模型对海水入侵程度的模糊综合评价结果等级。

6.1.2 泉州湾海水入侵现状的模糊综合评价模型

(1)评价因子

本项研究中,水化学特征是判断海水入侵的直接依据。在海水入侵评价中,过少的指标容易造成结果误判,引入无效指标会降低海水入侵识别的效率和干扰正确评价。迄今的研究中,多采用单一指标分析,最常用的是 Cl^-,如以其含量 300 mg/L 为海水入侵标准。另一常用指标是矿化度(M),以 2.0 g/L 为咸淡水的界值。此外也有辅用电阻率和电导率为指标的。地下水水化学组分中,Cl^- 不被植物摄取及土粒表面吸附,其氯盐溶解度大、不易沉淀析出,是地下水中最稳定、最保守的离子,是海水入侵中最为敏感的离子,且测量简单;矿化度(M)是地下水各种离子、分子、化合物的总量,是地下水化学成分的重要标准,能体现出海水与淡水之间差异性;HCO_3^- 为陆地地下淡水中主要特征阴离子,Cl^- 为海水中主要特征阴离子,$rHCO_3^-/rCl^-$ 能清楚反映海水入侵程度。本书根据泉州湾地下水调查资料和水质分析资料,选用这 3 个指标作为评价海水入侵综合指标,并确定评价因子集 $U=\{Cl^-,M,rHCO_3^-/rCl^-\}$。

(2)评语集及量化指标

泉州湾被侵染的水体依其程度轻重分为淡水、微咸水、咸水,各项化学指标及其动态多在较高侵染水平上趋于钝化状态,所以为较详细反映海水入侵前缘的动态变化,应该在其过渡带(微咸水)加以细化。故而,将海水入侵程度分为 4 个等级,分别为:无污染(淡水)、轻度侵染(微咸水)、较严重侵染(微咸水)、严重侵染(咸水),同时建立评语集 $V=\{v_1,v_2,v_3,v_4\}=\{$Ⅰ,Ⅱ,Ⅲ,Ⅳ$\}$。

根据研究区 33 个监测井点不同时期的近 89 个实测水样分析资料,运用统计分析方法,结合 Cl^- 质量浓度值得出具体等级范围及代表值,如表 6-1 所示。

表 6-1 海水入侵等级划分及量化指标

项目指标	Ⅰ		Ⅱ		Ⅲ		Ⅳ	
	等级范围	代表值	等级范围	代表值	等级范围	代表值	等级范围	代表值
Cl^-	<250	100	250～600	400	600～1500	800	>1500	2200
M	<1000	500	1000～2000	1500	2000～3000	2500	>3000	3500
$rHCO_3^-/rCl^-$	>2.0	4	1.0～2.0	1.5	0.4～1.0	0.5	<0.4	0.3
入侵程度	无污染(淡水)		轻度侵染(微咸水)		较严重侵染(微咸水)		严重侵染(咸水)	

利用 Matlab 编制相关程序，计算得到模糊综合评价结果如表 6-2 所示。

表 6-2 泉州湾洛阳江流域海水入侵评价结果

井点编号	综合评价结果矩阵 B	评价结果
1	[0.1646 0.5800 0.2564 0.0000]	Ⅱ
2	[0.3683 0.3622 0.2695 0.0000]	Ⅰ
3	[0.2802 0.4499 0.2709 0.0000]	Ⅱ
4	[0.2238 0.5159 0.2602 0.0000]	Ⅱ
5	[0.2743 0.4552 0.2705 0.0000]	Ⅱ
6	[0.1918 0.5541 0.2541 0.0000]	Ⅱ
7	[0.3704 0.3611 0.2685 0.0000]	Ⅰ
8	[0.4598 0.3042 0.2360 0.0000]	Ⅰ
9	[0.3814 0.3584 0.2592 0.0000]	Ⅰ
10	[0.4541 0.3144 0.2305 0.0000]	Ⅰ
11	[0.0081 0.7022 0.2687 0.0210]	Ⅱ
12	[0.1384 0.5841 0.2775 0.0000]	Ⅱ
13	[0.1628 0.5794 0.2578 0.0000]	Ⅱ
14	[0.3673 0.3628 0.2700 0.0000]	Ⅰ
15	[0.3463 0.3746 0.2791 0.0000]	Ⅱ
16	[0.3436 0.3768 0.2796 0.0000]	Ⅱ
17	[0.2190 0.5223 0.2587 0.0000]	Ⅱ
18	[0.8823 0.1177 0.0000 0.0000]	Ⅰ
19	[0.2442 0.4923 0.2635 0.0000]	Ⅱ
20	[0.2598 0.4721 0.2671 0.0000]	Ⅱ
21	[0.0000 0.3153 0.6634 0.0213]	Ⅲ
22	[0.3437 0.3784 0.2779 0.0000]	Ⅱ
23	[0.3351 0.3859 0.2790 0.0000]	Ⅱ
24	[0.3011 0.4259 0.2740 0.0000]	Ⅱ
25	[0.3011 0.4256 0.2734 0.0000]	Ⅱ
26	[0.0000 0.0498 0.8135 0.1376]	Ⅲ
27	[0.0000 0.2612 0.7064 0.0324]	Ⅲ
28	[0.2721 0.4591 0.2698 0.0000]	Ⅱ
29	[0.0883 0.5889 0.3228 0.0000]	Ⅱ
30	[0.0941 0.5890 0.3179 0.0000]	Ⅱ
31	[0.3412 0.3804 0.2784 0.0000]	Ⅱ
32	[0.2578 0.4758 0.2664 0.0000]	Ⅱ
33	[0.2642 0.4837 0.2521 0.0000]	Ⅱ

根据表 6-2 评价结果，利用 Surfer 软件做出海水入侵现状模糊综合评价结果图（图 6-2）。

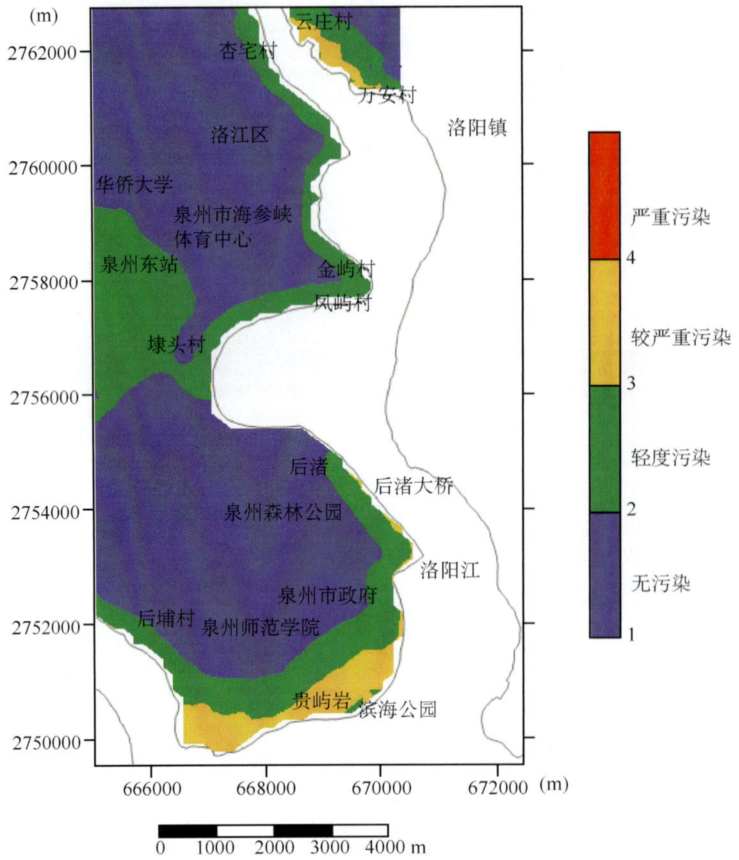

图 6-2　泉州湾洛阳江区域海水入侵模糊数学综合评价图

6.1.3　评价结论

（1）运用模糊数学方法对泉州湾洛阳江流域地区海水入侵现状进行综合评价结果显示，该滨海地区地下水主要以Ⅰ类和Ⅱ类水质为主，但Ⅱ类和Ⅲ类水质占 78.79%，超出一半调查井点，表明洛阳江流域地区已经受到海水入侵的影响。本次洛阳江流域井点布设较少，根据现有井点水质观测数据，若增加该地区井点进行水质观测，水质受影响的比例可能会进一步升高。

（2）由发生海水入侵水井的位置可以看出，越靠近海岸线的地区，发生海水入侵越严重。海水入侵的程度随着距海岸线的距离越远而越轻微。洛阳江流域地区海水入侵以轻度入侵为主，呈带状分布；较严重海水入侵部分呈点状孤立分布在距海非常近的地方，但在填海地段呈块状分布。

（3）地下水海水入侵的程度与其地底岩层有关，如 18 号水井虽然距离海岸线很近，但其地底岩层为基岩，所以不容易发生海水入侵，其井水仍可饮用。而部分距离海岸线较远的地区，受到了轻度污染呈微咸水，其原因是其地质较为松软易遭海水的侵入。

（4）由于该沿海地带存在海水入侵现象，故而在该地区应结合分质用水和综合利用原则合理开采浅层地下水;对于严重入侵区应采取一定工程措施防止海水入侵进一步扩大,为泉州沿海地区社会经济的可持续发展提供保障。

6.2 基于泉州湾海岸带地质灾害对城市建设的相关建议

6.2.1 海水入侵灾害

通过对泉州市的海水入侵情况分析,得到泉州市中心城区的入侵主要包括较严重入侵、轻度入侵和无入侵区域,这三个入侵情况主要分布如下。

(1)较严重入侵区域,地下水 Cl^- 含量处于 600~1500 mg/L,主要分布在云庄村和万安村邻近海域附近,最大宽度为 320 m,面积约为 0.43 km^2;后渚大桥至水尾桥以东区域。在该区域内建设钢筋混凝土地下工程,应警惕 Cl^- 对钢筋和混凝土的腐蚀性,该区域内的钢筋和混凝土存在强腐蚀性,应加大混凝土保护层厚度或采用耐腐蚀性混凝土等手段提高地下结构工程的耐腐蚀性;工业生产用水,要警惕高含量 Cl^- 对工业设备的腐蚀和对化工原料的影响;此外,该区域地下水不适于农业灌溉和人畜饮用。

(2)轻度入侵区域,地下水 Cl^- 含量处于 250~600 mg/L,除东兴村至后渚大桥的基岩岸段外,泉州市中心城区海域附近大都存在一定范围的轻度入侵区域,在泉州市城东镇前头村和霞美村平原地带也存在一定范围的轻度入侵区域。在该区域内,应警惕 Cl^- 对钢筋混凝土地下工程的腐蚀性影响,也应加大混凝土保护层厚度或采用耐腐蚀性混凝土等手段提高地下结构工程的耐腐蚀性;工业生产用水,要警惕高含量 Cl^- 对工业设备的腐蚀和对化工原料的影响;此外,该区域地下水不适于作饮用水。

(3)无入侵区域,除较严重入侵、轻度入侵区域外,均为无入侵区域,地下水 Cl^- 含量处于 250 mg/L 以下,对于地下工程无腐蚀性,适宜于工农业用水和人畜饮水。

6.2.2 海湾淤积灾害

据研究,泉州湾在近21年内淤积厚度基本处于1.0~5.0 m,淤积速率为4.8~24.0 cm/a,造成湾内海床不断上升,水深变浅,针对城乡规划建设的相关建议如下。

(1)通过 MIKE21 软件对泉州湾淤积状况模拟及预测分析,得知洛阳江流域和晋江出海口淤积程度较大。后渚港区的严重淤积已严重威胁到航道的正常运行,引起航道淤塞,每年靠清淤来维持航道的正常运行。

(2)泉州湾内淤积速率相对洛阳江流域的要小,32年内每年最大淤积量为2.5 m,出现在大坠岛东北部。大坠岛东南部由于航道清淤工程,水深有增大的趋势,相比1972年水深,水深最大增加了3.0 m,表明航道清淤工程对于淤积作用有明显的缓解作用。

(3)洛阳江和晋江出海口处的淤积程度比泉州湾内的要大,主要是由于前两者的潮流流速比后者的要小,上游携带的泥沙遇到咸水凝聚后,沉降淤积;泉州湾内的流速最大可达到320 cm/s,对输沙运移起到明显的作用。因此,洛阳江和晋江出海口处将继续淤积,湾内部分区域淤积,部分区域基本稳定。

(4)泉州湾北侧水动力条件较强,近32年来海床高程基本处于稳定状态,局部出现侵蚀情况,最大侵蚀量达到1.0 m;海床上部土层覆盖厚度为5.0~28.0 m,水深位于9.0~

20.0 m,岸段大都为砂质和岩质岸段。是泉州湾建设港口的较佳位置,目前秀涂港受淤积影响较小。

(5)泉州湾南岸水深最大为18.0 m,海床上部土层覆盖厚度为1.0～15.0 m,多为岩质海岸和砂质海岸,近32年来海床高程基本稳定,也是泉州湾建设港口的较佳位置。

(6)每年盛行的强台风引起的风暴潮对于泉州湾淤积起到缓解作用,海床表面水流流速加大,促进海床表面土体的侵蚀,泉州湾内的水动力作用比洛阳江和晋江流域的要大,风暴潮对于前者淤积的缓解作用比后两者的要明显。

6.3 泉州市发展中海岸带地质灾害防治措施——海水入侵防治方案探讨

通过泉州市典型断面的海水入侵发展态势的数值仿真分析得知泉州市典型区域海水入侵规模呈逐年加剧态势,而海水入侵会给当地带来灾难性的后果,所以,为了城市长远规划与发展,也为了居民的身体健康,有必要采取相应的防治措施来遏制海水向内陆侵入。然而关于泉州湾地区海水入侵灾害防治的报道还未曾见到。基于含水层存储与恢复技术(Aquifer Storage and Recovery,简称ASR),结合泉州市水文地质条件及气候气象条件,给出泉州市海水入侵的防治措施构想及实施步骤。

6.3.1 防治措施构想

当前,防治海水入侵的总体思想是提高地下水水位,缩小地下漏斗面积,主要方法大体可以总结为:拦蓄补源、修建地下水库或防渗帷幕、打抽/注水井等措施。所谓拦蓄补源,是将雨水或其他水源回灌入地下含水层,提高地下水水位的办法。此外,国内外逐渐发展了一种较为先进的海水入侵治理办法,即水井储存到合适的含水层中,当枯水季节或水资源供应紧张期,再通过该井将水抽取出来以供使用[104]。

发展ASR技术的初衷是为了解决水资源地下调蓄问题,但在其他领域如生态环境修复、地表沉降、防治劣水体(海水)入侵等方面亦发挥了重要的作用。国内关于运用ASR技术防治海水入侵的报道有湛江市地下含水层回灌方案,该方案选择运用ASR技术来防止该市地下水降落漏斗面积的不断扩大,以及地面沉降问题的不断恶化,通过抬高地下水水位达到有效阻止海水入侵的目的[104]。

由于人类盲目地开采地下水,使得地下水水位持续下降,咸淡水之间的水动力平衡被打破,进而导致海水入侵。由试验及其相关的数值仿真分析得出结论:①当淡水总水头高于海水总水头时,不考虑水动力弥散作用,海水不会向内陆入侵;②弱透水性或不透水性土质对海水向内陆侵入有很大的阻碍作用,该类土质中很难甚至不会发生海水入侵。再结合本章数值模拟分析结果得出泉州市防治海水入侵的原理即为提高海水入侵发生区地下水水位或者在该区地下含水层中修筑不透水结构,然而修建防渗帷幕亦有其弊端,如防渗帷幕会阻碍地下水与海水之间的物质交换,从而在达到有效防止海水向内陆侵入的同时,地下水中的有害物质不能被带走而在含水层中聚集,久而久之,会使地下水水质恶化而不能使用。因此,最佳防治方案需从提高地下水水位着手。

泉州市降雨量充沛,降雨后大量雨水都直接通过排污系统流走,这造成了很大的水资源浪费。为了充分利用这些水资源，可以将这些雨水集中起来，运用 ASR 技术回灌入地下含水层，既能防治海水入侵，又能缓解用水高峰期的供水压力。然而，仅采用 ASR 技术存在风险性，即向含水层注入水或从含水层抽取水将会导致地下水水位的改变，进而引起孔隙水压力的变化，容易引起土的骨架变形，变形累积的最终结果表现为地面沉降。ASR 技术所产生的土层变形通常可分为两部分，一部分是由地下水周期水头变化引起的，而另一部分则与地下水平均水位变化有关。一般而言，地下水头的平均变化对地面变形的长期积累有较大的影响，因此，保持含水层抽灌水量的平衡将是减少地面长期沉降的关键因素。而地表蓄水体如水库、沟渠等的水位变化则不会导致地表下层等一系列问题。为了弥补 ASR 技术的缺陷，也为了水资源的统一规划，且因泉州发生海水入侵的地区均为沿海松散岩类分布区，具有良好的储水能力，故本节提出将 ASR 技术与地表蓄水体结合使用来防治海水入侵。

6.3.2　防治方案实施步骤

(1)选择合适的地点修建地表蓄水体，这种合适的地点应是工程上能够实现、受污染少且出现大面积地下漏斗的区域，这种地点可以通过野外调查选择；此外，蓄水体应修建在咸淡水入侵界面的淡水侧，这是保证蓄水体中的水能够回灌入含水层的基础条件。

(2)对城市的排污管道进行分类，铺设专门的雨水收集与排泄管道，并加盖保护，管道中每隔一定距离设置一道过滤网，收集的雨水最终都通过排水管道排入地表蓄水体。

(3)在蓄水体的底部修建抽/注水井，使得地表蓄水体将库存的水回灌入含水层。为尽可能将丰水期的雨水及其他水源充分收集利用，修建多处地表蓄水体，使得含水层缺失的水能够被充分补给，从而尽可能保证含水层的水位稳定在某一范围。

(4)在与含水层相通的另一地点修建抽水井，抽水位置至少远离注水位置 150 m。在水资源紧张时从含水层抽取地下水以供使用或直接通过注水井抽取。

(5)及时做好防止抽/注水井堵塞的工作，使得抽/注水井能够高效地向含水层注水。

(6)配备蓄水体水质量监测系统对蓄水体的水质加以监测，保证从含水层中抽取的水达到居民生产生活用水标准。同时加强地下水开采的监管力度，合理开采地下水。防治方案如图 6-3 所示。

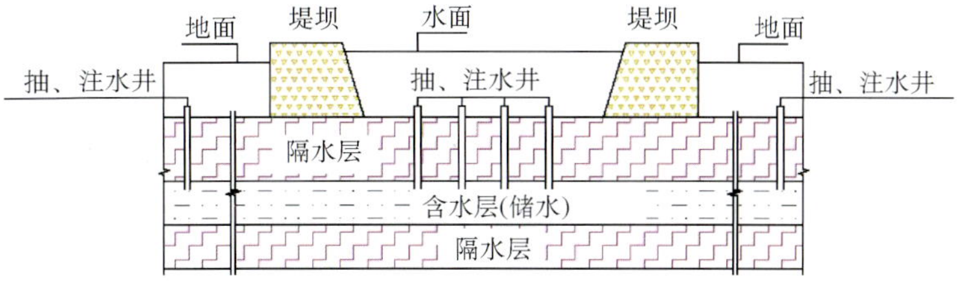

图 6-3　ASR 技术蓄水体联合使用简图

6.4　本章小结

(1)采用模糊综合评价法对泉州湾海水入侵典型区域风险评价进行了研究，绘制了泉州湾洛阳江沿岸海水入侵模糊数学综合评价图，图中主要表明洛阳江流域地区海水入侵以轻度入侵为主，呈带状分布；较严重海水入侵部分呈点状孤立分布在距海非常近的地方，但在填海地段呈块状分布。

(2)提出了泉州湾海岸带地质灾害对城市建设的相关建议。

(3)基于 ASR 技术,结合泉州市水文地质条件及气候气象条件,给出了泉州市海水入侵的防治措施构想及实施步骤。

第 7 章 结束语

为了研究泉州市海岸带环境地质灾害现状(条件、规模、程度)及发展趋势,并厘定相关海岸带地质灾害与城市发展的关系,本书的研究通过采用自行研制的模拟海水入侵试验装置、先进的测试手段分形方法和数值模拟工具,对泉州湾海岸线淤积与侵蚀区域变迁及演化趋势,海水入侵机理、过程与范围开展了系统研究。

7.1 主要成果

(1)通过泉州湾悬浮泥沙特征现场测试研究,绘制了泉州湾水体浊度等值线图、砂粒级分布图、粉砂粒级分布图、黏土粒级分布图。

(2)通过泉州湾海岸线变迁与海床冲淤演变规律及特征研究,对泉州湾海床淤积进行了预测研究。并绘制了:①1972 年泉州湾海底地形地貌图(平面和三维);②2004 年泉州湾海底地形地貌图(平面和三维);③1972—2004 年水深变化图(差值);④典型区域泥沙淤积曲线图。

(3)利用分形理论等工具,计算获得泉州湾各年份海岸线分形维数,提出判断海岸线稳定性分形维数临界值,对泉州湾不同岸段分维变化规律及对演化影响进行了分析。并通过泉州湾典型区域海岸线变迁特征分析,绘制了:①泉州湾海岸线的变迁图(1994—2011 年);②泉州湾海岸带的侵蚀与淤积情况图(1994—2011 年);③海岸线变迁特征(1994—2011 年、分形研究)。

(4)通过资料收集和现场检测、海水入侵室内试验和海水入侵数值模拟,研究了粗砂介质、砂-黏土-砂互层介质海水入侵规律。数值模拟研究土体参数对海水入侵距离(范围)的影响和再现泉州湾实际地层海水入侵过程。获得了泉州湾典型区域海水入侵规律,绘制了泉州湾典型区域海水入侵现状图。

(5)建立海水入侵综合模糊评价模型,完成了泉州市海岸带地质灾害与城市发展关系评价,并提出泉州湾海岸带地质灾害对城市建设相关建议和泉州湾海水入侵防治方案。

7.2 存在的主要问题及展望

(1)海湾淤积的预测研究中还未能全面考虑到风暴潮对淤积的影响,有待于进一步加强海湾淤积的预测研究。

(2)有关海水入侵指标的确定,国内外仍没有统一的定论。通常学者仅利用 Cl^- 作为判别标准,此标准考虑的准影响因素较为单一,所以还需要进行进一步的研究。

参考文献

[1] 施雅风. 我国海岸带灾害的加剧发展及其防御方略[J]. 自然灾害学报, 1994, **3**(2): 5-14.

[2] 黄玲玲, 成建梅, 刘军, 等. 海岸带地质灾害评估理论与方法研究进展[J]. 水文地质工程地质, 2009(1): 133-136.

[3] 杜军, 李培英, 魏巍, 等. 中国海岸带灾害地质稳定性区划[J]. 自然灾害学报, 2008, **17**(4): 1-6.

[4] 张震, 马安青, 李福建, 等. 基于 ArcEngine 的我国海岸带地质灾害信息管理系统的设计与研究[J]. 遥感技术与应用, 2011, **26**(4): 533-537.

[5] 杜国云, 孙祝友. 渤海湾莱州湾东岸海岸带人为地质灾害研究[J]. 地质灾害与环境保护, 2005, **16**(3): 225-230.

[6] 刘剑刚. 大连地区海岸带灾害地质风险的模糊综合评价[J]. 海南师范大学学报(自然科学版), 2012, **25**(3): 320-323.

[7] 杨克红, 赵建如, 金路, 等. 海南岛海岸带主要地质灾害类型分析[J]. 海洋地质动态, 2010, **26**(6): 1-6.

[8] 杨娟. 泉州海岸带灾害及防灾减灾系统研究[D]. 重庆: 西南大学, 2007.

[9] 陶志刚, 李昌存, 王明格. 唐山海岸带主要灾害地质因素及其影响[J]. 资源与产业, 2006, **8**(3): 84-87.

[10] 张宏, 韩震. 基于神经网络的长江口深水航道海域悬浮泥沙浓度研究[J]. 海洋通报, 2010, **29**(02): 213-218.

[11] 李云驹, 常庆瑞, 杨晓梅, 等. 长江口悬浮泥沙的 MODIS 影像遥感监测研究[J]. 西北农林科技大学学报: 自然科学版, 2005, **33**(4): 117-121.

[12] 姜端午, 黄树春, 张苑平, 等. 基于地质环境遥感调查与监测数据探讨洞庭湖演变规律[J]. 国土资源遥感, 2010, **86**: 124-129.

[13] 张艳杰. 基于 GIS 的长江口北港冲淤演变规律的定量分析研究[J]. 海洋信息, 2004(02): 13-17.

[14] 刘毅飞, 夏小明, 贾建军. 舟山外钓山海岸边坡泥沙动力与冲淤演变特征[J]. 海洋通报, 2007, **26**(06): 53-60.

[15] 刘燕春, 张鹰. 基于遥感岸线识别技术的射阳河口潮滩冲淤演变研究[J]. 海洋通报, 2010, **29**(06): 658-663.

[16] 李芳. 基于 GIS 的长江河口近期冲淤演变分析[D]. 上海: 同济大学, 2008.

[17] PAPANICOLAOU A N. One-dimensional hydrodynamic/sediment transport model applicable to steep mountain streams[J]. Journal of Hydraulic Research, 2004, **42**(4): 357-366.

[18] RIJN L C, WALSTRA D J R, GRASMEIJER, et al. The predictability of cross-shore bed evolution of sandy beaches at the time scale of storms and seasons using process-based Profile models[J], Coastal Engineering, 2003, **47**: 295-327.

[19] MIKE 21. Handbook of Mike 21-A modeling system for rivers and channels, Version 2.7 Danish: Danish Hydraulic Institute, 1999.

[20] 陈维. 长江口北支、北槽冲淤变化及河势演变分析[D]. 上海: 上海海洋大学, 2012.

[21] 王学昌, 孙长青, 孙英兰, 等. 填海造地对胶州湾水动力环境影响的数值研究[J]. 海洋环境科学, 2000(3): 55-59.

[22] 付莉莉. 规划填海前后莱州湾海域冲淤演变研究[D]. 青岛:中国海洋大学,2011.

[23] 顾杰,韩冰,黄静,等. 台风风浪对长江口航道影响的模拟分析[J]. 人民长江,2009(16).

[24] PAPANICOLAOU A,ELHAKEEM M E,SANFORD J T. A hydrologic and morphologic analysis of the Black Lake system [R]. Rep. Submitted to Chignik Regional Aquaculture Association, Bellingham, Wash. ,2006.

[25] 孙波. 三峡与南水北调对长江口盐水楔影响的数值研究[D]. 上海:同济大学,2009.

[26] 刘鑫煜. 南排河中心渔港工程潮流泥沙数学模型[D]. 天津:天津大学,2008.

[27] 陈斌. 长江口附近海域三维悬浮泥沙的数值模拟研究[D]. 北京:中国科学院研究生院,2008.

[28] 安永宁,吴建政,朱龙海,等. 龙口湾冲淤特性对人工岛群建设的响应[J]. 海洋地质动态,2010,**26**(10):24-30.

[29] HU K L,DING P X,WANG Z B,et al. A 2D/3D hydrodynamic and sediment transport model for the Yangtze Estuary of China[J]. Journal of Marine Systems,2009,**77**(1-2):114-136.

[30] 胡明军. 深圳河湾水流泥沙数值模拟及对防洪方案计算[D]. 北京:清华大学,2011.

[31] 刘浩,尹宝树. 泉州湾潮汐、潮流及浅滩干湿变化的数值研究[J]. 水动力学研究与进展,2006,**21**(6):693-699.

[32] 陆凤山,廖康明,肖晖,等. 泉州湾波浪分布特征研究[J]. 台湾海峡,1998,**17**(1):1-8.

[33] 陈彬,王金坑,张玉生,等. 泉州湾围海工程对海洋环境的影响[J]. 台湾海峡,2004,**23**(2):192-198.

[34] 李朝新,刘振夏,胡泽建,等. 泉州湾泥沙运移特征的初步研究[J]. 海洋通报,2004,**23**(2):25-31.

[35] 李朝新,刘焱光,刘振夏,等. 泉州湾泥沙运移与冲淤变化[J]. 海洋科学进展,2008,**26**(1):26-34.

[36] 刘修德,魏泽勋,王永刚,等. 福建省海湾数模与环境研究——泉州湾[M]. 北京:海洋出版社,2012.

[37] 刘浩. 福建主要海湾数模与环境研究——以深沪湾、泉州湾为例[D]. 厦门:厦门大学,2007.

[38] 吴承强,蔡锋,吴建政,等. 泉州湾海岸带地形地貌特征及控制因素[J]. 海洋地质与第四纪地质,2011,**31**(4):75-81.

[39] 赖志坤. 泉州湾海岸线变化特征的定量分析研究[J]. 海洋科学,2012,**36**(8):75-78.

[40] 林作梁,朱学明,鲍献文,等. 基于 FVCOM 的泉州湾海域三维潮汐与潮流数值模拟[J]. 海洋学报,2013,**35**(1):15-24.

[41] 鲍献文,乔璐璐,于华明. 福建省海湾围填海规划水动力影响评价[M]. 北京:科学出版社,2008:16.

[42] 汤军健,陈楚汉,温生辉. 泉州湾跨海大桥潮流场数值模拟[C]. 第十五届中国海洋(岸)工程学术讨论会论文集,2011:978.

[43] KEVIN W,HESHAM M. Monitoring changing position of coastlines using thematic mapper imagery, An example from the Nile Delta. Geomorphology,1999,**29**:93-105.

[44] MAITI S,BHATTACHARYA A K. Shoreline change analysis and its application to prediction-A remote sensing and statistics based approach. Marine Geology,2009(257):11-23.

[45] STEVEN M S. Spatial and temporal variability of shoreline change in the Beaufort-Mackenzie region, northwest territories,Canada. Geo-Marine Letters,2005(25):127-137.

[46] 杨金中,赵玉灵. 浙江东部穿山半岛岸线及潮滩演变的遥感调查[J]. 国土资源遥感,2004(1):51-55.

[47] 姜义,李建芬,康慧,等. 渤海湾西岸近百年来海岸线变迁遥感分析[J]. 国土资源遥感,2003(4):54-59.

[48] 丁丽霞,周斌,张新刚,等. 浙江大陆淤涨型海岸线的变迁遥感调查[J]. 科技通报,2006,**22**(3):292-298.

[49] MARFAI M A, ALMOHAMMAD H, DEY S, et al. Coastal dynamic and shoreline mapping multi-sources spatial data analysis in Semarang Indonesia. Environ Monit Assess,2008,**142**:297-308.

[50] 杨金中,李志中,赵玉灵. 杭州湾南北两岸岸线变迁遥感动态调查[J]. 国土资源遥感,2002(1):23-28.

[51] 杜国云,王庆,王秋贤,等. 莱州湾东岸海岸带陆海相互作用研究进展[J]. 海洋科学,2007,**31**(3):66-71.

[52] 卢晓东,刘艳霞,严立文. 莱州湾西岸岸滩冲淤特征分析[J]. 海洋科学,2008,**32**(10):39-44.

[53] 丰爱平,夏东兴,谷东起,等. 莱州湾南岸海岸侵蚀过程与原因研究[J]. 海洋科学进展,2006,**24**(1):83-90.

[54] 孙伟富. 1978—2009 年莱州湾海岸线变迁研究[D]. 青岛:国家海洋局第一海洋研究所,2010.

[55] 刘荣杰,张杰,闫秋双,等. 1982—2012 年间福建省主要河口海岸岸线变迁遥感监测分析[J]. 应用海洋学学报,2014,**33**(3):425-432.

[56] 周春艳,李广雪,史经昊. 胶州湾近 150 年来海岸变迁[J]. 中国海洋大学学报,2010,**40**(7):99-107.

[57] 赵宗泽,刘荣杰,马毅,等. 近 30 年来湄洲湾海岸线变迁遥感监测与分析[J]. 海岸工程,2013,**32**(1):19-28.

[58] MANDELBROT B. How long is the coast of Britain? Statistical self-similarity and fractional dimension [J]. Science,1967,**156**(3775):636-638.

[59] PHILIPS J D. Spatial analysis of shoreline erosion Delaware Bay,New Jersey[J]. Annals of the Association of American Geographers. 1986,**76**(1):50-62.

[60] JIANG J W,PLOTNICK R E. Fractal analysis of the complexity of United States coastlines[J]. Mathematical Geology,1998,**30**(5):535-546.

[61] ZHU X H,CAI Y L,YANG X C. On fractal dimensions of China's coastline[J]. Mathematical Geology,2004,**36**(4):447-451.

[62] TANNER B R,PERFECT F,KELLEY J T. Fractal analysis of Maine's glaciated shoreline tests established coastal classification scheme[J]. Journal of Coastal Research,2006,**22**(5): 1300-1304.

[63] 朱晓华,王建,陈霞. 海岸线空间分形性质探讨——以江苏省为例[J]. 地理科学,2001,**21**(1):70-76.

[64] 戴志军,李春初,王文介,等. 华南弧形海岸的分形和稳定性研究[J]. 海洋学报,2006,**28**(1):176-180.

[65] 高俊国,边淑华. 分形分析法用于海湾冲淤演化预测的初步探讨[J]. 海洋科学进展,2004,**22**(3):334-339.

[66] 叶晓敏,纪育强,郑全安,等. 胶州湾海岸线历史变迁的分形分析[J]. 海洋科学进展,2009,**27**(4):495-501.

[67] 倪化勇,刘希林. 自然灾害发生时间序列的分形特征及 R/S 分析[J]. 自然灾害学报,2005,**7**(1):37-41.

[68] 蔡祖煌,马凤山. 海水入侵的基本理论及其在入侵发展预测中的应用[J]. 中国地质灾害与防治学报,1996,**7**(3):1-9.

[69] 尹泽生,林文盘,杨小军. 海水入侵研究的现状与问题[J]. 地理研究,1991,**10**(3):78-85.

[70] CUSTODIO E,BRUGGEMAN G A. Groundwater problems in coastal areas[J]. Belgium:UNESCO,1987.

[71] 李国敏,陈崇希. 海水入侵研究现状与展望[J]. 地学前沿,1996(2):161-168.

[72] MOOR Y H,STOESSELL R K,EASLEY D H. Fresh-water/sea-water relationship within a ground water flow system,northeastern coast of the Yucatan Peninsula[J]. Ground Water,1992,**30**(3):343-350.

[73] 成建梅,黄丹红,胡进武. 海水入侵模拟理论与方法研究进展[J]. 水资源保护,2004,**20**(2):3-8.

[74] PINDAR G F,COOPER H H. A numerical technique for calculating the transient position of the saltwater front[J]. Water Resources Research,1970,**6**(4):875-883.

[75] LEE C H,CHENG R T S. On seawater encroachment in coastal aquifers[J]. Water Resources Research. 1974,**10**(5):1039-1043.

[76] SEGOL G,PINDAR G F,GRAY W G. A Galerkin finite element technique for calculating the transient position of the saltwater front[J]. Water Resources Research,1975,**11**(2):343-347.

[77] SEGOL G,PINDAR G F. Transient simulation of saltwater intrusion in southeastern Florida[J]. Water Resources Research,1976,**12**(1):65-70.

[78] HUYAKORN P S,ANDERSON P F,MERCER J W,et a1. Saltwater intrusion in aquifers:development and testing of a there dimensional finite element model[J]. Water Resources Research,1987,**23**(2):

293-312.

[79] CHANG S W, CLEMENT T P. Analysis of saltwater intrusion driven by areal-recharge[J]. World Environmental and Water Resources Congress, 2010: 1099-1101.

[80] 刘茜,郑西来,等. 海水入侵过程中水-岩相互作用的土柱试验研究[J]. 海洋环境科学,2008,**27**(5):443-446.

[81] 刘冀闽,师沙沙,韩涛. 电导率法在海水入侵监测中的应用[J]. 中国环境管理干部学院学报,2009,**19**(1):77-82.

[82] 宋希坤,刘志勇,等. 福建省海岸带海水入侵和土壤盐渍化监测初步研究[J]. 海洋环境科学,2008,**27**(增1):15-18.

[83] 杜中,李占斌,李鹏,等. 海水入侵区地下水氯值统计及其规律运用[J]. 水资源与水工程学报,2008,**19**(4):83-85.

[84] 卢继强,陈刚,胡成. 滨海地区海水入侵的水化学和同位素证据——以沿海某市典型地段为例[J]. 勘察科学与技术,2004(3):22-26.

[85] 赵建. 海(咸)水入侵与浅层地下水水化学特征及变化研究[J]. 地理科学,1999,**19**(6):525-531.

[86] 吴吉春,薛禹群,张志辉. 海水入侵含水层中水—岩间阳离子交换的实验研究[J]. 南京大学学报,1996,**32**(1):71-76.

[87] 薛禹群,谢春红,吴吉春. 海水入侵研究[J]. 水文地质工程地质. 1992,**19**(6):29-33.

[88] 薛禹群,刘培民,等. 龙口—莱州地区海水入侵含水层三维数值模拟[J]. 水利学报,1993,(11):20-23.

[89] 成建梅,陈崇希,吉孟瑞,等. 山东烟台夹河中下游地区海水入侵三维水质数值模拟研究[J]. 地学前缘,2001,**8**(1):179-184.

[90] 袁益让,梁栋,芮洪兴. 海水入侵及防治工程的数值模拟[J]. 计算物理,2001,**18**(6):556-562.

[91] 卢薇,朱照宇,刘卫平. 基于 FEFLOW 的海水入侵数值模拟[J]. 地下水,2010,**32**(3):19-21.

[92] 薛显武,陈喜,魏玲娜,等. 基于 GIS 的海水入侵可视化数值模拟系统[J]. 中国科技论文在线,2006,**1**(5):332-337.

[93] 徐挺,郑西来,魏杨. 人工抽水对滨海潜水含水层咸淡水分布的影响[J]. 工程勘察,2014(2):35-39.

[94] 左风华,唐心强,王虹,等. 滨海地带地下水面与咸淡水界面伴随着潮汐波动而变化的规律的探讨研究(Ⅰ)二维数值仿真数学模型的建立及其效度的验证[J]. 海洋环境科学,2007,**26**(4):376-381.

[95] 陈娟,李欲如. 潮汐对沿海潜水水位的影响研究[J]. 水利科技与经济,2005,**11**(12):708-710.

[96] 张奇. 海水入侵的实验研究[J]. 水文地质工程地质,2005(4):43-47.

[97] 刘青勇,董广清,耿树德,等. 淡水帷幕防治海(咸)水入侵的物理模拟试验研究[J]. 水利学报,1998(2):30-33.

[98] 刘晓红. 砂土中海水入侵速度的实验研究[D]. 大连:大连海事大学,2007.

[99] 任加国,胥韦韦,武倩倩,等. 不同淡水驱替海水过程中渗透性变化试验研究[J]. 山东科技大学学报,2014,**33**(2):29-33.

[100] 林少伟,徐梁,赵鸿旭. 龙口市防治海水入侵措施与对策[J]. 山东水利,2010(8):58-61.

[101] 刘典鹏,季曙光,周小丽. 莱州市海水入侵的防治措施及效果分析[J]. 水文与水资源,2011(1):34-35.

[102] 寇英杰,王颖. 辽宁省海水入侵成因及防治措施[J]. 辽宁地质,2000,**17**(1):67-71.

[103] 田梅青,许春莲. 烟台市海水入侵的现状和防治[J]. 科技信息,2010(13):834-835.

[104] 翁剑伟. 湛江市地下水回灌方案分析[J]. 广东水利水电,2010(3):26-29.

[105] MAEDA H, MURAKAMI S. The use of a fuzzy decision-making method in a large-scale computer system choice problem[J]. Fuzzy Sets and Systems, 1993, **54**(3): 235-249.

[106] ELDUKAIR Z A, AYYUB B. Multi-attribute fuzzy decisions in construction strategies[J]. Fuzzy Sets and Systems, 1992, **42**(2): 155-165.

[107] ZIMMERMANN H J,ZYSNO P. Latent connectives in human-decision making[J]. Fuzzy Sets and Systems,1980,**4**(1):37-51.

[108] 孟波,陈王廷.基于模糊推理的多目标决策方法——FSWT法[J].华中理工大学学报,1992,**20**(1):7-11.

[109] 陈王廷.决策分析[M].北京:科学出版社,1987.

[110] 贺仲雄,闵珊华.FHW决策系统//决策理论与方法[M],航天部科技司,1991.

[111] WANG M J,SHARIT J,DRURY C G. Fuzzy set evaluation of inspection performance[J]. International Journal of Man-Machine Studies,1991,**35**(4):587-596.

[112] 王宗军,冯珊.我国计划单列城市整体发展水平的多目标多层次模糊综合评价研究[J].系统工程与电子技术,1993,**15**(8):29-40.

[113] 李莹.大连市海水入侵区地下水水质评价及防治对策[D].辽宁师范大学.2012.

[114] 曾永,樊引琴,王丽伟,等.水质模糊综合评价法与单因子指数评价法比较[J].人民黄河,2007,**29**(2):64-65.

[115] 王晓鸥.基于改进内梅罗污染指数法和模糊数学的水质评价[J].西部探矿工程,2014(05):103-106.

[116] 董传强,成官文,吴琼芳,等.基于模糊综合评价的贵州省县级城镇污水处理厂主要工艺评价[J].桂林理工大学学报.2014(01).

[117] 乔吉果,龙江平,许冬,等.基于模糊数学方法的长江三角洲滨海地区海水入侵现状评价[J].海洋学研究,2011(04).

[118] 杨宏忠.江苏海岸滩涂资源可持续开发的战略选择[D].北京:中国地质大学(北京),2012.

[119] 秦华鹏,倪晋仁,李义天.基于泥沙数学模型的海湾填海岸线选择[J].泥沙研究,2002(3):52-58.

[120] 何耀堂.泉州湾工程地质条件及港口规划建设的探讨[J].福建地质,2006(4):254-259.

[121] 林军.海岸线变迁环境地质问题研究[J].地质灾害与环境保护,2006,**17**(1):29-34.

[122] 曹伟,周洋毅.地质灾害对福建沿海区域的危害及防治对策[J].城市环境设计,2008(6):107-109.

[123] 马凤山,蔡祖煌,等.海水入侵机理及其防治措施[J].中国地质灾害与防治学报,1997,**8**(4):16-22.

[124] 黄磊,郭占荣.中国沿海地区海水入侵机理及防治措施研究[J].中国地质灾害与防治学报,2008,**19**(2):118-124.

[125] 周训,陈明佑,翰秀敏,等.广西北海市海水入侵原因及防治对策初探[J].中国地质灾害与防治学报,1997,**8**(2):77-83.

[126] 丁玲,李碧英,张树深.沿海城市海水入侵问题研究[J].海洋技术,2003,**22**(2):79-84.

[127] 中国海湾志编纂委员会.中国海湾志第八分册[M].北京:海洋出版社,1993.

[128] 吴承强,蔡锋,吴建政,等.泉州湾海岸带地形地貌特征及控制因素[J].海洋地质与第四纪地质,2011,**31**(4):75-81.

[129] 何耀堂.泉州湾工程地质条件及港口规划建设的探讨[J].福建地质,2006(4):254-259.

[130] 孙讷正.地下水污染:数学模型和数值方法[M].北京:地质出版社,1989.

[131] 邵爱军,刘广明,杨劲松.土壤水动力弥散系数的室内测定[J].土壤学报,2002,**39**(2):184-189.

[132] 唐心强,左风华,王虹,等.滨海地带地下水面与咸淡水界面伴随潮汐变化规律的研究(Ⅱ)数值仿真模拟的咸淡水界面伴随着潮汐波动的变化规律[J].海洋环境科学,2008,**27**(4):313-316.

[133] 阮传侠,周训,欧业成,等.海潮引起滨海含水层地下水位变化的初步研究[J].地质通报,2006,**25**(4):512-515.